インクルーシブ社会における

特別支援学校の
防災機能と防災教育カリキュラム

災害時の支援ニーズに関する実証的研究

[著]

新井英靖・田原　敬
石田　修・小野貴史

福村出版

JCOPY 〈出版者著作権管理機構 委託出版物〉

本書の無断複写は著作権法上での例外を除き禁じられています。複写され
る場合は，そのつど事前に，出版者著作権管理機構（電話 03-5244-5088,
FAX 03-5244-5089，e-mail: info@jcopy.or.jp）の許諾を得てください。

はじめに

　2011年3月11日に発生した東日本大震災は，一日にして多くの地域の生活を一変させただけでなく，その後の社会の価値観をも転換させる契機となった。東日本大震災を通じて，あらためて，日本社会の「絆（ソーシャルボンド）」の強さが確認されたが，その一方で，障害者や高齢者の避難への対応が十分ではなかったことも浮き彫りになり，日本の福祉社会のあり方を再検討するきっかけにもなった。

　学校教育においても東日本大震災の教訓から，避難訓練の内容や方法が見直され，防災教育の充実というかたちで教育実践が発展していった。その後，学校で行われる避難訓練の対象が地震だけでなく，風水害や原子力災害などへと広がり，防災教育の内容・方法を多角的に展開する必要性が認識されるようになった。2018年に改訂された学習指導要領では，すべての学校種別において「防災を含む安全に関する教育」が盛り込まれるようになり，子どもたち自身が「考えて行動する防災教育」を展開することが求められるようになった。

　これまで，日本では大災害が起こるたびにその教訓を生かして，避難所などの社会的整備と学校教育の内容と方法を改編してきた。その成果もあり，日本ではハード面においてもソフト面においても，災害に強い社会が形成されている。しかし，障害児とその家族が災害時に安心して避難し，生活を維持することができる状況となっているのかと問われると，まだ多くの課題が残されていると言わざるを得ない。特に，障害があるがゆえに生じる困難には，災害時において，十分な準備をもって対応しなければ生命の危機にさらされるものもある。また，周囲からの配慮や支援がないと，避難所を利用することすらできないケースも多く，そうした家族は，災害時に危険な場所で生活を継続しなければならない状況に置かれることも少なくない。

　筆者らは，東日本大震災のあと，上記のような状況のなかで災害を乗り越え

てきた障害児の保護者から，「どうして特別支援学校が障害者のための避難所になっていないのか？」といった素朴な疑問を投げかけられた。筆者らは，必ずしも防災研究の専門家ではないため，こうした疑問に即座に回答することはできなかったが，「災害時に障害児とその家族の命と生活を守ること」は，どのような障害研究よりも優先して行われるべきものであり，避けて通ることのできない重要な研究課題であると認識した。

　東日本大震災から10年以上が経過し，この間，避難所が長期にわたって設置される大災害が日本各地で発生してきた。そのたびに，筆者らは障害児とその家族が安全かつ安心な場所で避難することができているか，避難所等で適切な配慮や支援を受けることができているのかという点がとても気になっていた。このたび，科学研究費補助金（基盤研究C：研究代表者・新井英靖）を受けて，「災害時の障害児に対する社会基盤の整備と防災教育」について研究する機会を得て，上記の疑問や懸念を少しでも解決したいと考え，この研究課題に取り組んできた。

　本書は，その研究のなかで，障害児の保護者の支援ニーズを調査し，それをもとに特別支援学校における防災機能と防災教育のあり方を検討した内容を書籍にしたものである。この研究を進めるにあたり，多くの障害児の保護者からアンケート調査にご協力をいただいた。また，特別支援学校にはどのような防災機能が備わっていて，どのような防災教育を展開しているのかという点について，多くの学校職員の協力をいただいた。こうした多くの方々のご協力のもと，災害時における障害児の支援ニーズが具体的に明らかになり，特別支援学校に必要な施設・設備や防災教育の内容が明らかになった。本研究にご協力いただいたすべての方々に対し，この場を借りて感謝申し上げます。

　もちろん，本書の刊行をもって，災害時にすべての障害児の安全と安心が確保されるというわけではなく，この課題は継続して研究を進めていくことが必要である。しかし，大規模災害時に避難所を設置して対応する特別支援学校の教員や自治体（あるいは地域の自治会）のスタッフが，本書を読み，その内容をふまえた対応ができるようになれば，障害児とその家族の安全や安心は大き

く前進するだろう。また，本書を契機に，当事者の声を集め，それをもとにして災害に強い社会基盤を整備することや防災教育の内容・方法を発展させることにつながれば，各地でよりきめ細やかな対応が実施できるようになると考える。このように，本書が障害児とその家族が直面する災害時の困難と支援ニーズを知るきっかけとなり，すべての人が安全で安心できる社会づくりの一助となることを切に願うものである。

2024年8月　筆者を代表して

新井英靖

目　次

はじめに …………………………………………………………………………… 3

序章　インクルーシブ社会における防災対策に関する研究課題 …… 13

第1節　問題の所在 ………………………………………………………… 13

　　1．障害児に対する総合的な防災対策の必要性　13

　　2．個別のニーズに対応するための施策　15

　　3．「インクルージョン」の視点から防災対策を考える　16

第2節　研究の視点 ………………………………………………………… 19

　　1．「公助」「共助」「自助」の相対性と関連性　19

　　2．「安全」と「安心」を生む防災機能と防災教育の連動　21

第3節　研究の目的および方法 …………………………………………… 24

　　1．研究の目的　24

　　2．研究の内容と方法　25

第Ⅰ部
災害時における障害児の困難と支援ニーズ

第1章　災害時要援護者に対する災害対策と課題 …………………… 32

　　1．日本の災害対策の経緯と災害時の障害児支援の課題　32

　　2．福祉避難所設置・運営に関するガイドラインの作成　34

3．障害種別の災害時における支援や配慮の方法　35

4．障害児とその家族の総合的なニーズ調査の必要性　37

第2章　障害児とその家族における災害時の困難と支援ニーズ ……… 41

1．はじめに　41

2．調査の方法　42

　1）調査対象　42

　2）調査の内容　42

　3）調査を実施するにあたっての倫理的配慮　42

3．結果　45

　調査A　肢体不自由特別支援学校の子どもの保護者に対する調査結果　46

　調査B　知的障害特別支援学校の子どもの保護者に対する調査結果　63

　調査C　22q11.2欠失症候群の子どもの保護者に対する調査結果　80

　調査D　盲学校および聾学校の子どもの保護者に対する調査結果　95

第3章　障害児に対する総合防災対策の課題 ……………………………… 113

1．「障害児」の特徴と災害時における配慮・支援の必要性　113

2．分析の対象と方法　113

　1）分析の対象と内容　113

　2）調査対象者が有する障害　114

3．結果および考察　115

　1）障害別の「災害時に生じる困難」の傾向　115

　2）障害別の「災害時に必要な配慮と支援」の傾向　118

　3）障害別の「学校で指導してほしい内容」と「防災グッズに入れておく物」
　　の傾向　120

　4）災害時に避難所に必要な支援の内容——自由記述の分析から　121

　　①避難所に必要な「施設・設備」と「配慮・支援」　121

②避難所までの移動の困難とステイホーム時に必要な支援　123

③学校で指導してほしい防災教育の内容と防災グッズ　124

第4章　災害時における重複障害児の困難と支援ニーズ …………… 127

1. 「重複障害」に関する支援ニーズ分析の目的　127

2. 本調査における重複障害児の特徴と重複障害率　128

3. 災害時の重複障害児の支援ニーズに関する傾向分析　129

4. 重複障害児の困難と支援ニーズ　132

第Ⅱ部
特別支援学校における防災対策と防災教育の内容・方法

第5章　特別支援学校における防災対策と防災教育の実態 ………… 138

1. はじめに　138

2. 調査方法　139

　1）調査対象と調査の方法　139

　2）調査内容と分析方法　139

　3）倫理的配慮　140

3. 結果　140

　1）調査対象校（11校）の障害種別　140

　2）特別支援学校で備蓄している水と食料　142

　3）災害時に利用するための障害児支援に必要な物資の備蓄　143

　4）特別支援学校が指定避難所となるための計画　146

　5）特別支援学校が地域の避難者を受け入れる方法　148

　6）特別支援学校が実施している防災訓練の内容と方法　149

　7）特別支援学校に在籍している子どもに対する防災教育の内容と方法　150

4．まとめと考察　154

第6章　知的障害特別支援学校における防災対策と防災教育の実際 … 163
　　　──高知県立中村特別支援学校の取り組みから──

1．はじめに　163

2．特別支援学校の防災設備と安全対策に関する取り組み　164

　1）想定される地震とその対応　164

　2）児童生徒と教職員のための防災備蓄品　165

　3）登下校時に災害が発生したときの避難計画　168

3．在籍児童生徒に対する防災教育の実践展開　170

　1）防災に関する知識と心構えに関する学習　170

　2）避難所等で使用する生活グッズの作成と利用体験　173

　3）防災に関する地域学習　174

　4）定期的な防災訓練と防災教育の連動　176

　5）防災教育に関するキャリア発達段階表の作成　176

4．まとめと考察　178

第7章　特別支援学校学習指導要領における
　　　「防災教育」の内容と方法 …………………………………… 182

1．特別支援学校の防災教育に関する研究課題　182

2．研究の方法　185

3．『解説（総則編）』に記載されている防災教育の実践課題　186

4．小学部・生活科に関する防災教育の内容　187

5．中学部・社会科に関する防災教育の内容　189

6．中学部・理科に関する防災教育の内容　192

7．その他の教科・領域における防災教育の内容　194

8．まとめと考察　195

第8章　知的障害児に対する「防災教育」の教材開発 ……………… 200
　　　──育成を目指す資質・能力をふまえた動画教材の活用──

　1．はじめに　200
　2．通常学校における防災教育の現状と課題　200
　3．特別支援学校における防災教育の教材開発と授業展開　204
　4．特別支援教育における防災教育の課題　209

第9章　知的障害児に対する防災教育の授業づくり ……………… 218

　1．知的障害特別支援学校における防災教育の課題　218
　2．研究の方法　220
　3．知的障害児に対する防災教育の授業設計　221
　　1）知的障害児に対する防災教育の授業づくりの視点　221
　　2）知的障害児の防災に関する理解の実態と特徴　222
　4．知的障害特別支援学校における防災教育の実際　226
　　授業①「地震はどうして起きるの？」　226
　　授業②「緊急地震速報ってなに？」　230
　　授業③「こんなときどうする？──災害時の行動・防災グッズについて」　233
　5．まとめと考察　236
　　1）防災教育の授業を通して身につく力　236
　　2）知的障害児に対する防災教育の留意点　237
　　3）汎用的能力を育てる防災教育の展開　238

**終　章　災害時に障害児が安心して生活できる
　　　　　防災機能と防災教育のあり方** ………………………………… 245

　第1節　本書のまとめ ………………………………………………………… 245
　　1．災害時における障害児の困難と必要な支援　245

2．特別支援学校の防災対策と防災教育の内容・方法　246

第2節　総合考察と今後の課題 ……………………………………………… 248

　　1．特別支援学校の防災力を高める「公助」「共助」「自助」の一体性　249

　　2．災害時の安全と安心を最大化するインクルーシブな防災社会をつくる　250

Abstract ……………………………………………………………… 253

索　　引 ……………………………………………………………… 259

執筆者および初出一覧 …………………………………………………… 262

序　章

インクルーシブ社会における防災対策に関する研究課題

第1節　問題の所在

1．障害児に対する総合的な防災対策の必要性

　未曾有の被害をもたらした東日本大震災では，東北3県（福島・宮城・岩手）で避難所が2100か所以上，避難者が38万人を超えたことが報告されている[1]。内閣府の報告書では，この避難者のなかには高齢者や障害児など，自力で避難することが難しい人が多くいたことに加えて，「犠牲者の過半数を高齢者が占め，また，障害者の犠牲者の割合についても，被災住民全体のそれと比較して2倍程度に上った」ことも報告されている（内閣府（防災担当），2016, 1）。

　さらに，東日本大震災では，避難所で生活する人が発災後半年を経過しても「0」にならず，長期にわたる避難生活を強いられている人が多くいたことも特徴の一つであった。これを受けて，東日本大震災後に，被災家族から災害時の困難や支援ニーズを当事者から聞き取り，さまざまな特別な対応の必要性が指摘された（新井ほか，2012; 田中ほか，2015など）。ただし，「高齢者や障害をもった方々など特別な配慮が求められる方々にとっては，直接の被害だけでなく，必ずしも生活環境が十分に整備されたとはいえない避難所で，長く生活することを余儀なくされた結果として，健康を害し，復旧・復興に向けての生活再建フェーズへの移行に困難を生じているケースも見られる」と指摘されている（内閣府（防災担当），2016, 1）。それどころか，障害のある人に関しては，そもそも避難所に行くことができなかったり，行ったとしてもそこで問題なく過ご

13

せないなどの「困難」が各地で顕在化した。

　一方で，2010年代の日本は，地震のみならず，各地で台風や大雨による洪水や土砂災害などが多数発生した[2]。地震以外の被害においても，日本各地で避難所が設置されたが，やはり，多くの障害児や高齢者などの災害時要援護者が避難所で十分な支援を受けられなかったことが多く指摘されてきた。たとえば，家髙は「一般的な避難所はバリアフリーの設計とはなっていないため，物理的な障壁も伴う」ことが多く，これが理由で「高齢者や障がい者は避難所での避難生活を送ることができない」ことがあると述べている。そして，そうした状況のなかでは，「ライフラインが止まっていたり，倒壊の危険性のある自宅での避難を強いられたり，狭い車の中で避難生活を送る」ことがあったと報告している（家髙, 2022, 20）。

　これは，災害時において最低限の居住空間すら確保されないことがあるということを指摘するものであるが，これでは，食事やトイレなど，「生活」（あるいは「命」）に関わる基本的なことも充足できない可能性があるという意味である。そのため，災害時に支援を必要としている人は，あらゆる生活場面において援助を求めていて，東日本大震災の支援にあたったソーシャルワーカーの活動に関する調査では，「一般的にソーシャルワークとして位置づけることのない支援」についても，「ソーシャルワーカーが担っていた」ことが明らかにされている（家髙ほか, 2019, 60）。

　このように，大規模な災害が発生すると，障害児や高齢者などの災害時要援護者については，そのニーズを充足できていないのが現状である。特に，特別な支援を提供することができる専門職は，「専門分化がすすみ，縦割り」となっていることも多く，こうしたことが要因となり，「被災者の抱えるニーズと支援者が行う支援が合致しない」ことが生じる。そのため，「被災者の抱えるニーズについて一部分だけを切り離してとらえるのではなく，総合的にとらえる」ことが重要であると家髙は指摘している（家髙, 2022, 20）。

2. 個別のニーズに対応するための施策

　以上のような課題を受けて，近年では，災害対策において，「災害時要擁護者」という用語のもと，一般避難者と区別した対応を実施できるように検討してきた。こうしたなかで，日本では，避難所についても，一般避難所で対応することが難しい場合には「福祉避難所」を設置して，特別な支援を提供できるようにしてきた[3]。さらに，2021年には，災害対策基本法が一部改正され，「避難行動要支援者（高齢者，障害児等）ごとに，避難支援を行う者や避難先等の情報を記載した計画」（＝個別避難計画）を作成することが求められるようになった（努力義務化）[4]。

　このように，「災害時要援護者」や「福祉避難所」として総合的に対応する「枠組み」はできつつあるが，実際の避難所において必要とされる支援や配慮は，個々の障害や困難に応じて記載されることが多い。たとえば，内閣府から出されている個別避難計画の記載例では，「何ができないのか」という点を明記して，避難所等で「どのような支援が必要であるのか」という点を中心に記載している（Table 序-1参照）。

Table 序-1　個別避難計画の記入例

避難時に配慮しなくてはならない事項	（あてはまるものすべてに☑） □ 介護保険の認定を受けている【要介護状態区分：要介護3】 □ 手帳所持【障害名：　　　　　　　　　等級：　　　　　　　　　】 □ 難病の特定医療費，小児慢性特定疾患医療費の支給認定を受けている □ 医療機器の装着等をしている ☑ 立つことや歩行ができない　　　☑ 音が聞こえない（聞き取りにくい） □ 物が見えない（見えにくい）　　　□ 言葉や文字の理解がむずかしい □ 危険なことを判断できない　　　　□ 顔を見ても知人や家族とわからない □ その他（　　　　　　　　　　　　　　　　　　　　　　　　　　）
特記事項 自宅で想定されるハザード状況・常備薬の有無等	・車椅子での生活（自操可） ・自宅マンション1階，想定最大規模の洪水が発生した場合，ハザードマップでは2階まで浸水してしまうエリアである（○○川の洪水） ・常備薬は○○に保管。かかりつけ医は○○，主治医○○先生 ・左耳が聞き取りにくいため，話をするときは右側から ・電話を使うことができる ・寝室はトイレの横の部屋

＊上記の記載は裏面の例である。表面には，氏名や住所，家族構成等，本人や家族に関する内容を記載することになっている（内閣府（防災担当）令和3年改定版, p101より）。

ただし，こうした個々の支援ニーズに対して，現状の避難所が何を用意し，どのように運営方法を改善していくかという点について検討されておらず，現状では，個別支援計画に記載されたことが避難所において本当に実施できるのか不明である。すなわち，こうした災害時要援護者は，災害時に避難が必要になったとしても，受け入れる避難所が見つからなかったり，たとえ避難所で受け入れることができたとしても十分に支援を受けることができないこともあるだろう。

　このように，総合的に対応する「枠組み」をつくっても，個別のニーズに対応できるようにしなければ災害時に生じる問題は解決しない。これは，総論的に支援の枠組みが整備されていても，実際的に対応する場面では不十分な点が多いということを意味している。もちろん，こうした「原則」と「実際」の「あいだ」に生じる差異は，災害対応においてのみならず，障害者支援あるいは特別支援教育ではよくみられることである。たとえば，一般社会あるいは通常の学校では，この社会（学校）のなかに障害児者が包摂されるように，「ノーマライゼーション」や「インクルージョン」といった総合的な「枠組み」が示されている。しかし，それを実現するための具体的な方策は，十分に浸透していないことも多く，実践的には多くの課題が残されていることなどがその例であるといえるだろう。

3.「インクルージョン」の視点から防災対策を考える

　以上のような「原則」と「現実」の乖離が生じてしまう社会的な要因をあえて指摘するとしたら，それは，従来の「特別な支援」を提供する方法が，一般社会（あるいは通常の学校）の「普通に適応させる」ことを前提にしていて，既存の枠組みを変革することをあまり想定していないからではないだろうか[5]。すなわち，障害児支援あるいは特別支援教育には，もともと「一般の人（健常者）」と異なる特徴のある人たちに対し，「通常の枠組み」に包摂するために「特別な支援」を提供するという原理がある[6]。そのため，特別な支援を必要

としている人に対して，一般社会に順応するための手立てを考案することが中心となり，新しい社会を創造する原動力になっていかないのだと考えられる。

　このことは，「障害児」や「防災」について学ぶ，学校教育の実践をみても同様にいえることである。たとえば，「障害児」や「防災」について通常の学級に通う子どもたちが学ぶとしたら，総合的な学習の時間を想定することが多いだろうが，近年では，SDGs（あるいはESD）に関する学び[7]のなかでこれらについて取り上げられることが多い。その実践でどのような教育が求められているのかを見てみると，以下のような資質・能力を育成することが目指されている。

　　　ESD の視点に立った学習指導を進める上では，教材（学習課題，学習内容）を内容的・空間的・時間的につなげること，学習者同士，学習者と他の立場・世代の人々，学習者と地域・社会などをつなげること，身に付けた能力や態度を具体的な行動に移し，実践につなげることが重要である。
　　（国立教育政策研究所，2012, 10）

　このように，現代社会の問題を取り上げ，自己と他者と社会を「つなぐ」学びが求められているが，これが「ESD の視点」に立った「持続可能な社会づくりに関する問題解決学習」であると考えられている[8]。しかし，先の「特別支援教育」に内包されている特質（通常の社会や教育からの差異の補償という原理）と同じ視点から，こうした学習を批判的にとらえると，「今」の社会と自己や他者を「つなぐ」ことまでしか示されていないために，こうした学習が従来の考え方を大きく転換させる実践になりにくいものとなっている。

　一方で，SDGs（あるいはESD）のなかで追究すべき目標の一つとなっている「インクルージョン」や「ダイバーシティ」は，既存の枠組みを前提とするのではなく，社会を変革することも必要であると考えられている。そのため，学校で「インクルージョン」や「ダイバーシティ」に関する学びをするときに，本来であれば「マイノリティの視点から社会創造を考える」という視点をもつ

という態度や姿勢が求められている。

　しかし，現在の日本において，「インクルージョン」や「ダイバーシティ」について社会・大人（教員）の間でも十分に理解できているとはいえない状況がある。たとえば，「インクルーシブ教育」が，「学びの場の連続性」を保障し，最適な学習の場や内容を用意することであると説明されている文書もあるが[9]，こうしたとらえ方では，「インクルージョン」や「ダイバーシティ」の学びを通して多様で柔軟な仕組みをつくり出すことまでは実現できるが，社会の価値や新たに創造する学びになることを追究する姿勢が強く出されているとは言い難い。この点については，眞城が「通常学校の『スタンダード（標準）』は維持されたままでそれにかかわる学校改善が相対的にあまり意識されない」と，「通常学校に適応させようとするアプローチに留まって」しまい，これでは「インクルーシブな学校づくりには向かっていけない」と指摘していることからもいえることである（眞城, 2021, 207）。

　このように，現在，あるいはこれまでの社会に存在する価値や構造に疑いの目を向け，新しい社会を創造するという視点をもつことが本来の「インクルージョン」や「ダイバーシティ」の姿であるが，災害時の障害児や高齢者の多様なニーズへの対応・対策の「あり方」をこうした視点から検討したものは，これまでの研究でほとんどない。そこで，本書では，災害時に支援を必要としている人のニーズを明らかにしたうえで，新しい時代の災害対策のあり方を探究したいと考えた。このとき，単なる社会基盤をどのように整備するかといった「ハード面」についての検討をするだけでなく，防災教育等を通じて，どのように自らの身を守るのかという点についても検討し，真の意味で「インクルージョン」や「ダイバーシティ」の時代にふさわしい防災社会のあり方を検討したいと考えた。

序　章　インクルーシブ社会における防災対策に関する研究課題

第2節　研究の視点

1.「公助」「共助」「自助」の相対性と関連性

　前節の議論をふまえると，災害時にすべての人が安全で安心できる社会をつくるためには，障害児や高齢者などの要援護者がどのような支援を必要としているか，という点を明らかにするだけでは不十分であるといえる。なぜなら，必要な支援を明らかにしても，「一般」の人が利用する避難所などの「価値」や「構造」が変化しなければ，実際には利用できないことがあるからである。そのため，本書では，「特別な支援」を必要とする人のニーズを拾い上げ，必要な支援を明らかにするなかで，新しい避難所や避難生活のあり方を検討する必要があると考えた。

　このとき，これまでの災害対応で取り上げられてきた「公助」「共助」「自助」という考え方についても，再検討したいと考えた。すなわち，東日本大震災の教訓から，今後は「公助」をもっと充実させるべきであるとか，「共助」のあり方を考えるべきであるなど，さまざまな議論が展開された[10]。しかし，これまでの研究では，障害者の支援ニーズを明らかにし，そこで示された「避難所に必要なもの」は，「公助」として用意すべきものと，「共助」として行うべきものとが混在していて整理されていないのが現状である。

　また，東日本大震災を通して，多くの日本人が「津波てんでんこ」という言い伝えの存在を知った。これについて調べてみると，岩手県の資料のなかでも，「子どもたちは津波が来たときに一人でも『てんでんこ』に避難できるよう知識を学んでおり，今回の震災でも多くの命が救われました」と紹介されている[11]。この言葉の意味を表面的にとらえると，「自分の身は自分で守る」と理解でき，結局は「自助」により困難を乗り越えなければならないといわれているように見受けられる。しかし，及川は，一見すると「利己的」にみえるこの言い伝えの裏には，その場で助けて逃げ遅れることを防ぎ，結果として「他

19

を逃がす」という意味が含まれていることを指摘している。そして，これは，災害が発生するかなり以前から，地域の人たちの災害時の行動を相互に理解し合おうとする「信頼関係」を前提にした成熟した「共同体」のなかで伝承されてきたものであると指摘する（及川, 2017, 85-86）。また，災害時に支援が必要な人については，災害が発生する前に地域でどのように支援するかを計画しておくことで，災害発生時にそうした人のことを気にしなくてよいようにしておくといった，現代的な「てんでんこ」の解釈も紹介されている（遠州, 2014, 29-30）。

　このように，「津波てんでんこ」は，単なる「自助」を強調するものではなく，地域のなかでみんなが助かるように準備するといった「共助」の視点があり，これが最終的には社会全体の被害を最小限にすることに結びついていくというような，きわめて「共同体」的な発想が内包されている言い伝えであると理解できる。これは，「自助」の限界と，「共助」の限界をそれぞれ認めながらも，両者の限界を意識するなかで「自助」と「共助」が均衡を保ちながら最大限の防災を実現できるように考えているものであり，防災に関する社会づくりの一つのあり方であると考える。

　このように，災害時にこそ「共同体（コミュニティ）」のあり方が強く問われるものである。ここでいう「共同体（コミュニティ）」とは，「人は一人では生きていけない」ということが前提となっているものだが，その一方で，すべての決定を「共同体（コミュニティ）」が行うものではないということも事実であろう。こうしたなかで，現代の社会においては，個人の意思や判断の集積が共同体の規範や意思となって体現することもあれば，ときには，その逆に，共同体の規範や意思決定が個人の価値に影響を与え，行動を規制したり，誘発したりすることもある。

　「共同体（コミュニティ）」がこのような特徴をもつものであるのは，「個人」と「全体」の間で相対的に揺れ動きながら形成されていくものだからである[12]。特に，災害時に設置される避難所で，障害児などの支援を必要とする人々を含めて，共同して生活する場合には，まさに上記のような「個人の思い」と「全

体の規範」の間でさまざまな衝突が生じるものである。言い換えると，障害の
ある子どもやその家族にとっては，災害時に自助を強く求められても限界があ
る一方で（個人的対応の限界），すべての要援護者の困難に対して避難所（公助）
で十分に対応することも実際的には難しい（社会的対応の限界）。だからといっ
て，地域社会の支え合い（共助）こそ，日本的福祉観に合致する日本型防災社
会のあり方であると考えることも無理がある時代に突入していると考える。

　実際の災害対応では，こうした現実のなかで「公助」「共助」「自助」が織り
合わさって「共同体」がつくられていると考えられる。そして，この織り合わ
せのなかで，さまざまな葛藤や衝突が生じているととらえるべきであろう。そ
のため，こうした力動的な状況をとらえることなく，単に「共助」の重要性を
強調するだけでは実質的にすべての人の安全や安心を確保することはできず，
一部の人に無理を強いる防災対策となってしまうと考える。

　以上のように，障害児をはじめとする災害時要援護者への対応には，要援護
者が避難所を利用しようとするときに，安心できる社会基盤があるという「公
助」を前提にしながら，避難所を利用する多くの人たちの理解や援助が得られ
るといった「共助」を機能させ，そのうえで，災害時の状況判断や他者への支
援要請などを含めた「自助」を高めて困難を乗り越えるという総合的な対応が
必要である。そして，これら3つの側面は，どこかに絶対的優位が存在するの
ではなく，「公助」「共助」「自助」が相互に関係し合いながら，避難所を運営
し，避難生活を支援することで，災害時の「安全」や「安心」が生み出されて
いくのだと考える。

　そこで本書では，こうした「公助」「共助」「自助」の相対性を基本的な視点
にして，それらがどのように関連すると災害時において社会の「安全」や「安
心」が高まるのかという点を検討したいと考えた。

2.「安全」と「安心」を生む防災機能と防災教育の連動

　本書では，上記の点を検討するために，当事者の支援ニーズを調査し，ニー

ズを充足する方策を「公助」「共助」「自助」のなかに位置づけることが必要であると考えた。もちろん，災害時に必要な配慮や支援は，「当事者の声」を拾い上げれば，常に最適解（理想的な状態）を見つけ出せるというものではない。ここまで論じてきたことから考えると，既存の仕組みに欠けている「支援」を付加するかたちで防災機能を高めようとするのではなく，総合的な防災力を向上させる方策を検討することが重要である。

　この点については，これまでにも「地域社会が災害時にも安心して避難できるように発展していくためには，国家レベルの指針に基づき，どこまで体制を整備できるかということではなく，その地域にある資源をどのように結びつけ，その資源を活用している当事者がどのように資源を調整するかといった点が重要である」と指摘されてきた（金丸・新井, 2014, 120）。加えて，「災害時のような緊急事態の際に普段は隠されている心理的な問題が顕在化することがあるが，それは『個人』の心の問題というよりは，基本的にはコミュニティという『社会』の問題である」という点も指摘されてきた（伊藤, 2014, 146）。伊藤は，こうした社会問題を解決するには，「これまで言われてきたような『社会の安全，個人の安心』という構図では捉えきれないとするスタンスから生まれる『終わりなき対話』のなかに，新しい安全・安心社会を生み出す方策があ」ると指摘している（伊藤, 2014, 154）。以上のように，災害時にどのような状態を「安全」ととらえるかという点や，「安心」を感じられる社会とはどのようなものであるのかという点について，現在あるいは従来のとらえ方を疑うことから検討することが必要である。

　この点について，木村は，「社会の状態としての『安全』がまずあって，それを人々が理解すると『安心』という心理状態に人々がなる」ということではないと指摘する。そうではなく「様々な人々が，互いに関わりながら，それぞれの違いを変化させながら維持している社会は『安全』な社会」であると指摘する。すなわち，木村は「コミュニティの中で『対話が継続している／していくこと』へ当事者として参加することこそが『安心』であり，そのような対話の継続が図られ，さまざまな人々が互いに関わり，それぞれの違いを変化させ

ながら維持しているコミュニティでのみ，『安全』のための意味のある具体的な策を立て，検討し，実行していける」と考える。そのため，「『安全』も『安心』も，何か安定した状態を指すのではなく，常に変化していくもののなかで姿を現している」と木村は考える（木村，2014, 37-38）。そして，こうした状態こそが社会が「持続していること」（＝社会のサステイナビリティの現実態）であり，「多様性の（変化を伴う）動的な維持」であると木村は指摘している（木村，2014, 37）。

　ただし，ここでいう「変化」とは，自然に変化していくことではなく，人々の対話や関わりのなかで，「社会のあり方が変革していく」ことを意味している。この点について木村は，「社会において起きる出来事自体は時間の経過と共に必ず（敢えて言えば突然変異的に）生じ，変わっていく」ということを認めながらも，「この限りでは『社会のあり方が今あるいは今までとは違うものになる／なった』とは言えない」と指摘している（木村，2015, 70）。そうではなく，「想定されている問題の当事者において，その人が有しているコンテクスト群の組み替えが起きる／起きた」ことをもって，「社会のあり方が今あるいは今までとは違うものになる」ととらえている。端的にいえば，「コンテクスト群の組み替えが起きた当事者にとっては『社会のあり方が変わる』」と感じられるのだと木村は指摘した（木村，2015, 70）。

　この考え方をもう少し，災害時における障害児とその家族の避難や避難生活という点からとらえ直すと，国家や地域行政から「安全」を与えられることで「安心」が生まれるのではなく，自分たちで「安全な社会」をつくり上げる過程に参画することが「安心」な社会であるということである。東日本大震災後の取り組みでも，地域の復興計画に地域住民の声を取り入れることは各地で行われており，そのなかに中学校の生徒の意見も提出した例が紹介されている（小川，2012, 36）。こうした点をふまえると，今後は，障害児とその家族の災害時の困難への対応についても，当事者の参画のもと社会を変化させていく取り組みが求められるだろう。

　そして，そうした地域づくりに参画するなかで，災害時に「何が起こったの

か」を正しく理解し，「なぜ，そうなったのか」を熟考し，「今後，どうすればよいか」を対話的に検討していくための「考える力」をもつ市民となるように教育実践を開発していくことが求められる。この点について，梅原は，子どもたちへの防災教育に関しても，上記のような視点をもって進めるべきだと考え，「人格の核心（コア）部分に，『認識と行動の統一した教養』を形成する」という課題があると指摘している（梅原, 2012, 45）。そのため，障害児とその家族を含めた「防災」に関して，災害時にどのようなことが生じるのかについて深く知り，そこから「社会基盤」を整備するとともに，障害児とその家族がその困難を乗り越えられる知恵やスキルをもつことが重要なのだと考える。

それでは，こうした「安全」と「安心」を生む社会づくりを具体的に進めていくにはどうしたらよいだろうか。ここまでの検討をふまえると，障害児とその家族が災害時にどのような状況に置かれるのかについて，当事者からの声を集めることが不可欠である。そのうえで，当事者の声をどのように社会変革へとつなげていくのかを検討することが重要である。具体的には，避難所等でどのように安全を確保するかといった防災機能（公助）や，地域の人に求める配慮や支援（共助）に加えて，障害児とその家族が身につけるべき防災に関する知恵やスキル（防災教育のあり方／自助）を明らかにすることが必要である。そして，その結果をもとに，障害児とその家族が災害時に安全と安心を感じられる「公助」「共助」「自助」のあり方を検討することが必要であると考える。

第3節　研究の目的および方法

1．研究の目的

前節までの課題を解決するために，本研究では，（1）障害児などの災害時要援護者に必要な社会基盤と，（2）障害児が自らの命と生活を守るために必要な防災教育の内容と方法を明らかにすることを目的とした。そして，この結果をふまえて，障害児とその家族が「安全」「安心」を感じられる社会のあり方に

序　章　インクルーシブ社会における防災対策に関する研究課題

ついて検討することを目的とした。

2．研究の内容と方法

　上記の目的を達成するために，大きく以下の2つの研究課題について明らかにすることとした。

　第一に，障害児などの災害時要援護者の支援ニーズを総合的に明らかにした（第Ⅰ部）。具体的には，これまでの日本の災害対策の経緯をまとめたうえで，「視覚障害」「聴覚障害」「知的障害」「発達障害」「肢体不自由」「病弱」などの多様な障害（病気を含む）のある子どもの保護者に，災害時における支援ニーズを調査することを目的とした。このとき，取り上げる災害を「地震」だけに限定せず，「風水害」や「原子力」「感染症」などの多様な状況を取り上げて調査することとした。具体的には，避難所等でどのような場所・物・人が必要であるのかという点を調査するとともに，長期間のステイホームを余儀なくされた場合に必要な支援についても調査した。また，避難所等の場所において，障害児とその家族はどのようなことが気になり，周囲の避難者からどのような配慮を受けたいかという点についても明らかにした。

　第二に，特別支援学校の防災機能と防災教育の内容・方法について明らかにした（第Ⅱ部）。具体的には，特別支援学校に常備している防災備品や災害時に利用できる防災設備などを明らかにするとともに，日常的に行われている防災教育の内容と方法について明らかにした。そのうえで，特別支援学校でどのような防災教育の内容と方法を用意する必要があるかという点を文献から整理して示すとともに，特別支援学校等においてどのような防災教育を展開することが必要であるのかという点を検討することとした。特に，知的障害児が防災力を高めるための教育内容・方法については，先行研究が多くないことから，今回の調査では，知的障害児に対する防災教育の教材開発を行い，どのような学びを展開していくことが必要であるかという点を検討したいと考えた。

　そして，上記の2つの実態調査研究の結果をふまえて，本書では，特別支援

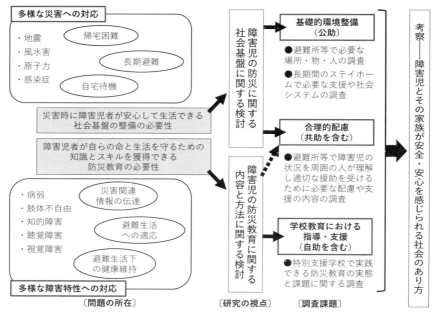

Fig. 序-1　本書の調査課題と構成

学校の防災機能と防災教育のあり方を検討したうえで，障害児とその家族が安全・安心を感じられる社会のあり方について考察することとした（Fig. 序-1）。

［注］

1) 復興庁ホームページ：「東日本大震災，中越地震及び阪神・淡路大震災の避難所数・避難者数（避難所生活者）の推移について（平成23年10月12日）」を参照した。https://www.reconstruction.go.jp/topics/hikaku2.pdf（最終アクセス日：2023年8月2日）。
2) 茨城県から出された資料によると，東日本大震災が発生した2011年度以降，災害救助法が適用された災害は毎年発生していて，2020年度までに災害救助法が適用された都道府県は延べ116県1228町村であることが示されている（茨城県福祉部, 2021, 86-91）。
3) こうした取り組みは東日本大震災の前から実施されてきた。福祉避難所が日本において

整備される過程については，第1章で詳述した。

4) 内閣府（防災担当）「避難行動要支援者の避難行動支援に関する取組指針」（令和3年改定）および，内閣府（防災担当）「災害対策基本法等の一部を改正する法律の概要（資料5）」を参照した。https://www.bousai.go.jp/kaigirep/chuobou/40/pdf/40_siryo5.pdf（最終アクセス日：2023年8月2日）。

5) こうした考え方を特別支援教育において典型的に実践しようとしているのが，「ユニバーサルデザインの授業づくり」（以下，「授業UD」）である。授業UDでは，「授業でのバリアを生じさせる」ことにつながる「障害の特徴」をふまえて，その「バリアを取り除く」ことで，「参加」「理解」「習得」「活用」と学びが階層的に発展していくモデルを示している（小貫, 2017）。こうした授業の工夫をすることで，すべての子どもが「わかる」授業を展開できると考えるのが授業UDであるが，この実践では，既存の教育の枠組みをどのように変革するものであるのかという点が明確に示されていない。

6) 筆者はこれまで，特別支援教育の特質として，「差異」を補償する原理が存在することを指摘してきた（新井, 2011など）。そうした原理（特質）を乗り越えるには，変化する関係性をとらえ，子どもの学びを創造する実践を教師が意図的に創造していくことが必要であると指摘してきた（新井, 2018; 2022）。

7) 日本では，SDGsという用語が世界的に広まる前から，「持続可能な発展のための教育（ESD）」と称して教育内容や指導方法が検討されてきた。

8) 国立教育政策研究所から出されているパンフレット「持続可能な発展のための教育（ESD）を学校教育でどう進めるか?! ESDの学習指導過程を構想し展開するために必要な枠組み」を参照した。https://www.nier.go.jp/kaihatsu/pdf/esd_leaflet.pdf（最終アクセス日：2023年8月2日）。

9) この考え方は，中央教育審議会答申で，以下のように述べられた。
「インクルーシブ教育システムにおいては，同じ場で共に学ぶことを追求するとともに，個別の教育的ニーズのある幼児児童生徒に対して，自立と社会参加を見据えて，その時点で教育的ニーズに最も的確に応える指導を提供できる，多様で柔軟な仕組みを整備することが重要である。小・中学校における通常の学級，通級による指導，特別支援学級，特別支援学校といった，連続性のある『多様な学びの場』を用意しておくことが必要である」（中央教育審議会初等中等教育分科会, 2012）。

10)「公助」「共助」「自助」の関係性についてはさまざまに論じられているが，「まず自助で何とかして，自助では解決できないときは共助，そして共助でも解決できないときにはじめて公助の出番になる」という原理も日本のなかにはあることが指摘されている（飯田,

2021, 294)。

11)「津波てんでんこ」と防災教育の関係については，岩手県の以下の資料を参照した。
https://www.pref.iwate.jp/_res/projects/default_project/_page_/001/012/174/13_teigen.
pdf（最終アクセス日：2023年8月2日）。

12) こうした「共同体（コミュニティ）」論は，20世紀の後半に福祉国家から福祉社会へ変
化していく過程で多く議論されてきた。たとえば，武川は「諸個人の幸福追求が保障され
た状態のことを社会福祉と呼ぶならば，福祉国家は社会福祉を実現するための機構であり，
そのための手段が社会政策である」が，諸個人の幸福は国家がすべてを決められるもので
はなく，当然のことながら，諸個人の価値が関係すると指摘した（武川, 1999, 42）。そし
て，その価値を実現しようとしたときに，現時点で不足しているものが「ニーズ（必要）」
であるが，諸個人の「ニーズ」を充足するためにさまざまな制度をつくり，幸福追求活動
を可能とする。武川は，こうした諸制度が均衡を保ちながら諸個人の幸福追求を可能にし
ている社会を「福祉社会」と呼び，「福祉国家が十分に発達を遂げた後に追求すべき」も
のであると述べている（武川, 1999, 46）。

[文献]

・新井英靖. 2011.『英国の学習困難児に対する教育的アプローチに関する研究』. 風間書房.

・新井英靖. 2018.「中学校におけるインクルーシブ授業と教科学習の意義──情緒不安定
な中学生に対する教科学習の指導から」. 湯浅恭正・新井英靖編著『インクルーシブ授業
の国際比較研究』. 福村出版, 145-156.

・新井英靖編著. 2022.『特別支援教育のアクティブ・ラーニングとカリキュラム開発に関
する実践研究』. 福村出版.

・新井英靖・金丸隆太・松坂晃・鈴木栄子編著. 2012.『発達障害児者の防災ハンドブック
──いのちと生活を守る福祉避難所を』. クリエイツかもがわ.

・飯田高. 2021.「自助・共助・公助の境界と市場」. 内閣府経済社会総合研究所『経済分析』
203, 285-311.

・家髙将明. 2022.「災害ソーシャルワーク」. 宮田美恵子・堀清和監著『障がいのある子の
安全教育と対策──防災・防犯・交通安全・事故予防』. 晃洋書房, 18-22.

・家髙将明. 遠藤洋二・成清敦子・一村小百合. 2019.「東日本大震災における避難所支援
を行ったソーシャルワーカーの支援実態と支援環境を明確にするための研究──ソーシャ
ルワーカーの"声"プロジェクトによるインタビューをもとにして」.『関西福祉科学大学紀
要』23, 55-63.

序　章　インクルーシブ社会における防災対策に関する研究課題

・伊藤哲司．2014．「震災後のコミュニティの課題——社会的ネットワークと対話への参加」．三村信男監修『ポスト震災社会のサステイナビリティ学——地域と大学の新たな協働をめざして』．国際文献社，141-154．
・茨城県福祉部．2021．「茨城県　避難行動要支援者対策推進のための指針」．https://www.pref.ibaraki.jp/hokenfukushi/fukushi/chiiki/hinan-shien/documents/kaiseigoshishin.pdf（最終アクセス日：2023年7月17日）
・梅原利夫．2012．「教育方法学の問い直しと再出発へ向けて」．日本教育方法学会編『東日本大震災からの復興と教育方法——防災教育と原発問題』（教育方法41）．図書文化，37-48．
・遠州尋美．2014．「地域に伝えられる災害伝承をいかに受け止めるのか——"津波てんでんこ"をめぐって」．『神戸大学大学院人文学研究科地域連携センター年報』6，20-35．
・及川康．2017．「『津波てんでんこ』の誤解と理解」．『土木学会論文集F6（安全問題）』73（1），82-91．
・小川嘉憲．2012．「命をつなぐ教育と学校を——阪神・淡路大震災の体験から東日本大震災の被災地の教育を考える」．日本教育方法学会編『東日本大震災からの復興と教育方法——防災教育と原発問題』（教育方法41）．図書文化，23-36．
・小貫悟．2017．「どの子も学びやすい授業作りのために」．阿部利彦編著『決定版！授業のユニバーサルデザインと合理的配慮——子どもたちが安心して学べる授業づくり・学級づくりのワザ』．金子書房．
・金丸隆太・新井英靖．2014，「被害の不平等性」．三村信男監修『ポスト震災社会のサステイナビリティ学——地域と大学の新たな協働をめざして』．国際文献社，109-121．
・木村競．2014．「新しい安全・安心な社会と共生の知　その1」．『茨城大学教育学部紀要（人文・社会科学，芸術）』63，31-39．
・木村競．2015．「新しい安全・安心な社会と共生の知　その2」．『茨城大学教育学部紀要（人文・社会科学，芸術）』64，67-76．
・国立教育政策研究所．2012．「学校における持続可能な発展のための教育（ESD）に関する研究〔最終報告書〕」．https://www.nier.go.jp/kaihatsu/pdf/esd_saishuu.pdf（最終アクセス日：2023年7月17日）
・眞城知己．2021．「子どもの教育と支援に携わるスペシャリストとして」．石田祥代・是永かな子・眞城知己編著『インクルーシブな学校をつくる——北欧の研究と実践に学びながら』．ミネルヴァ書房，203-222．
・武川正吾．1999．『福祉社会の社会政策——続・福祉国家と市民社会』．法律文化社．
・田中総一郎・菅井裕行・武山裕一編著．2015．『重症児者の防災ハンドブック——3.11を生

きぬいた重い障がいのある子どもたち 増補版』．クリエイツかもがわ．

・中央教育審議会初等中等教育分科会．2012．「共生社会の形成に向けたインクルーシブ教育システム構築のための特別支援教育の推進（報告）」平成24年7月23日．

・内閣府（防災担当）．2016．「福祉避難所の確保・運営ガイドライン」．https://www.bousai.go.jp/taisaku/hinanjo/pdf/1604hinanjo_hukushi_guideline.pdf（最終アクセス日：2023年7月17日）

第Ⅰ部

災害時における障害児の困難と支援ニーズ

第1章

災害時要援護者に対する災害対策と課題

1. 日本の災害対策の経緯と災害時の障害児支援の課題

　統計的にみると，世界全体に占める日本の災害発生割合は，マグニチュード6以上の地震が20.8％であり，日本は災害が発生しやすい国土である。これは，「地形，地質，気象などの自然的条件」が大きく影響しているものでもあり，日常的に注意しなければならない災害として地震だけでなく，台風，豪雨，豪雪，洪水，土砂災害，津波，火山噴火なども発生しやすい国土であると考えられている[1]。そのため，日本は古くから災害対策が進められ，建築様式や街づくりなど，文化や社会にも大きな影響を与えてきた。

　災害対策の法整備という点では，第二次世界大戦後に進められた。その契機となったのが1959年に発生した伊勢湾台風であり，1961年に災害対策基本法が制定され，行政・制度面で災害対策が全国的に進められた[2]。その後，日本は阪神・淡路大震災などを経験し，その教訓を生かして法律が改正された。現在では，全国的に災害時に避難所を設置したり，必要な物資を届ける仕組みが市町村単位で整備されてきた。

　その一方で，障害児をはじめとする災害時要支援者の避難計画や避難所での生活支援については2000年代になってから進められた。具体的には，阪神・淡路大震災のあと，福祉避難所の必要性が指摘されていたものの，福祉避難所を事前に指定することについては地域でばらつきがあった。そうした状況のなかで，2007年に能登半島地震および中越沖地震が発生し，新潟県内で福祉避難所が開設され，一定の機能を果たしたことが報告された[3]。この地震のあ

32

と，各自治体において福祉避難所の指定が進められ，東日本大震災が発生した2011年時点では，全国で41.6％にあたる728自治体で福祉避難所が指定されていた[4]。

　また，2000年代には，広範囲にわたる豪雨災害が日本各地で発生したことなどを受けて，「災害時要援護者」に対する避難支援計画を策定する必要性が高まった。「災害時要援護者」には，「高齢者，障害児，外国人，乳幼児，妊婦」等が挙げられているが，ここでいう障害児は「身体障害（1・2級）及び知的障害（療育手帳A等）の者」が想定されていた（災害時要援護者の避難対策に関する検討会, 2006, 2）。そして，こうした災害時要援護者が安心して避難することができる場所や支援を提供するためには，「災害時に教室・保健室の活用，段差の解消，手すりの設置等を進めること」なども検討され，具体的な方策が示されるようになった（災害時要援護者の避難対策に関する検討会, 2006, 14）[5]。

　しかし，東日本大震災時に，上記のような支援や福祉避難所の設置・運営が十分に実現できなかった。この点について，以下のように総括されている。

　　　東日本大震災では，岩手・宮城・福島の3県で約41万人，全国で約47万人が避難生活を余儀なくされた。避難所の解消は，岩手県で7か月，宮城県で9か月，福島県では2年9か月かかっており，避難生活の長期化が顕著であった。多くの高齢者や障害者，妊産婦，乳幼児等が被災し，福祉避難所の事前指定は十分とは言えず，また対応体制も満足できるものとは程遠かった。また被災地が広域に及び，相当数の避難所が立ち上がったため，十分な専門的支援を供給できなかった。（内閣府（防災担当）, 2016, 3）

　これは，東日本大震災が発生する前に，行政的には福祉避難所を指定することができていたが，その運営について具体的にシミュレーションすることができていなかったために，実際に大震災が発生したときに社会的に機能しなかったという総括である。こうしたことから，東日本大震災以後，福祉避難所の設置・運営に関するガイドラインやマニュアルが国および地方自治体において作

第Ⅰ部　災害時における障害児の困難と支援ニーズ

成された。そして，そこでは，単に福祉避難所開設までの手順を示すだけでなく，どのような物資を用意し，配慮を要する人に対してどのような支援を提供するかについて，具体的な内容が示された。

2．福祉避難所設置・運営に関するガイドラインの作成

　2011年3月に発生した東日本大震災では，数万人という規模で長期にわたる避難生活を送った人がいたこともあり，避難所運営に関する課題が多く出された。この課題を解決するべく，内閣府から2016年に「福祉避難所の確保・運営ガイドライン」が出され，具体的に設置・運営の方策が示された。

　たとえば，このガイドラインのなかで示されている「福祉避難所の整備」では，「施設整備」「物資器材の確保」「支援人材の確保」「移送手段の確保」の4つの視点から，必要な物や人がTable 1-1のように示された。

　このほかに，「在宅酸素療法を必要とする呼吸器機能障害者などを受け入れる場合は，電源の確保」が必要であることや，「介護，処置，器具の洗浄等で清潔な水」を必要とするなど，障害や困難に応じた設備や物品が挙げられている。また，要配慮者の不安を取り除くために，コミュニケーション手段を工夫することが重要であり，そのために「多様な情報伝達手段を用意すること」が必要であると指摘されている。具体的には，ガイドラインでは，「各避難所には最低限，ラジオとテレビ，筆談用の紙と筆記用具を準備しておくとともに，文字放送対応テレビやファクシミリの確保にも努める」と指摘されている（内閣府（防災担当），2016, 15）。

　以上のように，東日本大震災のあと，災害時に福祉避難所を実際に設置し，適切に運営していくために，具体的にどのような施設・設備のなかで，どのような物を用意し，どのような人が運営していくかに関する指針が示されるようになった。

第1章　災害時要援護者に対する災害対策と課題

Table 1-1　福祉避難所の整備に必要なもの

施設・整備	市町村は，施設管理者と連携し，当該施設が福祉避難所として機能するための必要な施設整備を行う。 ・段差の解消，スロープの設置，手すりや誘導装置の設置，障害者用トイレの設置など施設のバリアフリー化 ・通風・換気の確保 ・冷暖房設備の整備 ・情報関連機器（ラジオ，テレビ，電話，無線，ファクシミリ，パソコン，電光掲示板等） ・その他，必要と考えられる施設整備
物資・器材の確保	市町村は，施設管理者と連携し，福祉避難所における必要な物資・器材の備蓄を図る。 ［物資・器材の例］ ・介護用品，衛生用品 ・飲料水，要配慮者に適した食料，毛布，タオル，下着，衣類，電池 ・携帯トイレ（主として洋式便器で使用），ベッド，担架，パーテーション ・車いす，歩行器，歩行補助杖，補聴器，収尿器，ストーマ用装具，気管孔エプロン，酸素ボンベ等の補装具や日常生活用具等
支援人材の確保	市町村は，要配慮者の避難生活を支援するために必要となる専門的人材の確保に関して支援の要請先リストを整備するとともに，関係団体・事業所と協定を締結するなど，災害時において人的支援を得られるよう連携を図る。 災害時における福祉避難所へのボランティアの受け入れ方針について検討しておく。
移送手段の確保	市町村は，地域における福祉避難スペース（室）から福祉避難所への移送（福祉避難所間での移送），あるいは福祉避難所から緊急に入所施設等へ移送することに関して，要配慮者の状態に配慮した適切な移送手段を確保できるよう，福祉車両，救急車両，一般車両等の調達先リストを整備する。

＊内閣府（防災担当）（2016, 15-18）をもとに作成。

3. 障害種別の災害時における支援や配慮の方法

　上記に加えて，東日本大震災以後，震災時に避難生活を経験した障害者やその家族の経験や声をもとに，避難所において必要な支援や配慮などを記したパンフレットがさまざまな機関や団体から刊行された。そこでは，行政が「災害時要援護者」として総合的に対応しようとするのとは異なり，障害固有の困難が示され，特別な配慮や支援を求める声が多く挙がった。

　たとえば，東日本大震災の翌年に，日本自閉症協会は『自閉症の人たちのための防災・支援ハンドブック──自閉症のあなたと家族の方へ』を発行し，災害が起きたらどうすればよいかという点や，災害時に避難所での生活がどのよ

第Ⅰ部　災害時における障害児の困難と支援ニーズ

うになるのかという点について，本人にもわかるように解説した。このハンドブックでは，東日本大震災の経験がたくさん紹介されていて，それまで予想し得なかった自閉症児の行動などが紹介された[6]。また，災害時にどのような支援が必要であったのかについて調査した結果，「本人が安定する場・対応」が必要という声が最も多く（56.0％），次いで「発達障害児者への理解・配慮」が必要という声が多かったことが明らかになった（44.7％）。

　同様に，国立障害者リハビリテーションセンター研究所は，2013年に『災害時の発達障害児・者支援エッセンス──発達障害のある人に対応するみなさんへ』を発行し，自治体や学校などに在籍する災害時に避難所等で対応する人に災害時の発達障害児者の困難や必要な支援を啓発した。ここでは，実施した調査に回答した発達障害児者の家族の77％が「避難所を利用しなかった」という結果が紹介されているが，その理由として「共同生活ができない」を選択した人が20％程度いたことが示されている（国立障害者リハビリテーションセンター研究所, 2013, 8）。この結果を参考にすると，仮に避難所が用意されていても，そもそもいつもと違う環境が苦手であり，避難所という非日常的な場所には行くことができないことが考えられる。ほかにも，避難所で配給される弁当などが食べられなかったり，着替えがない状況で少しでも汚れたら着替えたがるなど，発達障害者に関しては，避難生活で障害による固有の困難があることが指摘された（国立障害者リハビリテーションセンター研究所, 2013, 10）。

　上記の例は発達障害児者の災害時の困難と必要な支援を紹介するものであるが，こうした防災ハンドブックや避難所利用のためのパンフレットは多くの障害児者の団体が独自につくって刊行している。たとえば，視覚障害者の団体では，東日本大震災時の避難の困難や必要な支援をアンケートで調査したところ，「避難所生活で困ったこと」では「トイレの場所」や「トイレの使用方法」が挙げられていた。また，食事に関する項目では，「配給等の情報」がわからなかったり，「食事が入手できなかった」という回答が多く寄せられた。一方で，そもそも「避難所には行かなかった」という回答や「現在の避難所では個別の支援が望めない」といった回答もあり，東日本大震災のときには十分な避

難生活の支援を提供できていたわけではなかったことが示唆された（日本盲人会連合. 2012, 47-48）。

さらに，聴覚障害者の団体から発行された防災マニュアルでは，避難所に聴覚障害者用情報受信装置を設置してほしいと訴えているものがある。たとえば，茨城県聴覚障害者協会は，発行した防災ハンドブックのなかで，「衛星放送のCS統一機構『目で聴くテレビ』では聴覚障害者のために手話，字幕による放送を行っています」と記すなど，具体的な方法を明示している（茨城県聴覚障害者協会. 2012, 22）。加えて，このマニュアルでは，「手話，筆談のどちらが必要か，大きな声で話せば大丈夫かなど，コミュニケーション方法を確認してください」という点や，避難所の運営者に「食糧や水の配給など何かの放送があったらすぐに周りから筆談などで伝えるなど，サポートして頂く」などを記している（茨城県聴覚障害者協会. 2012, 21）。

このほか，重症心身障害児に対する災害時の対応について言及している研究もある。そこでは，災害に備えて「普段服用している医薬品の予備，吸引器や人工呼吸器のバッテリー，衛生材料などケア用品」が必要であると指摘されている（田中・菅井. 2013, 59）。また，田中は重症心身障害児の家族は「普段通いなれた支援学校や福祉施設が福祉避難所として機能すること」を希望しているが，そこでは「高齢者と障害児者のニーズは違うので，防災の準備をする避難所も高齢者と障害児者で分けて考えるべきである」ということを指摘している（田中・菅井. 2013, 62）。

4. 障害児とその家族の総合的なニーズ調査の必要性

以上のように，障害児とその家族が災害時に必要とする支援や配慮は，障害別に異なり，多様である。こうしたなかで，東日本大震災では広範囲にわたる地域が被害を受け，かつ膨大な数の避難者が生じたこともあり，以降，多くの障害者団体や研究者が障害別の困難や支援・配慮について調査し，パンフレットやマニュアル，ハンドブックが刊行されてきた。しかし，それぞれの障害児

者の団体や各障害の研究者が，障害別に災害時の困難と必要な支援を論じるだけでは，災害対策を総合的に発展させていくことは難しい。なぜなら，行政的には障害別に避難所を設置することは（現状では）難しく，「災害時要援護者」として大きく括りながらその対策を考えているからである。もちろん，個々の障害に対する困難には，各避難所で対応しなければならないが，避難所に必要な施設や設備を総合的に整備するという視点も必要であると考える。

　具体的にこれまで障害者団体等から出されているパンフレットに記された障害別の困難および支援・配慮としては，

　　○発達障害……感覚の過敏性への配慮／安心できる場の確保
　　○視覚障害・聴覚障害……情報保障や避難所運営者の配慮
　　○重症心身障害……医療ケアに必要な設備や物資

などであるが，これらの情報は調査した時期や調査方法などが一定ではなく，現状においては，情報が個々に集積しているだけであると言わざるを得ない。一方で，障害が異なっても共通した配慮や支援が必要なことがあると考えられる。たとえば，視覚障害児と聴覚障害児にとって災害時に不可欠なものは，「情報保障」に関する配慮や支援であるという点では共通している。こうした理由から，障害児とその家族が災害時に生じる困難と必要な支援・配慮について共通した項目で総合的に調査することが必要であると考えた。

　また，ここまで取り上げてきた行政機関，障害児団体や研究者の冊子やパンフレットは，避難所等で必要なものやそこにいる人の支援・配慮が中心であった。しかし，災害時においては，日常的に保障されているすべてのケアを確保することができるとは限らず，災害を想定した教育指導も必要であると考える。ところが，これまでの研究調査では，障害児がどのような力を身につけておいたらよいのかについて体系的に明らかにしたものはほとんどない。そこで，次章において，災害時に障害児やその家族が直面する困難および必要な支援を明らかにするとともに，障害児に対して学校教育で指導しておいてほしい

ことについても調査し，当事者のニーズを明らかにしたいと考えた。

[注]

1）内閣府から出されている防災白書（平成18年版）「第1章1　災害を受けやすい日本の国土」から引用した。https://www.bousai.go.jp/kaigirep/hakusho/h18/index.htm を参照した（最終アクセス日：2023年7月17日）。

2）内閣府の防災情報ページ「災害対策基本法の概要」を参照した。https://www.bousai.go.jp/taisaku/kihonhou/pdf/kihonhou_gaiyou.pdf（最終アクセス日：2023年7月17日）。

3）福祉避難所の設置に関する経緯については，内閣府（防災担当）(2016) pp3-4を参照した。

4）内閣府から出されている防災白書（平成27年版）「付属資料44　福祉避難所の指定状況」を参照した。https://www.bousai.go.jp/kaigirep/hakusho/h27/honbun/3b_6s_44_00.html（最終アクセス日：2023年7月17日）。

5）このガイドラインでは，以下のような点についても言及されている。

　　○避難所では対応できないニーズ（例：介護職員，手話通訳者等の応援派遣，マット・畳等の物資・備品の提供）については，市町村の災害時要援護者支援班に迅速に要請すること。

　　○要援護者のニーズ，対応可能な人的・物的資源等の状況を把握し，効果的に調整する機能が重要となるため，市町村は，平常時から関係者に対する訓練・研修を実施しておくこと。

　　○大規模災害時，避難所のスペース，支援物資等が限られた状況においては，避難者全員，または要援護者全員に対する機会の平等性や公平性だけを重視するのではなく，災害医療におけるトリアージのような発想を参考にしつつ，介助者の有無や障害の種類・程度等に応じて優先順位をつけて対応すること。

（災害時要援護者の避難対策に関する検討会, 2006, 15）

　一方で，これらの点について，具体的に何を用意し，どのように連携をとればよいのかという点については明記されておらず，2006年の時点では必要性の指摘にとどまっていた。

6）たとえば，このハンドブックのなかで，震災から数日経ってから「毎時ちょうどになると大声で何かを叫びながら近所を走る，という行動を始めました。……6時から21時まで毎日，毎時，雨でも夜でも続きました」というような自閉症児のことが紹介されている（日本自閉症協会, 2012, 13）。

第Ⅰ部　災害時における障害児の困難と支援ニーズ

［文献］

・茨城県聴覚障害者協会. 2012. 「聴覚障害者のための防災マニュアル」.

・国立障害者リハビリテーションセンター研究所. 2013. 「災害時の発達障害児・者支援エッセンス──発達障害のある人に対応するみなさんへ」.

・災害時要援護者の避難対策に関する検討会. 2006. 「災害時要援護者の避難支援ガイドライン」.

・田中総一郎・菅井裕行. 2013. 「被災地の重症心身障害児者への支援と防災について──普段から大切にしておきたいつながりと備え」. 『宮城教育大学特別支援教育総合研究センター研究紀要』8, 53-63.

・内閣府. 2006. 防災白書（平成18年版）.

・内閣府. 2015. 防災白書（平成27年版）.

・内閣府（防災担当）. 2016. 「福祉避難所の確保・運営ガイドライン」.

・日本自閉症協会. 2012. 「自閉症の人たちのための防災・支援ハンドブック──自閉症のあなたと家族の方へ」.

・日本盲人会連合. 2012. 「視覚障害者のための防災・避難マニュアル」厚生労働省平成23年度障害者総合福祉推進事業報告書.

第2章

障害児とその家族における災害時の困難と支援ニーズ

1. はじめに

　災害時に避難をする際に，「自分の身は自分で守る」ことを基本原則とした社会づくりを進めたら，障害児とその家族は，安全が確保できないこともある。その一方で，災害時に避難所に行けば障害児とその家族の「安全」と「安心」が確保されるというものでもなく，社会基盤の整備とともに，周囲の人の配慮や支援あるいは障害児本人の適応力も必要な場合があることは否定できない。

　こうした状況のなかで，障害児とその家族はどのような支援を必要としているだろうか。特に，必要とする支援は障害種ごとに異なるのか，それとも共通した点があるとしたら，どのような点であるかを明らかにすることで，避難所の設置の仕方を検討することができる。また，障害児の保護者は避難所で生活するためにどのような力を子どもに身につけておいてほしいかという点も併せて調査することで，避難所の機能と障害児に対する防災教育を有機的に結びつけて検討することができる。

　そこで，障害児の保護者にアンケート調査を依頼し，①災害時に自分の子どもにどのような困難が生じ，②その困難に対してどのような施設・設備が必要であるかという点と，③避難所の支援者や一緒に避難している一般の人に対してどのような配慮や支援を必要としているのかという点を明らかにすることを目的とした。加えて，災害時に安全に避難し，安心して生活することができるように，④障害児の保護者は学校教育の期間にどのような指導をしておいてほ

第Ⅰ部　災害時における障害児の困難と支援ニーズ

しいかという点についても明らかにすることを目的とした。

2．調査の方法

1）調査対象

　障害児者とその家族が感じている災害時のさまざまな支援ニーズを明らかにするために，以下の学校・団体に調査を依頼した（調査人数等については，各調査の結果のなかに記載した）。

　A）重度重複障害児が多く通う肢体不自由特別支援学校

　B）知的障害特別支援学校

　C）心臓病（内部障害）を症状の一つとする22q11.2欠失症候群の子どもの親の会

　D）視覚障害児と聴覚障害児が通う盲学校および聾学校

2）調査の内容

　本調査は，上記の①から④を明らかにするために，上記のA）～D）を対象として資料2-1に示した内容を調査した（次ページ参照／調査項目は原文のまま。Formsによりデータ入力を依頼した）。

3）調査を実施するにあたっての倫理的配慮

　本調査では保護者に調査を依頼するにあたり，以下の点について明記した文書を配布し，倫理的な配慮を行った（Table 2-1）。

Table 2-1　調査回答者に対する周知事項

○このアンケートで得られた結果は，学術研究の目的のみに使用すること。
○このアンケートは災害時の支援ニーズについて尋ねるものであり，アンケートに回答する途中で過去の嫌な記憶が想起するなどして回答を中止したくなった場合は，即座に中断してよいこと。
○このアンケートに回答しないことによる不利益はないこと。
○このアンケートは，個人を特定することができないため，回答送信後にその回答を撤回することはできないこと。また，アンケートの回答および提出をもって本研究への協力について同意したこととみなすこと。

第2章　障害児とその家族における災害時の困難と支援ニーズ

資料2-1　障害児の保護者に対する調査内容

このアンケートは，障害児者の家族が日ごろから感じている災害時の支援ニーズを調査することを目的としています。お忙しいところ恐れ入りますが，下記の項目にお答えください。

1．お子様はどのような障害を有していますか？（重複した障害の場合は，複数回答可）
　　（　）視覚障害　　　（　）聴覚障害　　　（　）知的障害　　　（　）発達障害
　　（　）肢体不自由　　（　）内部障害（心臓病・腎臓病等）

1-1. 差し支えない範囲で障害名や障害の程度をご記入ください（重複した障害の場合は，複数回答可：例「身体障害児手帳〇級」「自閉症・軽度知的障害」など）。

>

2．障害のある本人が災害時に避難所を利用することになった場合，一般の避難所で過ごすことに困難がありますか？
　　（　）家族が一緒にいても困難がある　　　（　）家族が一緒であれば困難はない
　　（　）一人で過ごすことができる

2-1. 本人が災害時に避難所を利用する場合，具体的にどのような困難があるか，差し支えない範囲でお答えください（自由記述：箇条書きでも可）。

>

2-2. 本人が災害時に避難所を利用する場合，避難所に特別な施設・設備面は必要ですか？
①　避難所の施設・設備面の整備・充実
　　（　）必要である　　　（　）特に必要ない

「必要」と答えた場合，どのような施設・設備が必要ですか。具体的にお答えください（避難所に用意してほしい物があれば，ここに記入してください。自由記述：箇条書きでも可）。

>

②　避難所の運営者や一緒に避難している周囲の人からの配慮や支援
　　（　）必要である　　　（　）特に必要ない

「必要」と答えた場合，どのような配慮・支援が必要ですか。具体的にお答えください（周囲の人にどのように理解してほしいかなどはここに記載してください。自由記述：箇条書きでも可）。

>

43

第Ⅰ部　災害時における障害児の困難と支援ニーズ

資料2-1　（続き）

3．障害のある本人が災害時（道路の安全が確認できていない状況で，家屋の倒壊や河川の氾濫があるかもしれない状況）に自宅や避難所に移動し，安全を確保するまでに，困難がありますか？
　　（　　）家族が一緒にいても困難がある　　　（　　）家族が一緒であれば困難はない
　　（　　）一人でも移動できる

3-1.避難所までの安全な移動に関して，具体的にどのような困難があるか，差し支えない範囲でお答えください（物理的な移動の困難のみならず，「新しい場所に行こうとしないので，日常的に通っている学校が避難所になっていると良い」などの困難・支援でもかまいません。自由記述：箇条書きでも可）。

3-2.「家族がいても困難がある」「家族が一緒であれば困難はない」と回答した方は，避難所までの安全な移動に関して，具体的にどのような支援・配慮が必要であるかお答えください（自由記述：箇条書きでも可）。

4．原子力災害や感染症など，ステイホームが求められる場合に，日常生活を継続することに困難がありますか？
　　（　　）家族が一緒にいても困難がある　　　（　　）家族が一緒であれば困難はない
　　（　　）一定の時間であれば一人でも家から出ずに過ごすことができる

4-1.「家族がいても困難がある」「家族が一緒であれば困難はない」と回答した方は，具体的にどのような困難があるか，差し支えない範囲でお答えください（「家族が付き添っていないといけないので，買い物ができなくなる」など，家族に関する困難でもかまいません。自由記述：箇条書きでも可）。

4-2.「家族がいても困難がある」「家族が一緒であれば困難はない」と回答した方は，ステイホームが求められたときに，具体的にどのような支援・配慮があると良いかお答えください（「買い物の代行サービスを利用できるようにしてほしい」など，家族に関する支援でもかまいません。自由記述：箇条書きでも可）。

第2章　障害児とその家族における災害時の困難と支援ニーズ

5．避難行動や避難所で過ごすにあたって，学校で指導しておいてほしい内容（障害のある本人が身につけておいたほうが良い知識や思考力・判断力）がありますか？（障害のある本人が学校を卒業している場合には，「学校で指導しておいてほしかった内容」をお答えください）
　（　）ある　　（　）特にない

5-1.「ある」と答えた場合，どのような内容か，具体的に記入してください（「地震のメカニズムを知って，不安にならないようにさせてほしい」などの知識・理解に関することや，避難所での過ごし方など災害時の具体的な行動など，どのようなことでもかまいません）。

6．障害のある本人が避難する時や避難所で安心して過ごせるように，避難する際に持参している物はありますか。一般的な防災グッズのほかに，障害のある本人にとって必要な物や，防災袋に入れておいたほうが良い物はありますか？
　（　）ある　　（　）特にない

6-1.「ある」と答えた場合，どのような内容か，具体的に記入してください（人工呼吸器等のための「電源」などは，持ち物というよりは「施設・設備」にあたりますので2-2で記入していただいてもかまいません。もちろん，この項目に記入していただいてもかまいません）。

　なお，本調査の結果は回答者が特定できないかたちで集計されるため，個人が特定されることはないことも回答者には伝えて調査を実施した。また，本調査は茨城大学研究倫理審査委員会の審査を受けて承認されていることについても，調査開始前に文書にて明記して伝えた（茨城大学研究倫理審査承認番号：21P1200）。

3．結果

　以下，障害児の保護者に調査した結果を，障害種別（A〜D）に示した。具体的には，これまでの先行研究の知見を簡単にまとめたうえで，調査項目に沿って回答結果を示し，筆者らによる考察を加え，実態と課題をまとめた。

第Ⅰ部　災害時における障害児の困難と支援ニーズ

調査Ａ
肢体不自由特別支援学校の子どもの保護者に対する調査結果

① 肢体不自由児の特性と災害時の特別な配慮・支援

　肢体不自由児の多くは，主障害である運動障害だけではなく，視覚，聴覚，触覚，固有受容覚，前庭感覚など種々の感覚を活用するのが難しいという特性がある（柳沼, 2022）。肢体不自由特別支援学校の重複障害学級在籍率は84.9％であり（2021年度），特別支援学校全体の在籍率25.4％よりもきわめて高い（文部科学省, 2022）。また，肢体不自由特別支援学校には，重度の知的障害・肢体不自由が重複している重症心身障害児や，痰の吸引や経管栄養などの医療的ケアを必要とする医療的ケア児も多く在籍しており（大関・片寄, 2019），障害の重度・重複化や多様化が進んでいる。

　このような肢体不自由児の特性から，災害時には移動の困難さに対する配慮・支援とともに，種々の感覚障害や医療的ケアに関する配慮・支援を含めた総合的な防災対策が必要だと考える。特に，人工呼吸器，吸引器，ネブライザーなどの医療機器や衛生材料を常時使用する医療的ケア児は，災害時にライフラインが停止して医療機器が作動しなかったり，医療的ケアを行うための物品が不足したりすると，生命に危険が及ぶ可能性がある。また，医療的ケアを必要とする重症心身障害児のなかには，体温調節が難しく，室温によって低体温・高体温になりやすい児童生徒もいることから（田中ほか, 1978），真冬・真夏時の災害時には特段の配慮・支援が必要であった。

　こうした災害発生時の状況が予測されるなか，静岡県の学校防災推進協力校として研究指定を受けた肢体不自由特別支援学校では，地域と連携した防災対策や教職員・保護者の防災に対する知識・意欲を高める防災研修会，肢体不自由校に適した効果的な訓練（例：経管栄養時における発災を想定した訓練）などの取り組みを行っていた（一杉, 2021）。また，同校では，移動が困難な肢体不

自由児を対象に「教室内の安全な場所はどこか」「身を守るには何をしたらよいか」「危険なものは何か」という危険予知トレーニング，医療機器を使用する訪問学級の児童生徒を対象に発災から10分間の初発行動の訓練を行うなど，減災のための安全教育にも取り組んでいた。

　一方，医療機関からの報告として，通院中の医療的ケア児の養育者を対象に災害時の備えに関する意識調査が行われていた（寺門・高木，2012）。この調査の結果，東日本大震災前に災害用持ち出し物品を準備していたのは11名（45.8％）だったが，震災後には17名（70.8％）が医療的ケアに必要な衛生材料の補充や医療機器の予備バッテリーを準備するようになり，防災意識が向上した。また，在宅人工呼吸器装着児（者）の保護者を対象にした災害時対策の実態調査によると（三間，2018），約4割の家庭が災害への備えができていない状況にあり，家族以外にオーダーメードの災害対策を考えてくれる支援者がほとんどいないことが報告された。

　以上のように，災害時にハイリスク群となり得る肢体不自由児に対する防災研究は，主に教育機関と医療機関で検討されてきた。ただし，災害への備えをしている家庭は，医療的ケア児がいる家庭でも一般家庭の調査結果（損保ジャパン，2020）と同様に約4割にとどまり，防災意識の向上が喫緊の課題であると考えた。特に，災害発生時は，配慮・支援を受けられるようになるまで時間を要するため，災害時の自助力が脆弱な肢体不自由児の場合は，教職員や保護者など周囲の適切な判断や行動が不可欠である。また，自力での移動や自走が可能な肢体不自由児の場合は，「危険防止：危険な場所について知る」「避難訓練：教師と一緒に避難する」「防災：災害や事故について知る」など（文部科学省，2018，45），本人の防災意識を高めることも重要であろう。

　しかし，肢体不自由児が災害時に安全に避難するためには，避難所でどのような配慮・支援が必要で，肢体不自由児本人にはどのような力を育てておくことが重要であるのか，という点について総合的に検討した先行研究はない。そこで本調査では，特別支援学校に子どもを通わせる肢体不自由児の保護者にアンケート調査を実施した。具体的には，肢体不自由児とその家族は，災害時に

第Ⅰ部　災害時における障害児の困難と支援ニーズ

どのような困難が生じ，どのような配慮・支援を必要としているのかを明らかにすることを目的とした。加えて，そうした子どもの保護者は学校教育において，どのような教育・指導をしてほしいと考えているかという点を明らかにしたいと考えた。

② 方法

1）調査対象と調査の方法

　本調査は，B県内の肢体不自由特別支援学校2校にアンケート調査を依頼した。調査は2021年11月〜12月にかけて実施し，特別支援学校2校の保護者219名に調査用紙を配布し，114名から回答を得た（回収率52.1％）。質問紙は，Formsを使って回答できるようにし，保護者に回答を依頼した。

2）調査内容および倫理的配慮

　本調査で保護者に質問した内容および倫理的配慮は本章の冒頭に示した通りである（Table 2-1参照）。

③ 結果

1）調査対象者の障害の特徴

　まず，アンケートの最初で「お子様はどのような障害を有していますか？（重複した障害の場合は，複数回答可）」と尋ねたところ，次ページのような回答を得た（Table 2-A-1）。

　このように，主障害の肢体不自由に次いで知的障害を有する子どもが多かった。また，約30％は発達障害も有していると回答しており，感覚障害や内部障害と併せて多様な障害を重複する子どもの保護者が回答していた。

第 2 章　障害児とその家族における災害時の困難と支援ニーズ

Table 2-A-1　回答者の子どもの病気・障害の種類

視覚障害	9
聴覚障害	9
知的障害	81
発達障害	36
肢体不自由	98
内部障害（心臓病・腎臓病等）	10

＊N=114

2）災害時の避難所利用に関する困難と対応

2-1）避難所に求める施設・設備

　はじめに，災害時の避難所利用に関する困難と対応について尋ねた。まず，「障害のある本人が災害時に避難所を利用することになった場合，一般の避難所で過ごすことに困難がありますか？」という質問に対して，「家族が一緒にいても困難がある」と回答した人が86名（75％），「家族が一緒であれば困難はない」と回答した人が28名（25％），「一人で過ごすことができる」と回答した人が0名であった。この結果から，避難所で一人で過ごせる肢体不自由児はおらず，避難所では家族などの支援者が必須であることが示された。

　次に，障害のある本人が災害時に避難所を利用する場合，避難所に特別な施設・設備面は必要であるかを尋ねたところ，「必要である」と回答した人が97名（85％）であったのに対して，「特に必要ない」と回答した人が17名（15％）であった。続けて，この質問に対して「必要である」と回答した人に，「『必要』と答えた場合，どのような施設・設備が必要ですか。具体的にお答えください（避難所に用意してほしい物があれば，ここに記入してください。自由記述：箇条書きでも可）」と尋ねたところ，次ページのような回答が得られた（全93件の回答：Table 2-A-2）[1]。

　KJ法で回答を分類した結果（2-2以降の設問も，自由記述については同様の手続きで分析した），5つのカテゴリーが抽出された。①一般の避難者と区別された空間の確保では，「オムツ交換時の臭いや医療機器使用時の音が発生する」「子

49

第Ⅰ部　災害時における障害児の困難と支援ニーズ

Table 2-A-2　避難所に必要な施設・設備

①一般の避難者と区別された空間の確保（29件）	・オムツの交換や痰の吸引など，臭いや音が出ます。一般の方にはなかなか慣れない音や臭いもあるかと思うので，仕切りや別室があると助かります。 ・パニックになった時用のクールダウン室や騒いだり動きまわっても大丈夫な空間がほしい。 ・個室（夜間に吸引器や人工呼吸器を使用するので，アラーム音などの機械音がかなり響く為・オムツの排便の臭いの為）。 ・色々な音に過敏のため，一時的に，安心出来るスペースがあると，安心です。 ・静かにジッとしていることが困難で目が離せないため，個室（囲い）があると安心。 ・夜中の吸引があったりアラームがあったり周りに音が聞こえないように，小さくてもいいので個室があれば気を使わなくてすみます。
②身体面のケアをするための設備等の確保（24件）	・座位が保てないので，寝転べる広いスペースが必要。 ・褥瘡ができやすいので，ダンボールベッドに何か敷きたい。 ・頭を打ちつける場合があるので，床が固くないところが必要（ダンボールなどがひいてある）。 ・簡易ベッド（普段は車椅子からベッドに移って寝ている）。地べたに寝るのは身体が痛くなると思うから。 ・バギーに乗ったまま乗り入れでき，そのまま過ごせるところが必要（フラットな床面，車輪を拭く布巾など）。 ・車椅子なので段差がないか，ある場合はスロープが必要。
③医療面のケアをするための設備等の確保（32件）	・胃瘻注入物品，吸引器，吸引カテーテル，電源。 ・痰吸引器，酸素吸入器，ネブライザー，サチュレーションモニタ，点滴台。 ・吸引器等機器を使うための電源，手動吸引器，吸入器，ミルトンなどの消毒用品，胃瘻用のシリンジ，経管栄養剤，水，パルスオキシメーター，人工鼻，ガーゼ，人工呼吸器。 ・痙攣止めなどの緊急用薬。
④障害者用トイレと排泄に関わる介護用品等の確保（46件）	・車椅子が通れるスペースとユニバーサルトイレ。 ・オムツが替えられるベッドがある多目的トイレ。 ・おむつ交換するためのスペース（周りから見えないようにするためのパーテーションのようなもの）。 ・身体障がい者用トイレ，おむつ，おしりふき。 ・障害者が使えるトイレ（ポータブルトイレに身体が支えられたり，つかまれるようなものでも可）。
⑤体温調節のための空調設備等の確保（9件）	・体温調節が難しいためエアコンがほしい。 ・体温調節が難しいのでクーラーや扇風機。クーリングできるものがほしい。 ・筋肉が少なく，体温が下がりやすい為，暖をとれる場所が欲しい。

＊一部，長い記述を筆者のほうで抜粋し，要約した箇所がある。
＊回答数は93件であるが，同じ人が①から⑤までの内容について複数言及しているものもあり，それぞれ1件としてカウントしているため，表に示した回答数の合計は93件を上回る。

どもが静かにしていることが難しい」「子どもが安心できるスペースがほしい」など，周囲への配慮や子どもの安心感を得るために個室を必要としていた。

　また，②，③は身体面／医療面のケアをするための設備等の確保で，休憩で

第2章　障害児とその家族における災害時の困難と支援ニーズ

きるスペースやバリアフリーの設備とともに，医療的ケアを実施するための設備が必要という回答も多かった。医療的ケア実施時には，回答として挙げられた吸引器や吸入器を使用するための電源，人工鼻やイルリガートルなどの医療的ケア用品が必要であり，医療的ケア児が多く在籍する肢体不自由特別支援学校の児童生徒にとって必須の施設・設備であると考えた。

　④は障害者用トイレと排泄に関わる福祉用具等の確保で，車いすで入れるバリアフリートイレやオムツ交換のためのスペース，オムツの替えやおしりふきなどの介護用品が必要であると回答しており，5つのカテゴリーのなかで最も回答数が多かった。日常生活動作が困難な肢体不自由児の多くは排泄時に配慮・支援を必要とするため，半数近くの回答があったものと考えられる。このほか，⑤では，体温調節が難しいため，エアコンや扇風機などの空調設備が必要という回答もあり，災害時には肢体不自由児の健康を守るためのさまざまな施設・設備が必要であることが本調査から明らかになった。

2-2）避難所の運営者や周囲の人に求める配慮・支援

　それでは，肢体不自由児が安心して避難所で生活することができるようになるために，避難所の運営者や周囲の人はどのような「配慮・支援」が必要となるだろうか。この点について，障害のある本人が災害時に避難所を利用する場合，避難所の運営者や一緒に避難している周囲の人からの配慮や支援は必要か，と尋ねて調査したが，この質問に対し，「必要である」と回答した人が92名（81％）であったのに対して，「特に必要ない」と回答した人が22名（19％）であった。

　続けて，この質問に対して「必要である」と回答した人に，「『必要』と答えた場合，どのような配慮・支援が必要ですか。具体的にお答えください（周囲の人にどのように理解してほしいかなどはここに記載してください。自由記述：箇条書きでも可）」と尋ねたところ，次ページのような回答が得られた（全85件の回答：Table 2-A-3）。

　肢体不自由児の保護者が避難所の運営者等に求める「配慮・支援」は，「わ

51

第Ⅰ部　災害時における障害児の困難と支援ニーズ

Table 2-A-3　避難所の運営者や周囲の人に求める配慮・支援

①障害特性に応じた対応をしてほしい（13件）	・聴覚過敏のため，大きな声を出さないでほしい。 ・言葉の理解力がたりないので，アナウンスや説明だけでは理解できないことがある。 ・声をかけるときは短い言葉で伝えてほしい。 ・会話はできるが自分のことを説明することが難しいので，確認として聞いてもらいたい。 ・家族といても，周囲が気になってビクビクしてしまう。 ・非日常によるストレスから普通では考えられない行動をとると考えて対応してもらいたい。
②困難を感じている場面や生活面の介助をしている場面で補助してほしい（21件）	・炊き出しなどを，子供を連れて取りに行く事が大変難しいので，助けて欲しいです。子供を連れて，自分のトイレに行く事も難しいです。目が離せないので，手や目を貸してもらえたら助かります。 ・生活に必要な機械類の運搬。 ・車椅子を利用しているので，避難所がバリアフリーではないとき，段差の上り下りで手伝いを要する。 ・障害を持つ子から手や目が離せないので，トイレに行きたい時など一時見てもらえると助かります。
③困難な状況を理解し，寛容に受け止めてほしい（34件）	・人工呼吸器や吸引器等の医療機器は，結構大きな音がします。日中ならばさほど気にならなくても，夜間の吸引音や呼吸器のアラーム音は，日頃それが身近にない方にとって耳障りに感じるものです。 ・てんかんがあり，発作時には叫び声の様な大声を出すこともあります。時間もいつ起こるかわからないので，理解して見守ってもらえたらと思います。 ・夜泣きもあるし，音楽がないと落ち着かず夜中でも鳴らす必要があることもあります。 ・排痰が難しく「ゼコゼコ」苦しい咳込みがあり，よだれが多いが嫌な顔しないで欲しい。 ・急に声を出したり発作を起こしたり健常者の方々は，日常目にしないことがたくさんあるので好奇な目でみたり苛立たないで欲しい。私達も迷惑をかけないように頑張るので災害時は，メンタル面での配慮をお願いしたい。
④個室や仕切り等の確保（21件）	・最初から分ける配慮をしてほしい。差別だとは感じない。その方が，障害者，介助者も余計な気を遣わずに安心して避難できると思います。 ・特定の音にも敏感なので仕切りなどの配慮をしてほしい。 ・パニックになっても周りの人たちから，怒られないように部屋を用意して欲しい。 ・声を出したり動いたりして迷惑をかけるので同じ障害児で一緒の部屋などにしてほしい。

＊一部，長い記述を筆者のほうで抜粋し，要約した箇所がある。
＊回答数は85件であるが，同じ人が①から④までの内容について複数言及しているものもあり，それぞれ1件としてカウントしているため，表に示した回答数の合計は85件を上回る。

かりやすく伝えてほしい」「聴覚過敏であるため，大きな声を出さないでほしい」といった知的障害や感覚障害など，①種々の障害特性に応じた対応であった。肢体不自由児は知的障害や種々の感覚障害を重複している場合が多いた

め，障害特性に応じた対応も多岐にわたると考えられる。また，「目が離せないときに見ていてほしい」「生活に必要な機器類の運搬を手伝ってほしい」など，②困難を感じている場面や生活面の介助をしている場面で補助してほしいといった回答も多く寄せられた。てんかん発作や一人で静かに待つことが難しい肢体不自由児の場合は，目を離すと転倒やけがなどにつながる恐れがあるため，家族が一緒であっても支援が必要になる場面が出てくると考えられる。

　一方，③一般の避難所では他の人と同じようにできない状況を理解し，寛容に受け止めてほしいという回答も多かった。このなかには，「夜間に吸引音や呼吸器のアラームが鳴ることがある」「発作時には大声を出すことがある」「夜泣きがある」など，肢体不自由児の障害特性を容認してほしいという声が寄せられた。このほか，「一般の避難者と部屋を分ける」「仕切りで区切る」「肢体不自由児同士が同室になるようにする」など，Table2-A-2と同様に，④個室や仕切り等の確保を必要としているといった回答も多く，肢体不自由児の保護者の多くが避難所で個室を必要としていることが明らかになった。

3）避難所まで移動することの困難と必要な支援

　次に，避難所までの移動に関する困難の有無について調査した。具体的には，「障害のある本人が災害時（道路の安全が確認できていない状況で，家屋の倒壊や河川の氾濫があるかもしれない状況）に自宅や避難所に移動し，安全を確保するまでに，困難がありますか？」という質問に対して，「家族が一緒にいても困難がある」と回答した人が71名（62％）であり，「家族が一緒であれば困難はない」と回答した人が42名（37％）であった。一方で，「一人でも移動できる」と回答した人は1名（1％）であり，避難所まで移動するのに何らかの支援が必要な人が多かった。

　このとき，避難所までの安全な移動に関して，具体的にどのような困難があるか，また，どのような支援・援助があるとよいかを自由記述で尋ねたところ，次ページのような回答を得た（全91件の回答：Table 2-A-4）[2]。

　避難所までの移動に関する困難として，最も多かった回答は，①物理的／身

第Ⅰ部　災害時における障害児の困難と支援ニーズ

Table 2-A-4　避難所までの移動に関する困難と必要な支援・援助

①物理的／身体的に移動することが難しい（80件）	・完全寝たきりの子なので，車いす乗車ができる車での移動が基本です。吸引器，モニター，呼吸器，注入物品，おむつ，タオル類と引っ越し並みに荷物が多く，歩いて避難所へ行くことは難しいです。 ・介助がないと安全に歩行ができません。バギーや車いすもありますが，道路状況や河川の氾濫などがあると歩行・バギー・車いすのすべてが危険な状況です。 ・持ち出す荷物が多く，一つ一つが重いので人手が必要です。歩けないので車いすで移動ですが，道路が安全に通れないと抱っこで移動することになります。抱っこ移動となると両手がふさがってしまうので不安です。 ・避難所で必要とする生活用品も大量なので，車で避難所に行けないと避難は難しい。 ・近所の学校はバリアフリーではありません。公園内の芝生は，車いすで動くのは困難です。有事の際の避難は難しいと考えざるを得ません。 ・車いすを利用しているので，エレベーターが止まってしまったり，階段や段差があると避難は難しいです。 ・ゆっくり歩くことはできるが，倒壊したものや散乱しているものを避けたりして上手く歩くことはできない。 ・特別支援学校やかかりつけ病院は遠いので難しい。
②不安が強く移動できなくなる可能性がある（13件）	・新しい場所は不安に感じたり，行動するのにサポートが必要なため，学校が避難所になっていると良いです。 ・人がたくさん集まっている場所には入りたくない。新しい場所，ボールなど音が反響する場所は嫌がる。 ・不慣れな場所では落ち着くことができず，大声で泣いてしまったり，眠れなかったりして持病の発作なども起こりがちになるので，年に一回でも避難場所に泊まったりするところまで含めて訓練があると良いと思う。
③その他（7件）	・地元の消防団などとのマッチングを予めさせてもらって，避難所まで連れて行ってくれる担当を決めておいてくれたら，と日頃から思っている。 ・障害児者を積極的に受け入れる避難所があれば周知してほしい。 ・我が家はよほどでない限り，避難所には行かない選択をする可能性が高いです。

＊一部，長い記述を筆者のほうで抜粋し，要約した箇所がある。
＊回答数は91件であるが，同じ人が①から③までの内容について複数言及しているものもあり，それぞれ1件としてカウントしているため，表に示した回答数の合計は91件を上回る。

体的に移動することが難しいという点であった。これは，肢体不自由により自力での移動が不可／困難で，日常的に車いすを使用する肢体不自由児は，階段・段差がある場所やエレベーターが使用できない状況だと移動できる範囲が限定されるからであると推察できる。また，医療的ケアを必要とする肢体不自由児は医療機器の運搬も必要になるため，人手がないと短距離の移動も難しい。そのため，災害の状況や避難所までの距離が遠い場合は，避難所までたどり着けない可能性が高いと考えられる。

第2章　障害児とその家族における災害時の困難と支援ニーズ

　さらに，②災害時に不安が強くなり，避難所まで移動することが難しいという回答もあった。普段と異なる場所では不安に感じて泣いたり眠れなかったりする子どももいるため，避難所は通い慣れている学校がよい，年1回でも避難所に泊まる体験があるとよい，という意見もあった。③その他，よほどの状況でない限り避難所には行かないという回答もあり，実際の災害時には避難所に行かない／行けないケースも出てくると考えられる。

4）ステイホームが求められる場合の生活上の困難と必要な支援

　次に，原子力災害や感染症など，ステイホームが求められる場合に，日常生活を継続することに困難があるかどうかについて調査した。その結果，「家族が一緒にいても困難がある」と回答した人が26名（23％）であり，「家族が一緒であれば困難はない」と回答した人が71名（62％）であった。一方で，「一定の時間であれば一人でも家から出ずに過ごすことができる」と回答した人が17名（15％）であり，移動や避難所での生活に比べると，一人で過ごせる子どもが多いことが明らかになった。

　このうち，「家族が一緒にいても困難がある」と，「家族が一緒であれば困難はない」と回答した人に対して，具体的にどのような困難があり，どのような支援・配慮が必要であるかについて質問したところ，次ページのような回答が得られた（全52件の回答：Table 2-A-5）[3]。

　ステイホームが求められるなかで，在宅避難をする際には「子どもから目が離せない」という理由から，①子どもを置いて外出することができないことに多くの保護者が困難を感じていた。そのことに起因して，「買い物に行けない」「自分の時間がとれない」といった困難を抱えていた。これらの困難を解決するために，ステイホーム中はヘルパーや代行サービスの利用などを求めていることが明らかになった。

　また，在宅避難が長期間続き，栄養剤，薬，水，消毒液がなくなった場合は生命の危機に直結する恐れがあるため，②自宅にいても受けられる医療が必要という回答もあった。さらに，子どもが外出できない理由を理解できないと精

55

第Ⅰ部　災害時における障害児の困難と支援ニーズ

Table 2-A-5　ステイホーム中の生活上の困難と必要な支援・援助

①子どもから目が離せないため家庭生活の支援が必要（44件）	・家族が買い物に行けないので，その辺をフォローするサービスがあると良い。 ・ずっと付き添っていないといけないので，自分の時間がまったくない。 ・どこにも預けられないと閉塞感が強く，家族のほうがまいってしまうので，ヘルパーさんに入ってもらえるとありがたい。
②自宅にいても受けられる医療が必要（5件）	・リハビリや看護師が毎日入っているため，ステイホームでも介入を続けてほしい。 ・薬などがあるうちは良いが，なくなった場合などは困る。 ・経管栄養のため，栄養剤や薬，水や消毒液が無くなった場合は生命の危機に直結する。
③不安になりやすいので精神面でのサポートが必要（4件）	・家の中にいるとパニックを起こす。 ・外出できない理由を理解できないので，精神的に不安定になる。心因性の発作を起こす場合もある。これに関しては，どのような支援や援助があれば良いのか，全くわからない。
④家族が一緒にいれば困ったことはない（2件）	・東日本大震災，新型コロナウイルスの流行を経験した上でのお話しとなりますが，特に困った事はありませんでした。計画停電程度ならば医療機器の充電バッテリーで問題ありませんし，今回のコロナ禍でもステイホームとはいえ近所の散歩まで出来ない訳では無かったので，問題ありませんでした。 ・一人では食事も難しいが，家族がいるならば家の中だけの生活は出来る。

＊一部，長い記述を筆者のほうで抜粋し，要約した箇所がある。
＊回答数は52件であるが，同じ人が①から④までの内容について複数言及しているものもあり，それぞれ1件としてカウントしているため，表に示した回答数の合計は52件を上回る。

神的に不安定になるため，③精神面でのサポートが必要という回答もあった。一方，支援物資の供給や災害状況によっては，④家族が一緒にいれば困ったことはないとの回答もあった。

5）学校で指導してほしい防災教育の内容

　さらに，災害時の避難行動や避難生活に備えて，学校で指導してほしい防災教育の内容について調査した。まず，「避難行動や避難所で過ごすにあたって，学校で指導しておいてほしい内容（障害のある本人が身につけておいたほうが良い知識や思考力・判断力）がありますか？」と尋ねたが，この質問に対して，「ある」と回答した人が45名（39％）であり，「特にない」と回答した人が69名（61％）であった。

　このうち，「ある」と回答した人に対して，「どのような内容か，具体的に記入してください」と尋ねたところ，次ページのような回答が得られた（全42件

第2章　障害児とその家族における災害時の困難と支援ニーズ

Table 2-A-6　学校で指導してほしい防災教育の内容

①避難訓練をしてほしい（12件）	・命を守る行動をする。パニックにならないように日頃から避難訓練をする。 ・我が子は残念ながら無理ですが，いつも学校でしてくださる避難訓練等は，わからなくてもしておくことは大事だと感じます。 ・避難アラーム，サイレンなどの音でパニックにならないように慣れてほしい。
②避難所での過ごし方を指導してほしい（14件）	・人見知りしないよう，両親以外の大人に介助されることに慣れてほしい。 ・大勢の人が居る時には静かにする。 ・避難所はどういう場所か？というシミュレーション（車イスで通れるかとか）。 ・周りの人に何に困っているか伝えられるコミュニケーション能力。
③災害の理解と思考力を育てる指導をしてほしい（9件）	・地震や火災の怖さ，避難の重要さを，わからないなりに繰り返し教えてほしい。 ・災害があった際にはこうなる可能性があるとの説明。 ・柔軟に対応できる力。友達と一緒ならできるかも。 ・緊急事態という状況下では，普段とは違う生活になってしまうことをイメージできるようにしてほしい。 ・車椅子がないと移動できないということを自覚しての早めの移動，移動できない場合の最低限の対処法など。 ・自分だけの判断で行動しないこと。
④非常食の試食体験をしてほしい（6件）	・家とは違う環境の中で，普段から非常食を試して何でも食べられるようにしておきたいです。 ・非常食が食べられる，これの心配をしなくて済むだけでかなりちがいます。
⑤その他（6件）	・本人は不安でいろいろな気持ちを抱えていると思うが，事前に話したところでわからない。 ・災害時，不安にさせないように，保護者や大人が対応できるようにするべき。

＊一部，長い記述を筆者のほうで抜粋し，要約した箇所がある。
＊回答数は42件であるが，同じ人が①から⑤までの内容について複数言及しているものもあり，それぞれ1件としてカウントしているため，表に示した回答数の合計は42件を上回る。

の回答：Table 2-A-6)[4]。

　肢体不自由児の保護者は，従来から行われてきた①避難訓練とともに，②避難所での過ごし方，③災害の理解と思考力を育てる指導，④非常食の試食体験を学校のなかで教えてほしいという回答が多く挙げられた。②〜④の具体例として，「災害時にどのような状況になるのかを理解できるような指導」「避難生活のシミュレーション」「困ったときに周囲の人に助けを求められるような指導」「定期的に非常食を食べて慣れるようにする指導」などの内容が挙げられており，「防災教育」として指導内容を体系化する必要性があると考えられる。⑤その他，災害時に不安にさせないように保護者や周囲の大人が対応できるようにすべきとの意見もあった。

第Ⅰ部　災害時における障害児の困難と支援ニーズ

6）特性に応じた防災グッズの準備

　次に，災害時の備えについて，障害のある本人が避難するときや避難所で安心して過ごせるように，避難する際に持参している物や一般的な防災グッズのなかに加えておいたほうがよい物はあるか，と質問したところ，「ある」と回答した人が83名（73％）であり，「ない」と回答した31名（27％）を上回った。

　このうち，「ある」と回答した人に対して，具体的に防災グッズにどのような物が必要であるのかについて尋ねたところ，以下のような回答を得た（全83件の回答：Table 2-A-7）[5]。

Table 2-A-7　防災グッズに加えている物

①医療面の支援に必要なもの（24件）	・電源，手動吸引機，シリンジ，胃瘻チューブ，経管栄養剤，薬，人工鼻，ガーゼ，消毒用品。 ・導尿セット。 ・吸引チューブ・蒸留水・アルコール綿・医療用ミルク。 ・薬。 ・パルスオキシメーター。
②食事面の支援に必要なもの（19件）	・舌で潰せる食形態にする為のハサミ，ブレンダー，食器一式，電源。 ・ストロー，スプーン。 ・食べられるものに制限があるため専用のレトルト食。
③身体面の支援に必要なもの（35件）	・おむつ。 ・尿パッド。 ・おしりふき。 ・浣腸。 ・毛布。 ・体温がコントロールできないので電気毛布。 ・加湿用品。 ・着替え。 ・扇風機。
④避難所で過ごすときに使うおもちゃ等（23件）	・音楽が好きなので音楽が聞けるもの。 ・余暇を過ごせるパズルやトランプ。 ・気持ちを落ち着けられる物（おもちゃ，ぬいぐるみ，タブレット，ゲーム，充電器等）。
⑤その他（3件）	・白杖。 ・障害者マーク。 ・本人の身分証。

＊一部，長い記述を筆者のほうで抜粋し，要約した箇所がある。
＊回答数は83件であるが，同じ人が①から⑤までの内容について複数言及しているものもあり，それぞれ1件としてカウントしているため，表に示した回答数の合計は83件を上回る。

第2章　障害児とその家族における災害時の困難と支援ニーズ

　この結果から，肢体不自由児の保護者は，健康を守るための防災グッズとして，①医療面の支援に必要なもの，②食事面の支援に必要なもの，③身体面の支援に必要なもの，を必要と考えていることが明らかになった。具体的には，①は医療的ケアに関するグッズ（例：経管栄養剤，人工鼻），②は食形態を調整するためのグッズ（例：ブレンダー，ハサミ），③は排泄用品（例：おむつ，おしりふき）や防寒・防暑のためのグッズ（例：毛布，扇風機）を必要と考えていた。また，気持ちを落ち着けられるものや子どもが好きなものなど，④避難所で過ごすときに使うおもちゃを必要とする回答もあった。避難所生活が長期化した際，避難所生活のストレスや不安を軽減するためにも，好きなおもちゃやゲーム等を防災グッズに加えておくことが重要であると考えた。

④ 考察

　本調査では，肢体不自由特別支援学校に通う子どもの保護者にアンケート調査を実施し，肢体不自由児の災害時の困難と必要な支援・援助（防災教育や防災グッズの準備も含む）について検討した。その結果，災害時には肢体不自由による移動の困難さとともに，知的障害や感覚障害など重複障害による種々の困難さがあり，医療的ケアに関する配慮・支援を含めた総合的な防災対策が必要であることが明らかになった。

　まず，避難所までの移動に関しては，約6割の保護者が，家族が一緒にいても困難があると回答しており，車が使えない状況だと避難所まで行くのは難しいという回答も多かった。特に全介助で医療的ケアを必要とする肢体不自由児の場合は，吸引器・呼吸器などの医療機器，食事面の支援に必要なもの，防寒・防暑のためのグッズといった多くの防災グッズが必要で，他の障害種より移動に関する特段の配慮・支援が必要であった。また，災害時は人手が不足するため，たとえば学校に防災グッズ（例：排泄用品，経腸栄養剤，衛生材料，毛布など）を備蓄して家庭から持ち出す荷物を減らす（学校が避難所になる場合），地域の関係機関と連携して個別避難計画を作成するなど，平常時からの備えが重

59

第Ⅰ部　災害時における障害児の困難と支援ニーズ

要になると考えた。

　次に，避難所までたどり着けた場合は，85％の保護者が避難所に特別な施設・設備が必要と回答していた。そのなかには，身体面／医療面のケアをするための設備や障害者用トイレ・福祉用具等の確保，一般の避難者と区別された空間の確保等が挙げられた。避難所は主に体育館や公民館といった公共施設が用いられるが，これらの施設は避難所を主たる用途として設計されたものではなく，特別な施設・設備を備えていないことも多い。そのため，地域の福祉避難所の場所・経路をあらかじめ把握しておくとともに，福祉避難所まで行ける／行けない状況をシミュレーションしておくことも必要だろう。

　肢体不自由児に対する防災教育においては，約4割の保護者が必要と回答したが，約6割は特に必要ないと回答していた。半数以上の保護者が必要ないと回答した背景には，肢体不自由特別支援学校には重度の知的障害がある重症心身障害児が在籍しており，そのような子どもたちが防災に関する知識・思考力・判断力を身につけるのは難しいと考えているためだと推測された。

　また，この設問で必要と回答した約4割の保護者の回答を分析すると，従来から行われてきた避難訓練とともに，避難所での過ごし方，災害の理解や災害時の状況判断力の育成，非常食の試食体験など，体験をベースとしたさまざまな側面からの防災教育を求めていた。肢体不自由児は，「身体の動きに困難があることから，様々なことを体験する機会が不足したまま，言葉や知識を習得していることが少なくない。そのため，言葉を知っていても意味の理解が不十分であったり，概念が不確かなまま用語や数字を使ったりすることがある」という特性がある（文部科学省，2018，11-12）。そのため，肢体不自由児に対する防災教育では，体験活動をベースに災害の状況をイメージできるようにしつつ，「なぜ地震は起きるのか」「なぜこうした避難行動をとるのか」「学校外で緊急地震速報が鳴ったらどうするか」など，避難行動の意味とその理由を考えられるようにし，学びの深化を図っていく視点も必要だろう。

　上記の調査結果は，「肢体不自由」を共通項にしてまとめたものであり，肢体不自由の程度，知的障害や感覚障害の有無／程度，医療的ケアの有無で結果

を分けて分析したわけではない。肢体不自由特別支援学校には多様な実態の児童生徒が在籍しているため，今後，この点をふまえたさらなる分析が求められる。

[注]

1）自由記述部分の結果の示し方については，回答された文章を一覧にして並べ，共通する記述をカテゴリー化して示した。Table 2-A-2を例にすると，回答された記述のなかで「一般の避難者と区別された空間」について言及したものが29件あり，その具体例を右欄に抜粋して掲載した。Table 2-A-2以降の自由記述部分においても，同様の処理を行い，結果を示している。

2）この質問では，回答する内容を具体的にイメージしやすくするために，「物理的な移動の困難のみならず，『新しい場所に行こうとしないので，日常的に通っている学校が避難所になっていると良い』などの困難・支援でもかまいません。自由記述：箇条書きでも可」と教示した。

3）具体的な質問項目は，「具体的にどのような困難があるか，差し支えない範囲でお答えください」，また，「具体的にどのような支援・配慮が必要であるかお答えください」とした。なお，この質問では，回答内容を具体的にイメージしやすくするために，「『家族が付き添っていないといけないので，買い物ができなくなる』『買い物代行サービスを利用できるようにしてほしい』など，家族に関する支援でもかまいません。自由記述：箇条書きでも可」と教示した。

4）この質問では，回答内容を具体的にイメージしやすくするために，「『地震のメカニズムを知って，不安にならないようにさせてほしい』などの知識・理解に関することや，避難所での過ごし方など災害時の具体的な行動など，どのようなことでもかまいません」と教示した。

5）この質問では，「人工呼吸器等のための『電源』などは，持ち物というよりは『施設・設備』にあたります」が，「この項目に記入していただいてもかまいません」と注釈を加えた。

[文献]

・大関彰久・片寄一．2019.「肢体不自由のある児童生徒の医療的ケアと教育支援──一人一

人の児童生徒に効果的な教育環境を考える視点から」．『福島大学人間発達文化学類論集』
29，9-16.
・損保ジャパン．2020.「『災害への備えに関するアンケート』結果」．
・田中和彦・伏木信次・大下和子・金森恵子・助田泰代．1978.「重症心身障害児の体温調節
能について」．『医療』32(6)，783-787.
・寺門通子・高木典子．2012.「医療的ケアを必要とする小児の災害の備え——災害時の備え
に対する意識調査」．『茨城県立医療大学付属病院職員研究発表報告集：ひろき』15，13-
17.
・一杉茂樹．2021.「地域とつながる防災対策の取組——肢体不自由校のつながり備える防災
対策」．『肢体不自由教育』249，28-33.
・三間真理子．2018.「医療的ケア児（者）の災害時対策の実態調査」．『日本重症心身障害学
会誌』43(2)，263.
・文部科学省．2018.『特別支援学校学習指導要領解説 各教科等編（小学部・中学部)』．
・文部科学省．2022.「特別支援教育資料（令和３年度)」．
・柳沼哲．2022.「特別支援学校（肢体不自由）における教育の現状——児童生徒の実態と保
護者支援」．『福島大学人間発達文化学類論集』35，103-114.

第2章　障害児とその家族における災害時の困難と支援ニーズ

> ## 調査B
> ## 知的障害特別支援学校の子どもの保護者に対する調査結果

1 知的障害児の特性と災害時の特別な配慮・支援

　知的障害児は，従来から「学習によって得た知識や技能が断片的になりやすく，実際の生活の場面の中で生かすことが難しい」という特性があると考えられてきた。そのため，「実際の生活場面に即しながら，繰り返して学習すること」が重要であると考えられてきた（文部科学省, 2018, 26）。こうした知的障害児は，当然のことながら，危険予知が難しかったり，自ら安全を確保する方法を考えることが苦手である。そのため，現行の学習指導要領においても，生活科のなかで「危ないことや危険な場所等の安全に関わる初歩的な学習活動」が含まれている（文部科学省, 2018, 45）。このように，知的障害児は，災害時に避難所等で生活する際に特別な配慮や支援が必要であり，一般の避難訓練とは異なる防災教育が必要であると考える。

　2011年に東日本大震災が発生する以前においても，この点について指摘されてきた。たとえば，松瀬らは，従来から実施されてきた「教員主導型の避難訓練」では，「教員がいかに安全に児童生徒を誘導するかに主眼をおいた」ものとなっていることが多く，知的障害児が「自ら危機理解や回避行動を促し，児童生徒の安全意識・行動を高める」ものとなっていなかったと指摘した（松瀬・小林, 2008, 60）。

　こうした指摘は，東日本大震災以後も同じようにあり，特別支援学校では，単なる避難訓練ではなく，防災教育をカリキュラムに位置づけて実践しようとする研究報告が見受けられる。そこでは，「防災設備や危険箇所について知る」学習であったり，「大地震がきた時，どこに避難すればいいか話し合う」といった具体的な行動を学ぶ授業が主となっていた（和田ほか, 2016, 150）。また，藤井らは，防災紙芝居『みずがくるぞ！！！』を活用して防災教育を展開した

が，こうした「緊急時の行動を即座にかつ明確に方向づけ」る教材や授業案は「不足している」と指摘した（藤井・松本, 2014, 79-80）。

　一方で，戸ヶ崎らは，知的障害と肢体不自由を併せ有する障害児に対しては，災害時に必要な学校の防災設備があるかどうかという「防災管理」の側面も重要であることを指摘した（戸ヶ崎ほか, 2015）。ここでは，備蓄物や備品の整備，校舎の廊下の安全対策など，学校に児童生徒がいるときに災害の発生を想定して災害時の安全確保の方策が検討された（戸ヶ崎ほか, 2015, 191）。また，菅原は，避難時において障害児が避難する際に，特別支援学校は重い障害や医療的ケアを必要とする人を受け入れやすい施設環境にあることを指摘した（菅原ほか, 2018, 12）。

　このように，知的障害児に対する防災研究は，特別支援学校の側から備えておくべき「設備」と「指導」すべき内容の両側面から行われてきた。これまでの先行研究では，避難所など，普段と違う場所では，不安が強くなったり，パニックを起こしたりする心配があるということが明らかになっている（新井ほか, 2012; 近藤・汐瀬, 2018）。そして，こうした不安を解消する一つの方法として，福祉避難所を活用することが挙げられるが，「実際に災害が発生し福祉避難所が開設されると，自治体が作成した福祉避難所マニュアルだけでは判断することが難しい事案が発生する」ことがあると指摘されている（宇野ほか, 2020, 103-104）。

　ただし，知的障害児が災害時に避難所等で避難生活をするときにどのような困難があり，どのような施設・設備が必要なのかについて，詳細に調査したものはほとんどない。また，知的障害児が災害時に安全に避難するためには，避難所等でどのような配慮や支援が必要で，知的障害児本人にはどのような力を育てておくことが重要であるのか，という点について総合的に検討した先行研究はみられない。

　そこで本調査では，上記の研究課題を明らかにするために，特別支援学校に子どもを通わせる知的障害児の保護者にアンケート調査を実施した。具体的には，知的障害児とその家族は，災害時にどのような困難が生じ，どのような支

援・援助を必要としているのかを明らかにすることを目的とした。加えて，そうした子どもの保護者は学校教育において，どのような教育・指導をしてほしいと考えているかという点を明らかにすることを目的とした。

② 方法

1）調査対象と調査の方法

　本調査は，A県内の知的障害特別支援学校3校にアンケート調査を依頼した。調査は2021年11月〜12月にかけて実施し，特別支援学校3校の保護者523名に調査用紙を配布し，84名から回答を得た（回収率16.1％）。質問紙は，Formsを使って回答できるようにし，保護者に回答を依頼した。

2）調査内容および倫理的配慮

　本調査で保護者に質問した内容および倫理的配慮は本章の冒頭に示した通りである（Table 2-1参照）。

③ 結果

1）調査対象者の障害の特徴

　まず，アンケートの最初で「お子様はどのような障害を有していますか？（重複した障害の場合は，複数回答可）」と尋ねたところ，次ページのような回答を得た（Table 2-B-1）。

　その結果，ほぼすべての子どもが「知的障害」を有する子どもであったが，自閉症と知的障害が重複しているケースの保護者や，「発達障害」児の保護者も回答していた。

　また，視覚障害や聴覚障害，肢体不自由・内部障害など，他の障害を併せ有する子どもの保護者が回答していたが，その割合は10％以下であった。そのため，以下の結果は，知的障害を主として一部，他の障害を重複する子どもの

第Ⅰ部　災害時における障害児の困難と支援ニーズ

Table 2-B-1　回答者の子どもの病気・障害の種類

視覚障害	1
聴覚障害	1
知的障害	78
発達障害	30
肢体不自由	2
内部障害（心臓病・腎臓病等）	2

＊N=84

保護者による回答である。また，本調査は特別支援学校に子どもを通わせる保護者に回答を依頼したため，基本的に学齢期の子どもとその家族の困難や支援ニーズである。

2）災害時の避難所利用に関する困難と対応

2-1）避難所に求める施設・設備

　はじめに，災害時の避難所利用に関する困難と対応について尋ねた。まず，「障害のある本人が災害時に避難所を利用することになった場合，一般の避難所で過ごすことに困難がありますか？」という質問に対して，「家族が一緒にいても困難がある」と回答した人が26名（31％）であり，「家族が一緒であれば困難はない」と回答した人が51名（61％）であった。一方で，「一人で過ごすことができる」と回答した人が7名（8％）であり，今回の調査対象者は，避難所において何らかの支援が必要な人が多かった。すなわち，知的障害特別支援学校に通う子どものうち，避難所で一人で過ごせる子どもは少数であり，家族などの支援者と一緒に過ごす必要があることが示された。

　次に，障害のある本人が災害時に避難所を利用する場合，避難所に特別な施設・設備面は必要であるかどうかを尋ねたところ，「必要である」と回答した人が38名（45％）であったのに対して，「特に必要ない」と回答した人が46名（55％）であった。続けて，この質問に対して「必要である」と回答した人に，「『必要』と答えた場合，どのような施設・設備が必要ですか。具体的にお答え

第2章　障害児とその家族における災害時の困難と支援ニーズ

Table 2-B-2　避難所に必要な施設・設備

①一般の避難者と区別された空間の確保（24件）	●個室を求める声 ・大きな声を出してしまうので，個室が欲しい。パーテーション等での半個室であっても，大きな声を出さないようにと制御しながらになり家族が疲弊する。 ・奇声を上げて迷惑かけてしまうので個室がほしい。 ●間仕切りなどでスペースを分けることを求める声 ・大きな声でひっきりなしに喋り続けてしまうので，落ち着ける場所を作るためのついたてが必要。 ・パニックになってしまった場合，周囲から離れて周りと遮断できる場所がほしい。 ・周りの目も気になるため，小さいテントみたいなのがあるといいな，と思います。 ・テント……問題行動がありパニックになりやすい為，なるべく個室に近いテント等があると，室内でも落ち着きやすい。 ●自由に動けるスペースを求める声 ・自由に体を動かしても良い空間があると嬉しい。
②身体面・医療面のケアをするための設備等の確保（6件）	●医療的なケアのための施設やスペースを求める声 ・排便後の臀部清拭の介助が必要です。周りの目がありますし一緒に女性トイレに入るのは難しいです。男女兼用の介助用トイレがあるとよいです。 ●生活介助が必要なため，介助スペース等を求める声 ・小学生ではありますが，排便時のみオムツ着用です。オムツ交換台は体重制限があり乗せることは出来ません。赤ちゃんではないので人前で交換することもできないため，オムツ交換ベッドを多目的トイレに設置してほしいです。
③生活介助で使用する物等（4件）	●避難所に必要な物品を求める声 ・地べたに座るのが難しい場合もあるので，椅子があると良い。 ・洋式トイレ。 ・ヘルプマークや介助者の証明のようなものがあると安心です。
④施設・設備の改善では避難できない（2件）	●避難所には行けない／行くことは考えられないという声 ・避難所には行けません。パーテーションやテントは破壊されてしまうでしょう。車内ならば，鍵もかかり，ドアを開けようとした音で起きられるので，介助者の私も少し眠る事ができると思います。道路が利用できる災害でならば移動させる事も可能でしょう。災害時に避難所へ行くということは考えていません。 ・一般の避難所は人が沢山密集して，ガヤガヤしていると飛び出してしまう。大きな音が嫌い。自傷が強くなる。避難所への避難はできません。

＊一部，長い記述を筆者のほうで抜粋し，要約した箇所がある。
＊回答数は31件であるが，同じ人が①から④までの内容について複数言及しているものもあり，それぞれ1件としてカウントしているため，表に示した回答数の合計は31件を上回る。
＊右欄に示した「求める声」は筆者によって抜粋された代表的な意見であり，すべての回答を示しているわけではない。

ください（避難所に用意してほしい物があれば，ここに記入してください。自由記述：箇条書きでも可）」と尋ねたところ，上のような回答が得られた（全31件の回答：Table 2-B-2)[1]。

第Ⅰ部　災害時における障害児の困難と支援ニーズ

　このように，知的障害児の保護者のうち，「避難所に特別な施設・設備が必要である」と回答した人のほとんどが「一般の避難者と区別された空間の確保」を求めていた。このうち，一般の避難者とは区別された部屋（個別）が必要という回答（18件）と，同じ空間にいながらも，空間を仕切ることが必要であるという回答（5件）があった。また，プライベートな空間が必要というだけでなく，動きまわれる自由な空間がほしいという回答（1件）もあった。

　その一方で，「身体面・医療面のケアをするための設備等の確保」が必要であるという意見も多く出された。このなかには，知的障害とは別の病気や疾患への対応のために，医療的なケアをするための設備等が必要という回答が含まれていたが，そのほかに，おむつを替えるなどの介助スペースが必要という回答もあった。

　上記のほかに，地べたに座るのが難しいので「椅子」が必要という回答や，洋式トイレが必要という回答もあったが，それとは別に「そもそも避難所に行くことは考えられない」という回答も複数，寄せられた。これは，大勢の人が雑多にいる空間にはいられない子どもがいるということであり，施設設備を充実させても避難所を利用することが難しいと保護者が考えているケースが一定の割合でいるということが明らかになった。

2-2）避難所の運営者や周囲の人に求める配慮・支援

　それでは，知的障害児が安心して避難所で生活することができるようになるために，避難所の運営者や周囲の人はどのような「配慮・支援」が必要となるだろうか。この点について，障害のある本人が災害時に避難所を利用する場合，避難所の運営者や一緒に避難している周囲の人からの配慮や支援は必要か，と尋ねて調査したが，この質問に対し，「必要である」と回答した人が52名（62％）であったのに対して，「特に必要ない」と回答した人が32名（38％）であった。この回答は，一つ前の質問で「避難所に特別な施設・設備が必要であるか」という点について尋ねたときの結果よりも「必要である」と回答した割合が高く，知的障害特別支援学校の子どもの保護者は，災害時に周囲の人か

68

第2章　障害児とその家族における災害時の困難と支援ニーズ

Table 2-B-3　避難所の運営者や周囲の人に求める配慮・支援

①知的障害・発達障害の特性に応じた対応をしてほしい（11件）	●言語・理解面で対応を工夫してほしいという声 ・指示などは伝わりにくいので，わかりやすく丁寧な言い換えが必要。 ・現状をどのように把握，理解しているかわからないので，どのように過ごすかなどアドバイスして頂きたい。 ・少し難聴気味なので，口頭だけでなく目で見てわかる支援の配慮があると安心です。 ・本人の発音が不明瞭だが，意思表示はしているので，絵カードや筆談等も活用して本人の意思，意見を聞く配慮をしてほしい。 ●要配慮者であることがわかる工夫をしてほしいという声 ・迷子や勝手に出ていくことを防ぐために，出入口の受付等の人に顔を覚えてもらうか，ネームプレート等で判別できるようにしてほしい。
②困難を感じている場面で声かけをしてほしい（7件）	●困っているときの声かけや支援を求める声 ・1人では避難が出来ないので，声かけをしてもらいたいです。 ・安心させる・落ち着ける言葉かけ，トイレ他の声かけなど。 ・分かりやすく説明して，一緒に行動してほしい。
③生活面の介助をしている場面で補助してほしい（4件）	●家族だけでは対応できないときの見守り・支援を求める声 ・自分と子供の性別が違う場合，入浴やトイレなど男女別になっていると補助に行けないので，そういった時の支援や配慮があると助かると思う。 ・パニックを起こして落ちついて行動出来ない場合，手助けして欲しい。 ・勝手に出ていってしまったり，他の人の物を悪気なく取ったり，ぶつかったり，親の気が休まる時がないので，短時間でも代わりに見ててくれたり手を貸してほしい。
④困難な状況を理解し，寛容に受け止めてほしい（24件）	●子どもの言動に対する理解と寛容を求める声 ・周りに危害を加えるということはない，ということを理解してほしい。納得するまでに少し時間が必要だが，順応していけるということを理解してほしい。コミュニティに参加させてほしい。 ・何で避難所にいなければならないか理解が難しいと思うので，おうちに帰りたいと騒ぐと思うが，理解できないと言うことを理解してほしい。 ・注意しても大声や奇声，急な泣き笑い，多動，パニック，夜中に起きて騒ぐことを止められないことへの理解。

＊一部，長い記述を筆者のほうで抜粋し，要約した箇所がある。
＊回答数は43件であるが，同じ人が①から④までの内容について複数言及しているものもあり，それぞれ1件としてカウントしているため，表に示した回答数の合計は43件を上回る。
＊右欄に示した「求める声」は筆者によって抜粋された代表的な意見であり，すべての回答を示しているわけではない。

らの「配慮・支援」を強く求めていることが明らかになった。

　それでは，具体的にどのような配慮や支援を求めているのだろうか。この点について自由記述を分析すると，避難所の運営者や周囲の人に保護者が求める「配慮・支援」は上の通りであった（全43件の回答：Table 2-B-3）。

　このように，知的障害児の保護者が避難所の運営者等に求める「配慮・支援」は，「わかりやすく伝えてほしい」など，「知的障害」や「発達障害」の特

第Ⅰ部　災害時における障害児の困難と支援ニーズ

性に応じた対応が必要であるといった回答が多かった。そのなかでも，視覚的に支援するなどの知的障害児支援一般に言われていることだけでなく，避難所の運営者に顔を覚えてもらったり，生活面での介助や日常生活のなかで困っているときに声をかけてほしいといったものが含まれていた。

　その一方で，一般の避難所では他の人と同じようにできない状況を理解し，寛容に受け止めてほしいという回答も半数を超えて寄せられた。このなかには，「他人に危害を加えることはない」ということを理解してほしいといったことと，その逆に，「騒いだりするが，仕方がない」と受け止めてほしいといった現状を容認してほしいといったものと，両側面からの声が寄せられた。

3）避難所まで移動することの困難と必要な支援

　次に，避難所までの移動に関する困難の有無について調査した。具体的には，「障害のある本人が災害時（道路の安全が確認できていない状況で，家屋の倒壊や河川の氾濫があるかもしれない状況）に自宅や避難所に移動し，安全を確保するまでに，困難がありますか？」という質問に対して，「家族が一緒にいても困難がある」と回答した人が12名（14％）であり，「家族が一緒であれば困難はない」と回答した人が67名（80％）であった。一方，「一人でも移動できる」と回答した人が5名（6％）であり，避難所まで移動するのに何らかの支援が必要な人が多かった。

　このとき，避難所までの安全な移動に関して，具体的にどのような困難があるか，また，どのような支援・援助があるとよいかを自由記述で尋ねたところ，次ページのような回答を得た（全33件の回答：Table 2-B-4)[2]。

　このように，知的障害児の保護者は，避難所まで行けるかどうかの前に，「そもそも今の状況が危険である」という理解が難しいため，避難が難しいという回答が多かった。また，避難所まで移動できるかどうかわからない理由として，肢体不自由ではないが「身体的に長い距離は歩けない」という子どもがいる一方で，もともと外出が嫌いなため，災害時であっても家から出られない可能性がある子どもがいることが明らかになった。

70

第 2 章　障害児とその家族における災害時の困難と支援ニーズ

Table 2-B-4　避難所までの移動に関する困難と必要な支援・援助

①避難所まで経路の理解や避難の必要性の判断（11件）	●危険予知が難しいため避難が難しいという声 ・危険予知・回避ができないため，車移動か手を繋いでいないと川や倒壊建物など興味のある方へ行ってしまい，事故になりかねない。 ・安全，危険の自己での判断ができないので，他者の誘導が必須。
②物理的に移動することが難しい（4件）	●避難所までの移動に困難があるという声 ・身体的に動けない可能性がある。 ・歩行に関して，高いところ，狭いところ，階段を下りることが得意ではない。 ・歩行はできるが，長い距離は一気に歩けない，太っている上，内反足で走れない。歩くのが遅い（動こうとせず，物理的に移動できない可能性がある）。 ・出掛けるのがほんと嫌なので，いつも車に乗せるのも一苦労します。避難場所に行くのも悩みます。
③不安が強く移動できなくなる可能性がある（20件）	●不安が強くなり避難所までの移動が難しくなるという声 ・水が溢れたり，周囲にパニックまたは怒鳴り声が溢れるなど，恐ろしい状況の中では，怖がって固まってしまうかもしれない。 ・よく知っている道でも災害で雰囲気が変わってしまうと，恐怖でその状況が受け入れられず，パニックになる可能性がある。 ・恐怖で外出を嫌がりパニックになると思います。ただ，他の方を受け入れる余裕もないと思うので，どうにか連れていこうと思います。 ・大人数のいる場所は落ち着きがなくなり大声を出したりしてしまうので，行き慣れた学校や施設が避難所だとありがたい。

＊一部，長い記述を筆者のほうで抜粋し，要約した箇所がある。
＊回答数は33件であるが，同じ人が①から③までの内容について複数言及しているものもあり，それぞれ1件としてカウントしているため，表に示した回答数の合計は33件を上回る。
＊右欄に自由記述部分を示しているが，これらは筆者が抜粋した代表的な意見であり，すべての回答を示しているわけではない。

　加えて，災害時に不安が強くなり，避難所まで移動することが難しいというケースもみられた。この回答のなかでは，地震が怖いといったものばかりでなく，災害によっていつもと違う景色や様子になることが不安を強くしていると推察された。さらに，避難所などに移動できたとしても，そこで大勢の人が体育館などに集まる状況をみると不安定になるというケースも見受けられ，こうした理由から「避難所には行けない」という回答があった。

4）ステイホームが求められる場合の生活上の困難と必要な支援

　次に，原子力災害や感染症など，ステイホームが求められる場合に，日常生活を継続することに困難があるかどうかについて調査した。その結果，「家族が一緒にいても困難がある」と回答した人が15名（18%）であり，「家族が一

第Ⅰ部　災害時における障害児の困難と支援ニーズ

Table 2-B-5　ステイホーム中の生活上の困難と必要な支援・援助

①一人で留守番できないので支援が必要（6件）	●人的サポートがほしいという声 ・家にいるとテレビやパソコンなどの設定をいじったりして壊し，それを注意すると暴れたりするので，シッターなどがいると心強い。
	●これまでの「つながり」を継続できるとよいという声 ・何故支援学校の先生や友人と会えないのか理解できないので会いたがって癇癪を起こすことが予想されます。オンラインで無事な姿を確認できたら少しは気がまぎれるかもしれません（この記述は商標登録されている名前が含まれていたため，筆者が一部，文言を修正して掲載した）。
②自宅にいても受けられる医療が必要（4件）	●自宅で医療・看護を受けられるようにしてほしいという声 ・一日中付きっきりになるので本人の病院（普段飲んでいるお薬など）や自分の病院（同じく普段飲んでいるお薬など）にも行けなくなるので，オンライン診療があると有難い。 ・毎日薬を服用しているので薬切れが心配です。
③不安になりやすいので精神面でのサポートが必要（4件）	●外出できないことで生じるストレスに対する支援を求める声 ・オンラインで不安等を和らげる説明をしたり，本人の状態を確認して，必要なアドバイスをしてくれる方がいると助かる。 ・外に行けない理由を理解できず，ストレスがたまって人や物にあたりやすくなる。小さな事でパニックを起こして物を投げたり人を叩いたり，自分の服や物を咬んだりする。声をかけ続けないと，一人で鍵を開けて出かけようとする。配慮の必要な子が屋内で密にならずに遊べる場所を作ってほしい。赤ちゃんと一緒のスペースも危ないが，同じ小学生の子ともコミュニケーションできずにルールを守って遊べないので，行き場がない。
④子どもから目が離せないので家庭生活の支援が必要（10件）	●代行サービス等が必要という声 ・家族が付き添っていないといけないので，買い物代行サービスがあるとありがたい（同様の声が他に7件）。 ・家族が感染症などで買い物が出来なくなった場合の相談窓口や安否確認などのサポートがあると安心です。 ・支援物資の配給。

＊一部，長い記述を筆者のほうで抜粋し，要約した箇所がある。
＊回答数は21件であるが，同じ人が①から④までの内容について複数言及しているものもあり，それぞれ1件としてカウントしているため，表に示した回答数の合計は21件を上回る。
＊右欄に示した「求める声」は筆者によって抜粋された代表的な意見であり，すべての回答を示しているわけではない。

緒であれば困難はない」と回答した人が48名（57％）であった。一方で，「一定の時間であれば一人でも家から出ずに過ごすことができる」と回答した人が21名（25％）であり，移動や避難所での生活に比べると，一人で過ごせる子どもが多いことが明らかになった。

　このうち，「家族が一緒にいても困難がある」と，「家族が一緒であれば困難はない」と回答した人に対して，具体的にどのような困難があり，どのような支援・援助が必要であるかについて質問したところ，上のような回答が得られ

第 2 章　障害児とその家族における災害時の困難と支援ニーズ

た（全21件の回答：Table 2-B-5）[3]。

このように，ステイホームが求められるなかで，在宅避難をする際には，「留守番をすることができない」ことや，「子どもから目が離せない」という理由から，知的障害児の保護者は子どもを置いて外出することができない点に困難を感じていた。そのことに起因して，「買い物をすることができない」ことや，「家事ができない」といった困難を抱えていた。これらの困難を解決するために，シッターや代行サービスなどの利用を求めていることが明らかになった。

その一方で，在宅避難が長期にわたると生じる困難もいくつか出された。たとえば，医療面では服薬が必要な子どもには，外出できない期間が長く続くと薬が切れてしまう可能性があり，そうしたケースではオンラインによる診療を求めていた。また，外出できないストレスで暴れてしまうケースもみられ，そうした場合には，学校の先生などとオンラインでやりとりする機会がほしいという意見があった。そして，こうしたストレスを解消するために，ステイホーム中であっても，知的障害のある子どもが外部の人と接触できる機会や場所をつくってほしいという回答もみられた。

5）学校で指導してほしい防災教育の内容

さらに，災害時の避難行動や避難生活に備えて，学校で指導してほしい防災教育の内容について調査した。まず，「避難行動や避難所で過ごすにあたって，学校で指導しておいてほしい内容（障害のある本人が身につけておいたほうが良い知識や思考力・判断力）がありますか？」と尋ねたが，この質問に対して，「ある」と回答した人が37名（44％）であり，「特にない」と回答した人が47名（56％）であった。

このうち，「ある」と回答した人に対して，「どのような内容か，具体的に記入してください」と尋ねたところ次ページのような回答が得られた（全32件の回答：Table 2-B-6）[4]。

このように，知的障害児の保護者は，単なる「避難行動」を訓練することを

73

第Ⅰ部　災害時における障害児の困難と支援ニーズ

Table 2-B-6　学校で指導してほしい防災教育の内容

①災害時に関する理解と思考力を育てる指導をしてほしい（12件）	●災害の理解や避難の必要性を教えてほしいという声 ・地震や震災時に避難をするということを理解できたら嬉しいです。 ・災害があると，お家に帰れない状況もあるということを教えておいて欲しい。 ・災害を理解するのは見ただけで怖がったり不安になると思うし難しいと思うので，簡単な絵でこういう事もあるんだよと，知ることも大切だと思います。
	●災害時に自分のことを伝えて助けを求める力を育ててほしいという声 ・皆とはぐれたりした時，一人でもある程度は自分や家族のことを説明できると安心。 ・一人はぐれて避難した場合に，諦めずに安全な相手（親，幼稚園や学校の先生，役所関係者など）を探すということ。ヘルプマークを見せて助けを求める。腕章やヘルメットを付けている人を頼りにして話しかける。
	●災害時にどのような行動をとるかを教えてほしいという声 ・見通しがつくように地震が起きてから，避難所などで過ごすまでの手順を教えてほしい。
②避難所での過ごし方を指導してほしい（20件）	●避難所での行動の仕方やマナーを教えてほしいという声 ・他の知らない人たちと同じ場所で過ごすのでうるさくしたり，迷惑をかけてはいけないことなど。
	●避難所での過ごし方を体験的に教えてほしいという声 ・避難所でのトイレの使い方。 ・和式トイレの使い方や避難所の疑似体験。 ・アルミシートなどを使った暖の取り方。お風呂に入れないときの簡単な体の拭き方（何で，どのようにして拭くかなど）。
③学校以外の場所での避難行動を指導してほしい（4件）	●学校以外の場所で被災した場面での指導を望む声 ・家にいる時，デイサービスにいる時も学校で指導された様に行動できるように，学校以外の場所での避難，自己防衛などの指導を組み入れて欲しい。 ・学校近辺で災害があった際の対応。

＊一部，長い記述を筆者のほうで抜粋し，要約した箇所がある。
＊回答数は32件であるが，同じ人が①から③までの内容について複数言及しているものもあり，それぞれ1件としてカウントしているため，表に示した回答数の合計は32件を上回る。
＊右欄に示した「求める声」は筆者によって抜粋された代表的な意見であり，すべての回答を示しているわけではない。

求めているのではなく，「避難所での過ごし方」などを学校のなかで教えてほしいという回答が多く挙げられた。また，災害時にどのような状況になるのかを理解できるような指導を求める声や，困ったときにヘルプサインを出すことができるように指導してほしいという声もあった。これは，従来から行われてきた「避難訓練」を超えて，「防災教育」として指導内容を体系化する必要があることを示唆していると考えられる。

　また，学校以外の場所で被災した際に，どのような避難行動をとるか，という点についても学校教育の間に指導しておいてほしいという点が知的障害児の

第2章　障害児とその家族における災害時の困難と支援ニーズ

保護者から挙げられた。たとえば，自力通学をしている知的障害児が登下校中に災害に遭うことなどを想定した指導が必要という回答が寄せられた。これは，知的障害の特性の一つである「理解・判断」の困難に対する指導を防災教育として行うことを保護者が求めていると考えられる。

6）特性に応じた防災グッズの準備

　次に，災害時の備えについて，障害のある本人が避難するときや避難所で安心して過ごせるように，避難する際に持参している物や一般的な防災グッズのなかに加えておいたほうがよい物はあるか，と質問したところ，「ある」と回答した人が43名（51%）であり，「ない」と回答した41名（49%）を上回った。

　このうち，「ある」と回答した人に対して，具体的に防災グッズにどのような物が必要であるのかについて尋ねたところ，次ページのような回答を得た（全37件の回答：Table 2-B-7）[5]。

　この結果から，知的障害特別支援学校に子どもを通わせている保護者は，「身体面のケアに必要な物」と「気持ちを安定させるために必要な物」を防災グッズに入れていたことが明らかになった。このとき「②身体面のケアに必要な物」は知的障害とは別の疾患に対する薬や医療機器（それを稼働させるための電池等を含む）だけでなく，おむつなど，普段と違うところで生活をすることで必要になるものや，ウェットティッシュなど，ケアに必要な基本的な物を防災グッズに加えていることがわかった。

　また，「③気持ちを安定させるために必要な物」は，基本的に本人が好きな物が記載されていたが，これは，「④避難所で過ごすために必要なおもちゃ等」と重複するものが多かった。自由記述を分析する際にも，「気持ちの安定のために」という文言が付されているものは③に分類し，特にそうした記述がみられなかったものは④に分類して集計したが，両者の境界はとてもあいまいであった。一方，知的障害児に特有の物をみてみると，待ち時間を視覚化するためにキッチンタイマーを入れていたり，意思表示を支援するための50音表やメモ用紙などが挙げられていた。こうした「認知」面で支援する物のほかに，

75

第Ⅰ部　災害時における障害児の困難と支援ニーズ

Table 2-B-7　防災グッズに加えている物

①過敏性やこだわりを支援する物（2件）	・イヤーマフ（聴覚過敏）。 ・食事にこだわりがある為，本人が好む食事，飲み物。
②身体面のケアに必要な物（14件）	●基礎疾患のための薬など ・人工肛門のため，それに伴うグッズ。 ・小児喘息なので乾電池で動くネブライザーが入れてあります。 ・飲み薬（常備薬）。 ●身体的ケアに必要な物 ・水，お尻拭きやウェットティッシュなど，塗り薬など。 ・おむつ。
③気持ちを安定させるために必要な物（12件）	・日頃から，ぬいぐるみや毛布などの，柔らかくて，ほっとする物が安心を得られるので，そういう物の準備を必ずしています。 ・小さい時から寝るときに使用している，ブランケット。 ・心理的安定のために，YouTubeが見れるタブレットと充電器。
④避難所で過ごすために必要なおもちゃ等（11件）	・DVDプレイヤー。毛布やぬいぐるみなど柔らかいもの。本人が好きなので。 ・タブレット，好きな本，おもちゃ。 ・好きなもの。うちの子だったらドラえもんの本とか。 ・飽きないための，おもちゃ。
⑤言語・理解を補う物（2件）	・キッチンタイマー（待ち時間を視覚化），メモとペン（指示を視覚化）。 ・発語が無いので，五十音表や音で発音する五十音の絵本，ノートや鉛筆。
⑥その他（5件）	・療育手帳。 ・多めの着替え。 ・電源，WiFiを受信できるもの。 ・避難する時は療育手帳，ヘルプマークは持参したいと思います。 ・親の連絡先が書いてあるメモ用紙。

＊一部，長い記述を筆者のほうで抜粋し，要約した箇所がある。
＊回答数は37件であるが，同じ人が①から⑥までの内容について複数言及しているものもあり，それぞれ1件としてカウントしているため，表に示した回答件数の合計は37件を上回る。
＊右欄に自由記述部分を抜粋して示しているが，これらは筆者が抜粋した代表的な意見であり，すべての回答を示しているわけではない。

感覚過敏を軽減するためのイヤーマフなどが挙げられた。

4　考察

　本調査では，知的障害特別支援学校に通う子どもの保護者にアンケート調査を実施し，知的障害児の災害時の困難と必要な支援・援助（防災教育や防災グッズの準備も含む）について明らかにした。その結果，「危険予測」や「状況判断」が難しいといった知的機能の障害による困難がさまざまなところで生じてい

て，避難所までの移動や避難所の利用について配慮や支援が必要であることが明らかになった。

　特に，上記のような見通しをもつことが難しい特性からか，避難所の利用については，他の一般避難者と同じスペースで生活することに対する保護者の不安はとても大きく，「一般避難所を利用することは考えられない」といった回答もみられた。そうしたケースでは，家族で利用できる福祉避難所（あるいは福祉避難室）を求める声も多く，避難所運営において配慮や工夫が必要な点であると指摘できる。

　また，知的障害児に対する防災教育においても，知的障害児の保護者は，学校において単なる避難行動の指導を求めているのではなく，災害の理解や災害時の状況判断力を育ててほしいといった声が挙がっていたことは注目すべき点であると考える。すなわち，従来の生活単元学習のように，防災に関して適応的な体験活動を実施すればよいのではなく，教科指導を含めて災害に関する「深い理解」を促す指導が必要であり，こうした学習と避難訓練を有機的に関係づけるカリキュラム・マネジメントが必要であると考える。

　さらに，知的障害児の保護者が，学校以外で被災したときのことについても学校教育で指導しておいてほしいと回答していたことも今回の調査から明らかになった点である。これは，知的障害児が苦手とする「目の前にない状況」を想定して，そのときの行動を学んでおいてほしいという保護者からの要望であると考えられる。今後，知的障害児の防災教育には，こうした「学校外の出来事」を知的障害児が想像しやすい教材を工夫して指導していくことが求められる。そして，これは，教科学習を充実させることによって可能となる指導であると考えることもでき，知的障害児の防災教育カリキュラムを構築していくうえで留意すべき点であると考える。

　上記の調査結果は，「知的障害」を共通項にしてまとめたものであり，「自閉症」や「発達障害」の有無で結果を分けて示したわけではない。そのため，上記の知見が知的障害児全般のものなのか，「自閉症」や「発達障害」を有する人に顕著に表れるものであるのかという点については，十分な分析・検討を

第Ⅰ部　災害時における障害児の困難と支援ニーズ

行っていない。今後，この点をふまえてさらに分析を進めていくことが求められる。

[注]

1) 自由記述部分の結果の示し方については，回答された文章を一覧にして並べ，共通する記述をカテゴリー化して示した。Table2-B-2を例にすると，回答された記述のなかで「一般の避難者と区別された空間」について言及したものが24件あり，その具体例を右欄に抜粋して掲載した。Table2-B-2以降の自由記述部分においても，同様の処理を行い，結果を示している。

2) この質問では，回答する内容を具体的にイメージしやすくするために，「物理的な移動の困難のみならず，『新しい場所に行こうとしないので，日常的に通っている学校が避難所になっていると良い』などの困難・支援でもかまいません。自由記述：箇条書きでも可」と教示した。

3) 具体的な質問項目は，「具体的にどのような困難があるか，差し支えない範囲でお答えください」，また，「具体的にどのような支援・配慮が必要であるかお答えください」とした。なお，この質問では，回答内容を具体的にイメージしやすくするために，「『家族が付き添っていないといけないので，買い物ができなくなる』『買い物代行サービスを利用できるようにしてほしい』など，家族に関する困難・支援でもかまいません。自由記述：箇条書きでも可」と教示した。

4) この質問では，回答内容を具体的にイメージしやすくするために，「『地震のメカニズムを知って，不安にならないようにさせてほしい』などの知識・理解に関することや，避難所での過ごし方など災害時の具体的な行動など，どのようなことでもかまいません」と教示した。

5) この質問では，「人工呼吸器等のための『電源』などは，持ち物というよりは『施設・設備』にあたります」が，「この項目に記入していただいてもかまいません」と注釈を加えた。

[文献]

・新井英靖・金丸隆太・松坂晃・鈴木栄子編著．2012．『発達障害児者の防災ハンドブック——いのちと生活を守る福祉避難所を』．クリエイツかもがわ．

・宇野明夫・斎藤祐一・岡本萌．2020．「福祉避難所の現状と課題——知的障害者等を受け

入れた3自治体・6事業所への聞き取り調査より」．『国立のぞみの園紀要』13，97-105.

・近藤誠司・汐瀬拓馬．2018．「熊本地震時における知的障害者家庭の実態調査——質問紙調査の分析結果から」．『自然災害科学』37(3)，255-266.

・菅原麻衣子・水村容子・鈴木孝明．2018．「熊本地震にみる特別支援学校の避難所運営と環境整備の課題——県立特別支援学校2校と市立小学校1校の事例分析」．『福祉のまちづくり研究』20(1)，1-12.

・戸ヶ崎泰子・中井靖・木村素子．2015．「知的障害と肢体不自由の重複障害児に対する防災教育」．『宮崎大学教育文化学部紀要』創立130周年記念特別号，187-198.

・藤井基貴・松本光央．2014．「知的障害がある児童生徒に対する防災教育の取り組み——岐阜県立可茂特別支援学校の事例研究」．『静岡大学教育学部附属教育実践総合センター紀要』22，73-81.

・松瀬三千代・小林芳文．2008．「知的障害特別支援学校における災害・避難訓練システムの検討——教師主導型の避難訓練を見直し，児童生徒の安全意識の促進に向けて」．『横浜国立大学教育人間科学部紀要Ⅰ（教育科学）』10，51-61.

・文部科学省．2018．『特別支援学校学習指導要領解説 各教科等編（小学部・中学部）』（平成30年3月版）.

・和田充紀・池田弘紀・池﨑理恵子・栗林睦美．2016．「知的障害特別支援学校における防災教育のあり方に関する一考察——現状の聞き取り結果と，教育課程に位置付けた実践の検討を通して」．『富山大学人間発達科学部紀要』10(2)，143-153.

第Ⅰ部　災害時における障害児の困難と支援ニーズ

> ## 調査C
> ## 22q11.2欠失症候群の子どもの保護者に対する調査結果

① 「心臓病」児の特性と災害時の特別な配慮と支援の必要性

　心臓病児は約100人に1人の割合で出生するといわれており，決して希少な疾患ではない。そのうち，3分の1程度の子どもは重症疾患として，手術を経験したり，何らかの生活制限のある状態であると考えられている（源田ほか，2019, 85-86）。こうした心臓病の子どもをもつ家族の対処行動について調査研究を行った源田らは，心臓病児の家族は，子ども自身が「親の目がない場でも心臓をまもる」ことができるようになることを望んでいる一方で，「周囲の力を資源として取り込み活用する」ことが重要であると考えていることを明らかにした（源田ほか，2019, 90-91）。同様に，北村は，心疾患をもつ子どもの家族は，就学時から義務教育終了の時期までに，本人ができることを理解し，自分で決定する力を身につけるように子どもと関わっていることを明らかにした（北村，2014, 57）。

　以上のように，心臓病などの内部障害のある人は，日常的に何らかの制約があり，特別な配慮や支援を必要としている。そして，災害時などの非日常的な状況・場面において，その困難がさらに増大することが推察される。そのため，災害時には避難所等に特別な施設・設備が必要な人も多く，内部障害児を想定して避難所等の社会基盤を整備していくことが必要である。その一方で，他者へ援助を求める力を小さいころから育成していくことも，災害時に生き抜くために必要なことである。

　先行研究をみてみると，心臓病のある人が避難所等でどのような配慮が必要であるかについて検討している論文はいくつかある。そこでは，阪神・淡路大震災で医薬品が必要であったのは，けがをしたときに応急処置をするための物資などではなく，「心臓病や高血圧など循環器系の慢性疾患用の薬」であった

第 2 章　障害児とその家族における災害時の困難と支援ニーズ

ことが明らかにされている（田中，2007，65）。ただし，こうした研究調査はごく少数にとどまっており，東日本大震災後においても新たな調査が実施されてきたとはいえない状況である。このように，これまで心臓病などの内部障害のある子どもの災害時の困難と，必要な支援・援助（学校で指導すべき内容等も含む）については十分に研究されてこなかった。

　こうしたなかで，本調査では心臓病などの内部障害をもつ子どもの保護者にアンケート調査を実施し，上記の点を明らかにしようと考えた。このとき，心臓病などの身体面でのケアのみならず，発達面・精神面で支援が必要な疾患がある子どもは災害時に避難所などを利用することが難しいことが予想される。そこで，これらの困難を併せ有する疾患である 22q11.2 欠失症候群の子どもの保護者にアンケート調査を実施した。

　22q11.2 欠失症候群の人は，成人期に至るまでに「幅広い範囲で機能的障がいが目立つようになり，それらは日常生活を送る上で大きな影響を与え」るといわれている。また，この症候群の人は「自閉症スペクトラム」や「アスペルガー症候群」を併発する確率が高く，「コミュニケーション，社会性，反復行動のような領域での障がいがある」ことも指摘されている（北村ほか，2016，65）。

　それでは，以上のような特性をもつ 22q11.2 欠失症候群の子どもとその家族は，災害時にどのような困難が生じ，どのような支援・援助を必要としているのだろうか。また，そうした子どもの保護者は学校教育において，どのような教育・指導をしてほしいと考えているのだろうか。本調査では，これらの点を明らかにすることを目的とし，22q11.2 欠失症候群の子どもをもつ保護者にアンケート調査を実施した。

② 方法

1）調査対象と調査の方法

　本調査は，22q11.2 欠失症候群の子どもの親の会「22 HEART CLUB（22q11.2 欠失症候群の子と親の会）」（以下，「22 HEART CLUB」）の会員（220 名）を対象と

した。調査は2021年11月〜12月にかけて実施し，41名から回答を得た（回収率18.6%）。質問紙は，Formsを使って回答できるようにし，親の会の会報送付時に同封させていただき，会員に配布した（回答は保護者に依頼したため，今回の調査では本人からの回答ではなく，保護者からの回答である）。

2）調査内容および倫理的配慮

　本調査で保護者に質問した内容および倫理的配慮は本章の冒頭に示した通りである（Table 2-1参照）。

③ 結果

1）調査対象者の障害・病気の特徴

　まず，アンケートの最初で「お子様はどのような障害を有していますか？（重複した障害の場合は，複数回答可）」と尋ねたところ，以下のような回答を得た（Table 2-C-1）。

　その結果，「内部障害」と「知的障害」を併存している子どもが多かったが，発達障害や肢体不自由，視覚・聴覚に関する障害を有する子どももいた。なお，本調査は親の会の会員に調査を依頼したため，「子ども」が学齢期に限定されたものではない。幼児から成人までさまざまであり，保護者からみた「子ども」について回答したものである。そのため，本調査のなかで「障害のある本人が学校を卒業している場合には，『学校で指導しておいてほしかった内容』

Table 2-C-1　回答者の子どもの病気・障害の種類

視覚障害	3
聴覚障害	2
知的障害	37
発達障害	16
肢体不自由	4
内部障害（心臓病・腎臓病等）	34

＊N=41

第 2 章　障害児とその家族における災害時の困難と支援ニーズ

をお答えください」と注釈を付けて調査した。

2）災害時の避難所利用に関する困難と対応

2-1）避難所に求める施設・設備

　この調査では，はじめに，災害時の避難所利用に関する困難と対応について
尋ねた。まず，「障害のある本人が災害時に避難所を利用することになった場
合，一般の避難所で過ごすことに困難がありますか？」という質問に対して，
「家族が一緒にいても困難がある」と回答した人が14名（34％）であり，「家族
が一緒であれば困難はない」と回答した人が24名（59％）であった。一方で，
「一人で過ごすことができる」と回答した人が3名（7％）であり，今回の調査
対象者は，避難所において何らかの支援が必要な人が多かった。すなわち，
22q11.2欠失症候群の子どもの多くが，「家族がいないと災害時に避難所で過ご
すことは難しい」状況であった。

　次に，障害のある本人が災害時に避難所を利用する場合，避難所に特別な施
設・設備面が必要であるかどうかを尋ねたところ，「必要である」と回答した
人が15名（37％）であったのに対して，「特に必要ない」と回答した人が26名
（63％）であった。続けて，この質問に対して「必要である」と回答した人に，
「『必要』と答えた場合，どのような施設・設備が必要ですか。具体的にお答え
ください（避難所に用意してほしい物があれば，ここに記入してください。自由記述：
箇条書きでも可）」と尋ねたところ，次ページのような回答が得られた（全15件
の回答：Table 2-C-2）[1]。

　このように，22q11.2欠失症候群の子どもの保護者が避難所利用の際に求め
ることは，「①過敏性に対応できる静かな環境の確保」が最も多く，そのなか
には「一般の避難者から隔離された場所」を求める声もあった。一方で，「②
心疾患や医療的ケアへの対応に必要な医療者や機器等の確保」を求める声も
あり，そのなかには「洋式トイレ」や「背もたれのある椅子・テーブル」な
ど身体面に配慮された設備や備品も挙げられた。このように，22q11.2欠失症

第Ⅰ部　災害時における障害児の困難と支援ニーズ

Table 2-C-2　避難所に必要な施設・設備

①過敏性に対応できる静かな環境の確保（13件）	●静かな避難環境を求める声 ・過敏性が強く，大勢がいる場では消音イヤーマフ等を使用しても，長時間過ごすことは困難に感じる。少しの時間でも静かに過ごせる空間があるとありがたいです。 ・他人の目が怖く聴覚過敏がひどいため，周りを覆うものが必要。 ●一般の避難者から隔離された場所での避難を求める声 ・痙攣が出たときのクールダウンできる空間。 ・他の人から隔離される場所（周期性嘔吐症の発作が出るとパニックになる等）。 ・酸素，精神のための隔離スペース。 ・一人になれる場所，大きな音，声のない静かな場所。
②心疾患や医療的ケアへの対応に必要な医療者や機器等の確保（3件）	●医療者や医療機器の確保を求める声 ・心疾患への対策として，医療者と近しく連携できる環境であってほしい。 ・医療的ケア（人工呼吸器，吸引器，酸素濃縮器）のための電源確保。 ・洋式トイレ，背もたれのある椅子・テーブル。 ・医療ケアが必要なので，電源，シリンジポンプなどの医療機器，酸素。

＊回答数は15件であるが，同じ人が①と②について言及しているものがあり，それぞれ1件としてカウントしているため，表に示した回答数の合計は15件を上回る。
＊右欄に示した「求める声」は筆者によって抜粋された代表的な意見であり，すべての回答を示しているわけではない。

候群の子どもの保護者は，医療面・身体面への配慮を求めると同時に，過敏性への対応など，感覚面や精神面へのケアを求めていることが明らかになった。

2-2）避難所の運営者や周囲の人に求める配慮・支援

　この点は，「避難所の運営者や周囲の人に求める配慮・支援」においても同様の回答がみられた。すなわち，調査のなかで，障害のある本人が災害時に避難所を利用する場合，避難所の運営者や一緒に避難している周囲の人からの配慮や支援は必要か，という質問に対し，「必要である」と回答した人が29名（71％）であったのに対して，「特に必要ない」と回答した人が12名（29％）であった。これは，一つ前の質問で，避難所に特別な施設・設備が必要か，について尋ねたときの結果よりも「必要である」と回答した割合が高く，22q11.2欠失症候群の子どもの保護者は，周囲の人からの「配慮・支援」を強く求めていたことが明らかになった。

第2章　障害児とその家族における災害時の困難と支援ニーズ

Table 2-C-3　避難所の運営者や周囲の人に求める配慮・支援

①声かけをしてほし い（10件）	●避難所の運営者や周囲の人からの声かけを求める声 ・ハートマークのような目印をつけた人に医療や福祉サイドの方々からお声がけしてもらえる仕組みがあると安心。 ・不安が強いので，見通しがある程度たつような声がけや，配慮がほしい。 ・一度にたくさんの話，難しい言葉など，理解できないので，特に親がそばにいない時など，ゆっくり分かりやすく話してほしい。 ・軽度知的障害があり，災害や避難に際しての具体的な説明や，支援内容などの理解が困難と思われます。本人にわかるような簡単な言葉での説明が必要です。
②見守る人がほしい （2件）	●家族等の支援者がいないときに一緒に過ごす人を求める声 ・一人では居られないので，介助者がそばを離れるときに，そばにいて一緒に過ごしてほしい。 ・徘徊しないように見守る人が必要。
③医療面・生活面での介助を手伝ってほしい（4件）	●日常的な介助の支援を求める声 ・心臓の薬を飲んでいるので，その手配（家族と一緒なら大丈夫かもしれないが……）。 ・体にまひもあり，力が弱いので介助が必要。
④困難な状況を理解し，寛容に受け止めてほしい（5件）	●子どもの言動に対する理解と寛容さを求める声 ・ウロウロ動き回っても，気にしないでほしい。 ・理解力が弱いことを理解してほしい。 ・不安が大きい子どもなので，何度も同じことを聞いてしまう。

＊一部，長い記述を筆者のほうで抜粋し，要約した箇所がある。
＊右欄に示した「求める声」は筆者によって抜粋された代表的な意見であり，すべての回答を示しているわけではない。

　それでは，具体的にどのような配慮や支援を求めているのだろうか。この点について自由記述を分析すると，「過敏性への配慮や別室での対応希望」に関する記述が11件あったが，そのほかに，保護者が求める「配慮・支援」は上の通りであった（全29件の回答：Table 2-C-3）。

　このように，22q11.2欠失症候群の子どもの保護者は，避難所で過ごす際に，具体的な支援や介助の際に手伝ってほしいことがあるという回答と，子どもの避難所での言動について理解し，寛容に受け止めてほしいという回答があった。以上の結果から，避難所では具体的な声かけの方法を検討するとともに，他の避難者に理解してもらえるように，本人・保護者の置かれている状況をどのように伝えるかという点が課題となることが示唆された。

第Ⅰ部　災害時における障害児の困難と支援ニーズ

3）避難所まで移動することの困難と必要な支援

　次に，避難所までの移動に関する困難の有無について調査した。具体的には，「障害のある本人が災害時（道路の安全が確認できていない状況で，家屋の倒壊や河川の氾濫があるかもしれない状況）に自宅や避難所に移動し，安全を確保するまでに，困難がありますか？」という質問に対して，「家族が一緒にいても困難がある」と回答した人が7名（17％）であり，「家族が一緒であれば困難はない」と回答した人が28名（68％）であった。一方で，「一人でも移動できる」と回答した人が6名（15％）であり，避難所まで移動するのに何らかの支援が必要な人が多かった。

　このとき，避難所までの安全な移動に関して，具体的にどのような困難があるか，また，どのような支援・援助があるとよいかを自由記述で尋ねたとこ

Table 2-C-4　避難所までの移動に関する困難と必要な支援・援助

①避難所まで経路の理解や避難の必要性の判断（9件）	●避難所への移動経路などがわかっていないという声 ・知っている場所であっても，経路がわからないことがある。 ・極度の方向音痴で一人での移動は難しい。初めての場所は特に迷子になる。 ●避難所に行くかどうかの判断が難しいという声 ・何が危険か自分で判断ができないので，日頃から目が離せない。 ・何が起こっているのか，状況把握力が低いため，時間がないと無理やり連れていくことになる。（中略）避難所に連れて行ってくれる支援があると助かります。
②物理的に移動することが難しい（5件）	●身体面で避難所までの移動に困難があるという声 ・今住んでいるのが9階なので，階段で1階まで下りられるか。その時の状況次第。 ・体にまひがあるので，急いで歩けない。手すりがない（支えがない）と，階段の上り下りはできない。長距離は歩けない。 ・発作時は歩けないので，担架のようなものがあると助かる。
③不安が強く移動できなくなる可能性がある（10件）	●不安が強くなり避難所までの移動が難しくなるという声 ・新しいところは不安が強くなる。 ・周囲の雰囲気で危機を感じ，恐怖で固まって動けない可能性がある。落ち着いて励ますなどが必要。急がすのはNG。物理的に何かを飛び越えたりしないといけないときには怖がって動かないかもしれない。

＊一部，長い記述を筆者のほうで抜粋し，要約した箇所がある。

＊「家族が一緒にいても困難がある」と回答した人は7名であったが，「家族が一緒であれば困難はない」と回答した人も避難所への移動に関する困難を自由記述で回答しているため，上記の件数となった。なお，回答数は23件であるが，①から③までの内容について複数言及しているものをそれぞれ1件としてカウントしたため，表に示した回答数の合計は23件を上回る。

＊右欄に自由記述部分を示しているが，これらは筆者が抜粋した代表的な意見であり，すべての回答を示しているわけではない。

第2章　障害児とその家族における災害時の困難と支援ニーズ

ろ，前ページのような回答を得た（全23件の回答：Table 2-C-4）[2]。

　このように，22q11.2欠失症候群の子どもの保護者は，避難所までの安全な移動ができるかどうかという点に関して，「認識面（理解や判断）」「身体面（物理的な移動）」「心理面（不安への対応）」の3つの側面から不安を感じていた。自由記述に記された声を総合すると，22q11.2欠失症候群の子どもに対しては，これら3つの側面から総合的に支援・援助していくことが必要であるということが明らかになったが，そのなかでも「不安」に対する対応が多く回答されている点に留意すべきであると考える。

4）ステイホームが求められる場合の生活上の困難と必要な支援

　次に，原子力災害や感染症など，ステイホームが求められる場合に，日常生活を継続することに困難があるかどうかについて調査した。その結果，「家族が一緒にいても困難がある」と回答した人が4名（10%）であり，「家族が一緒であれば困難はない」と回答した人が21名（51%）であった。一方で，「一定の時間であれば一人でも家から出ずに過ごすことができる」と回答した人が16名（39%）であり，移動や避難所での生活に比べると，一人で過ごせる子どもが多いことが明らかになった。

　このうち，「家族が一緒にいても困難がある」と，「家族が一緒であれば困難はない」と回答した人に対して，具体的にどのような困難があり，どのような支援・援助が必要であるかについて質問したところ，次ページのような回答が得られた（全11件の回答：Table 2-C-5）[3]。

　このように，22q11.2欠失症候群の子どもは，留守番をすることが難しいケースにおいて生活支援の必要性が高まることが明らかになった。一方で，オンライン受診など医療面でのサポートに加え，自宅から出られない期間が長くなると，精神面で不安定になるケースもあり，そうしたケースに対しては遊び場の確保などの支援が必要であることが明らかになった。

第Ⅰ部　災害時における障害児の困難と支援ニーズ

Table 2-C-5　ステイホーム中の生活上の困難と必要な支援・援助

①一人で留守番でき ないので生活支援 が必要（7件）	●子どもを置いて外出することが難しいという声 ・緊急時ですと，特に一人での留守番が難しいため，どうしても家を空けなければならないときには，親戚や友人など周りの方のサポートが必要になると思います。 ・一人で留守番ができないので，買い物に出にくい。 ・移動販売があればうれしい。
②自宅にいても受け られる医療が必要 （2件）	●自宅で医療・看護を受けられるようにしてほしいという声 ・オンライン受診，訪問看護は月一回利用しているが，有事のときにも継続的に連携を持ってもらえると安心。
③不安になりやすい ので精神面でのサ ポートが必要（2 件）	●外出できないストレスに対する支援を求める声 ・精神面が不安。家にずっとこもっていると，少しずつ不穏になっていく。一人で家においておけないので，ゴミ捨てに出るのもハードルが高い。援助はほしいが，知らない人だと不安になったりするので，それもなかなか利用できない。 ・外にでられないことでストレスがたまって，精神的に不安定になるため，時々，思いっきり体を使って遊べる施設を使わせてほしい。

＊一部，長い記述を筆者のほうで抜粋し，要約した箇所がある。
＊右欄に自由記述部分を示しているが，これらは筆者が抜粋した代表的な意見であり，すべての回答を示しているわけではない。

5）学校で指導してほしい防災教育の内容

　さらに，災害時の避難行動や避難生活に備えて，学校で指導してほしい防災教育の内容について調査した。まず，「避難行動や避難所で過ごすにあたって，学校で指導しておいてほしい内容（障害のある本人が身につけておいたほうが良い知識や思考力・判断力）がありますか？」と尋ねたが，この質問に対して，「ある」と回答した人が20名（49％）であり，「特にない」と回答した人が21名（51％）であった。

　このうち，「ある」と回答した人に対して，「どのような内容か，具体的に記入してください」と尋ねたところ次ページのような回答が得られた（全18件の回答：Table 2-C-6）[4]。

　このように，22q11.2欠失症候群の子どもの保護者は，子どもが災害時に適切な行動をとることができるように指導してほしいと考えているだけでなく，地震のメカニズムなど，災害時に考えて行動できるように指導してほしいと考えていた。ただし，教材を使って指導する場合でも，災害時に子どもが具体的にどのような行動をとればよいかがわかる内容を期待していることも示唆さ

第2章　障害児とその家族における災害時の困難と支援ニーズ

Table 2-C-6　学校で指導してほしい防災教育の内容

①災害時に関する理解と思考力を育てる指導をしてほしい（6件）	●災害が発生するメカニズムなどを教えてほしいという声 ・地震，台風などの風水害などの自然災害は，どのように起こり，余震や雨よりも後に溢水があり，注意するのはその時だけではなく，ずっと続くわけでもないこと。 ●災害に関する知識を教えてほしいという声 ・どんなときに避難するのかなど，災害についての知識が少しでもあるといいのかな……と思います。 ・身の守り方や避難場所での過ごし方，避難場所がどんな所なのか知っておいてほしい。 ・実地訓練の大切さは理解しますが，もう少し時間をかけた事前のインプット（たとえば，アニメ化された動画教材等）があると安心できる子どもたちはいるのではないかと思います。 ・避難所では，たくさんの人との共同生活を強いられるため，他人との距離感だったり，避難所とはどんなところかをイラストや写真など視覚的なもので指導してもらえたら良い。
②災害時の適切な行動を指導してほしい（10件）	●どのように行動すればよいかを教えてほしいという声 ・他の人に迷惑になるような行動をしないようになど，周りの状況を判断できるように指導してほしい。 ・緊急時の行動，身の安全，火災の防止。 ・家族や先生が一緒でないとき，誰の指示に従えば良いか。 ・誰かを頼ること。 ・迷子になった時は，ヘルプカードなどを誰かに見せて助けを求める方法。
③心理的な安定を自分で確保できるような指導をしてほしい（3件）	●避難訓練等で安心を感じられる関わりを望む声 ・見通しのたたないことに対する不安や恐怖心が強く，避難訓練でさえも怖がります。とにかく安心できるような声かけをお願いしたいです。 ・避難所で生活することがどのような感じか，本人が恐怖を感じない程度にできるなら，友達と一緒にイメージをふくらませるチャンスがほしい。 ・地震が起きた時，怖がるので，必要以上に怖がらなくて良いと，理解させてほしい。

＊一部，長い記述を筆者のほうで抜粋し，要約した箇所がある。
＊回答数は18件であるが，①から③までの内容について複数言及しているものもあり，それぞれ1件としてカウントしたため，表に示した回答数の合計は18件を上回る。
＊右欄に自由記述部分を示しているが，これらは筆者が抜粋した代表的な意見であり，すべての回答を示しているわけではない。

れ，単なる理科や社会科の学習を求めているわけではなかった。実際に自由記述部分をカテゴリー分析する過程でも，教科指導的な内容を求めているのか，避難訓練のような災害時にとるべき行動の指導を求めているのかの区別はとても難しく，保護者はこの両者を融合した防災教育を求めていることが推察された。

　また，22q11.2欠失症候群の子どもの保護者は，単に避難訓練を行ってほし

いと考えているのではなく，避難訓練や防災の学習を通して，「安心」を感じ
られるように指導してほしいと希望していた。これは，22q11.2欠失症候群の
子どもが精神的に不安定になりやすい特性があることと関係していると考えら
れる。

　この点については，自由記述のなかにも「学校での避難訓練は本人にとって
大変ハードルが高かったようです。集団恐怖，理解力不足による不安増大，マ
イクを通した先生の大声，神経疲労……先生方には最後までご理解いただけま
せんでしたが，学校に通えなくなった一つのトリガーでもありました」という
回答があった。こうした回答から，22q11.2欠失症候群の子どもは，「身体的な
安全」を確保するために，「精神的な安心」をセットにした防災教育が求めら
れることが示唆された。

6）特性に応じた防災グッズの準備

　次に，災害時の備えについて，障害のある本人が避難するときや避難所で安
心して過ごせるように，避難する際に持参している物や一般的な防災グッズの
なかに加えておいたほうがよい物はあるか，と質問したところ，「ある」と回
答した人が28名（68%）であり，「ない」と回答した13名（32%）を上回った。
このうち，「ある」と回答した人に対して，具体的に防災グッズにどのような
物が必要であるのかについて尋ねたところ，次ページのような回答を得た（全
28件の回答：Table 2-C-7）[5]。

　この結果から，22q11.2欠失症候群の子どもの保護者は，災害に備えて「過
敏性」「身体面」「精神面」に対応できるような防災グッズを用意しているとと
もに，おもちゃ等を避難所に持ち込めるようにしていることが明らかになっ
た。また，ヘルプカードを携帯するなど，災害時に避難所で支援を受けられや
すくする工夫をしている一方で，簡易テントを用意するなど，プライベート空
間を確保できるような物も防災グッズに加えていることが明らかになった。

第 2 章　障害児とその家族における災害時の困難と支援ニーズ

Table 2-C-7　防災グッズに加えている物

①過敏性への対策グッズ（8件）	・イヤーマフ（7件）。 ・顔を隠すフード付きパーカー。
②心臓病などの身体面への対策グッズ（17件）	・常備薬（抗生物質を含む）（他に同様の声が7件）。 ・医療機器・電源・携帯のバッテリー（同様の声が3件）。 ・酸素濃縮器・吸引器（同様の声が3件）。 ・防寒具・着替え（他に同様の声が3件）。 ・胃瘻チューブ，シリンジ，ラコール®。
③精神面の安定をはかるためのグッズ（4件）	・暗がりを怖がるので持ち歩きライトやその電源。 ・手触りの良いタオル。 ・動画や音楽を視聴できるもの。 ・精神安定剤・入眠剤。
④おもちゃ等（10件）	・ゲーム／本。 ・絵本。 ・漫画（3件）／紙と色鉛筆／ぬいぐるみ（3件）など。 ・タブレット。 ・スマホなど（2件）。
⑤その他（5件）	・小さな簡易テント。 ・ヘルプカード。 ・手指消毒液。 ・マスク。 ・日頃から使っているリュックや水筒など。

＊一部，長い記述を筆者のほうで抜粋し，要約した箇所がある。
＊回答数は28件であるが，同じ人が①から⑤までの内容について複数言及しているものもあり，それぞれ1件としてカウントしているため，表に示した回答数の合計は28件を上回る。

4　考察

　本調査では，22q11.2欠失症候群の子どもの保護者にアンケート調査を実施し，知的障害等を併せ有する内部障害をもつ子どもの災害時の困難と必要な支援・援助（防災教育や防災グッズの準備も含む）について明らかにすることを目的とした。その結果，22q11.2欠失症候群の子どもの保護者は，心臓病などの内部障害による困難だけでなく，「過敏性」に由来する困難が大きなウェートを占めていることが明らかになった。そして，こうした「過敏性」に由来する困難が，「不安」と結びつき，避難所等においても精神面でのサポートを多く必要とすることが明らかになった。

　このように，困難が多面的に生じることから，22q11.2欠失症候群の子どもが安全に，かつ安心して災害時に避難生活を送るためには，「身体面」「過敏性

（感覚面）」「精神面」の３つの側面を一体的に提供しなければならないということが本調査で明らかになった。たとえば，身体面で避難に時間がかかる状態の子どもに急がせるような対応を避難訓練で繰り返すと，22q11.2欠失症候群の子どもは精神的に追いつめられ，感覚面の困難（過敏性）が増大し，そうした状況のなかで，円滑に避難できなくなる。このように，「身体」「感覚」「精神」の３つの側面は密接に連動していた。

　以上の結果をふまえると，22q11.2欠失症候群の子どもに対する災害時の支援・援助は，これらの３つの側面から必要と考えられるものを別々に提供するのではなく，安心感をベースにして，過敏な状態とならないように落ち着ける環境や働きかけを行うことで，避難行動を促していくといった対応が最も効果的であると考えられる。そして，このことは，単なる避難所での「働きかけ」にとどまらず，避難所における施設・設備や防災グッズに至るまで，あらゆる点にあてはまることである。

　具体的には，避難所に過敏性を軽減することができるように個室を用意することや，大勢の人がいる避難場所で視覚・聴覚面で外界を遮断するようなグッズ（イヤーマフや簡易テントなど）を必要とする子どもが多かった。また，学校における避難訓練や防災教育においても，単なる「地震のメカニズム」を学習するだけでなく，あるいは，単なる「避難の仕方」を行動的に学ぶだけでなく，「災害時においても安心していられる」ことを学習することを保護者は望んでいた。

　今回，調査対象となった22q11.2欠失症候群の子どもは心臓病を中核疾患とする内部障害のほかに，知的障害や発達障害を併せ有することが多く，複数の困難が重複している子どもであった。そのため，災害時の困難やそれに対する支援・援助を考える際にも，困難の関連性を意識し，有機的に支援・援助を提供できるようにしなければならないと考える。これは，心臓病という単一疾患の人が抱えている困難や支援の必要性とは異なり，重複した障害や疾患がある人の支援ニーズであると考える。本調査では，どのような病気・障害が重複すると，災害時の困難がより大きくなるのかという点を詳細に分析することがで

第2章　障害児とその家族における災害時の困難と支援ニーズ

きなかったが，この点を検討していくことが今後の課題であると考える。

[注]

1) 自由記述部分の結果の示し方については，回答された文章を一覧にして並べ，共通する記述をカテゴリー化して示した。Table 2-C-2を例にすると，回答された記述のなかで「過敏性」について言及したものが13件あり，その具体例を右欄に抜粋して掲載した。Table2-C-2以降の自由記述部分においても，同様の処理を行い，結果を示している。

2) この質問では，回答する内容を具体的にイメージしやすくするために，「物理的な移動の困難のみならず，『新しい場所に行こうとしないので，日常的に通っている学校が避難所になっていると良い』などの困難・支援でもかまいません。自由記述：箇条書きでも可」と教示した。

3) 具体的な質問項目は，「具体的にどのような困難があるか，差し支えない範囲でお答えください」，また，「具体的にどのような支援・配慮が必要であるかお答えください」とした。なお，この質問では，回答内容を具体的にイメージしやすくするために，「『家族が付き添っていないといけないので，買い物ができなくなる』『買い物代行サービスを利用できるようにしてほしい』など，家族に関する困難・支援でもかまいません。自由記述：箇条書きでも可」と教示した。

4) この質問では，回答内容を具体的にイメージしやすくするために，「『地震のメカニズムを知って，不安にならないようにさせてほしい』などの知識・理解に関することや，避難所での過ごし方など災害時の具体的な行動など，どのようなことでもかまいません」と教示した。

5) この質問では，「人工呼吸器等のための『電源』などは，持ち物というよりは『施設・設備』にあたります」が，「この項目に記入していただいてもかまいません」と注釈を加えた。

[文献]

・北村千章．2014.「重症先天性心疾患をもつ子どもを成人まで育てあげた母親の体験——重症疾患をもつ子どもを育てる母親を支える信条」．『日本遺伝看護学会誌』13(1), 47-59.

・北村千章・Elderton Simon J. H.・中込さと子・永吉雅人・山田真衣．2016.「22q11.2欠失症候群の人々のための長期的なケアマネジメントに関する文献レビュー」．『日本遺伝看護学会誌』15(1), 60-68.

第Ⅰ部　災害時における障害児の困難と支援ニーズ

・源田美香・瓜生浩子・長戸和子・池添志乃．2019．「先天性の心臓病のある子どもと共に生きる家族の対処行動」．『高知女子大学看護学会誌』45(1)，85-95.
・田中和子．2007．「高齢社会と防災──都道府県の防災担当部局へのアンケート調査結果」．『福井大学地域環境研究教育センター研究紀要』14，59-68.

第2章　障害児とその家族における災害時の困難と支援ニーズ

> ### 調査D
> ## 盲学校および聾学校の子どもの保護者に対する調査結果

① 視覚障害児および聴覚障害児の特性と災害時の特別な配慮・支援

　近年，我が国では地震や大型台風による風水害などの自然災害が頻発化しており，防災教育の重要性が増している。文部科学省（2020）によると，ほぼすべて（99.8％）の特別支援学校において，何らかの災害安全指導が実施されており，その関心の高さがうかがえる。一方で，特別支援学校における防災教育を考えた際に，「学習によって得た知識や技能が断片的になりやすく，実際の生活場面の中で生かすことが難しい」という特性がある知的障害児と，「視機能の永続的な低下により，学習や生活に支障がある状態」を示す視覚障害児，あるいは「身の周りの音や話し言葉が聞こえにくかったり，ほとんど聞こえなかったりする状態」を示す聴覚障害児とでは，災害時の困難と支援ニーズが異なると予想される。

　視覚障害児および聴覚障害児が抱える主な困難は，それぞれの障害に関連する感覚情報が入手できないことにある。鈴木ら（2013）は災害時・緊急時の困難について，避難する経路と避難する場所に分けてその具体例をまとめている。視覚障害および聴覚障害に関連するものを抜粋すると，避難する経路では「視覚による状況の把握が困難である（視覚障害）」や，「電車や駅などで，アナウンス（音）だけだと，何が起こったかわからない（聴覚障害）」など発災時の危険がわからないという問題がある。また，避難しているときにも，「案内サインを見ることが困難である（視覚障害）」や「避難場所や避難方向に関する呼びかけ等を聞くことが困難である（聴覚障害）」ことに加え，「豪雨などの場合，視界が悪く，豪雨の音しか聞こえないなど危険が増す（視覚障害）」や「夜間や停電などで暗くなると手話や筆談で話すことが困難である（聴覚障害）」など，平常時と違う状況への対応が難しく，避難ができないという問題が生じ得る。

95

第Ⅰ部　災害時における障害児の困難と支援ニーズ

　さらに，避難する場所でも，「情報を入手できない，入手しにくい（両障害に共通）」という問題が常に生じており，視覚障害者の場合は「トイレが使えない」等の問題も生じる。

　実際に災害を体験した視覚障害者および聴覚障害者を対象とした調査では，災害時の困難がより具体的に述べられている。たとえば，発災時に近くにいた聴者が「10ｍの津波が来る」ことを教えてくれたものの，「10」と「津波」という言葉しか理解できず，「10cm程度の津波が来る」と誤って解釈し，そのまま帰宅した聴覚障害者の事例が報告されている（松崎・芳賀, 2016）。視覚障害者の場合，テレビの音声で災害の規模や概要は理解できるであろう。しかし，地域の詳細な情報は周辺画面（L字型画面）に字幕として表示されることが多く，テレビをつけていながらもその情報に気づかなかった視覚障害者がいた（永井, 2013; 佐渡ほか, 2014）。また，聴覚障害者にとってラジオがあまり機能しないことは容易に想像できるものの，「何も情報がない状態より，情報があるのに知ることができない状態の方が不安は大きかった」という声も挙がっている（川内, 2011）。これらの事例からは，ただ情報を伝えるのみでなく，真に必要となる情報が確実に届いているのかという点に留意する必要性が読み取れる。

　一方で，避難所では，視覚障害者に対する支援が事実上なかったとの声もあった（佐渡ほか, 2014）。さらに，ろう者福祉協会が避難所へ支援の提供を申し出ても，混乱のなか，避難所自体に支援を受け入れる余裕がなく，支援が行き届かなかったとの報告もある（中島, 2022）。このような状況のため，当事者は家族や知人を中心とした他者を頼りながら避難所生活を送ったと推察されるが，家族であったとしても気遣いなどの負担が大きく（石塚, 2017），「家族，親戚や知人も疲弊していたため，聴覚障害者は彼らに情報を求めることをためらい，情報や指示が与えられるまで待つしかなかった」という声も挙がっていた（松崎, 2013）。これらの経験を受け，当事者団体や地方自治体が中心となってさまざまな防災マニュアル（例：茨城県聴覚障害者研究会, 2012; 日本盲人会連合, 2012）が作成されるなど，環境面が徐々に整備されつつあると思われる。

　ただし，災害時の被害を少しでも抑えるためには，上述した環境面の整備に

96

第2章　障害児とその家族における災害時の困難と支援ニーズ

加え，視覚障害児自身および聴覚障害児自身の災害への意識を高める指導も並行して行う必要があると考える。髙野・石倉（2018）は，防災に関連する知識や技能を発達段階順に示した「防災に関する項目別行動要素一覧」と，各教科等における防災教育に関する指導内容を示す「防災教育の学部段階別指導内容一覧」を作成し，それらを対応づけることで，特別支援学校（視覚障害）における防災教育の体系化を試みている。ほかにも，視覚障害児を対象に緊急地震速報を聞いた直後の対応について学ぶプログラムを実施した取り組み（永田・木村，2018）や，聴覚障害児を対象に災害時の情報アクセスやその支援について学ぶプログラムを実施した取り組み（松崎，2013）が報告されている。

　ここまで述べてきたように，先行研究において視覚障害者および聴覚障害者が災害時に抱える困難と支援ニーズが明らかにされてきた。しかし，これらの多くが成人を対象としており，発達期の子どもを対象とした研究が少ないという課題が挙げられる。また，防災教育に関する報告も確認されたものの，その報告数は非常に少なく，視覚障害児および聴覚障害児が災害時に安全に避難するためには，避難所等でどのような配慮や支援が必要で，本人にはどのような力を育てておくことが重要であるのか，という点について総合的に検討した先行研究はみられない。

　そこで本調査では，上記の研究課題を明らかにするために，盲学校あるいは聾学校に子どもを通わせる障害児の保護者にアンケート調査を実施した。具体的には，視覚障害児および聴覚障害児とその家族は，災害時にどのような困難が生じ，どのような支援・援助を必要としているのかを明らかにすることを目的とした。加えて，そうした子どもの保護者は学校教育において，どのような教育・指導をしてほしいと考えているかという点を明らかにしたいと考えた。

② 方法

1）調査対象と調査の方法

　本調査は，A県内の盲学校および聾学校計3校にアンケート調査を依頼した。

第Ⅰ部　災害時における障害児の困難と支援ニーズ

調査は2021年11月〜12月にかけて実施し，盲学校では 6名，聾学校では49名から回答を得た。質問紙は，盲学校には印刷したものを保護者に配布し，学校を通じて回答を回収した。聾学校に関しては，Formsを使って回答できるようにし，保護者に回答を依頼した。

2）調査内容

　本調査で保護者に質問した内容および倫理的配慮は本章の冒頭に示した通りである（Table 2-1参照）。

③ 結果

1）盲学校の結果

1-1）調査対象者の障害の特徴

　まず，アンケートの最初で「お子様はどのような障害を有していますか？（重複した障害の場合は，複数回答可）」と尋ねたところ，以下のような回答を得た（Table 2-D-1）。

　このように，すべての子どもが「視覚障害」を有していた。視覚障害の程度については，6名のうち5名が身体障害者手帳1級を示し，残りの1名は5級であった。すなわち，今回の対象となった子どもの多くは重度（視力0.01以下）に分類された。

Table 2-D-1　回答者の子どもの病気・障害の種類

視覚障害	6
聴覚障害	0
知的障害	0
発達障害	1
肢体不自由	1
内部障害（心臓病・腎臓病等）	2

＊N=6

第2章　障害児とその家族における災害時の困難と支援ニーズ

　6名のうち3名は他の障害を有しており，具体的には，発達障害や肢体不自由，内部障害が重複しているケースの保護者も回答していた。

　以下の結果は，視覚障害を主として一部，他の障害を重複する子どもの保護者による回答であるが，他の障害が回答に影響を及ぼしていると思われる項目については，他の障害に関する情報を記載した。また，本調査は特別支援学校に子どもを通わせる保護者に回答を依頼したため，基本的に学齢期の子どもとその家族の困難や支援ニーズである。

1-2）災害時の避難所利用に関する困難と対応
①避難所に求める施設・設備

　はじめに，災害時の避難所利用に関する困難と対応について尋ねた。まず，「障害のある本人が災害時に避難所を利用することになった場合，一般の避難所で過ごすことに困難がありますか？」という質問に対して，「家族が一緒にいても困難がある」と回答した人が1名であり，発達障害を有している事例であった。残りの5名はすべて「家族が一緒であれば困難はない」と回答していた。一方で，「一人で過ごすことができる」と回答した人はいなかった。すなわち，盲学校に通う子どものうち，避難所で一人で過ごせる子どもは少数であり，家族などの支援者と一緒に過ごす必要があることが示された。

　次に，障害のある本人が災害時に避難所を利用する場合，避難所に特別な施設・設備は必要であるかどうかを尋ねたところ，「必要である」と回答した人が3名（うち1名は発達障害を有する）であったのに対して，「特に必要ない」と回答した人が3名であった。続けて，この質問に対して「必要である」と回答した人に，「『必要』と答えた場合，どのような施設・設備が必要ですか。具体的にお答えください（避難所に用意してほしい物があれば，ここに記入してください。自由記述：箇条書きでも可）」と尋ねたところ，「障害者専門の避難施設」「文字の大きさ（弱視なので小さい文字が見えない）」という2件の回答が得られた。

99

第Ⅰ部　災害時における障害児の困難と支援ニーズ

②避難所の運営者や周囲の人に求める配慮・支援

　障害のある本人が災害時に避難所を利用する場合，避難所の運営者や一緒に避難している周囲の人からの配慮や支援は必要か，と尋ねて調査したが，この質問に対し，「必要である」と回答した人が5名であったのに対して，「特に必要ない」と回答した人は1名であった。この回答は，一つ前の質問で，避難所に特別な施設・設備が必要か，という点について尋ねたときの結果よりも「必要である」と回答した割合が高く，盲学校の子どもの保護者は，災害時に周囲の人からの「配慮・支援」をより求めていることが明らかになった。

　それでは，具体的にどのような配慮や支援を求めているのだろうか。この点について4名分の自由記述をカテゴリーに分けて分析すると，避難所の運営者や周囲の人に保護者が求める「配慮・支援」は，「困っていたら声をかけて欲しい」（4件），「移動する際の介助」（1件），「発達障害への理解」（1件）であった。このように，視覚障害児の保護者が避難所の運営者等に求める「配慮・支援」は，支援者や周囲からのこまめな声かけであることがわかった。

1-3）避難所まで移動することの困難と必要な支援

　次に，避難所までの移動に関する困難の有無について調査した。具体的には，「障害のある本人が災害時（道路の安全が確認できていない状況で，家屋の倒壊や河川の氾濫があるかもしれない状況）に自宅や避難所に移動し，安全を確保するまでに，困難がありますか？」という質問に対して，「家族が一緒にいても困難がある」と回答した人が2名（うち1名は発達障害を有する事例）であり，「家族が一緒であれば困難はない」と回答した人が4名であった。一方で，「一人でも移動できる」と回答した人はおらず，避難所まで移動するのに何らかの支援が必要な人が多かった。

　このとき，避難所までの安全な移動に関して，具体的にどのような困難があるか，また，どのような支援・援助があるとよいかを自由記述（4名からの回答）で尋ねたところ，「全盲で自宅周辺を1人で行動をしたことがないため，難しい。手引きをしていただければ，移動はできると思う」「場所が遠い，わから

第2章　障害児とその家族における災害時の困難と支援ニーズ

ない」「一人では家から避難所までは行けないので，家での安全な場所に待機するようには言っている」「見えないのでその場所に行けない」といった回答を得た[1]。これらのように，避難所までの経路が視覚的に把握できないことが主な原因となり，避難が難しいという回答が多かった。その対応として，手引きによる誘導が挙げられていたほか，自宅の安全な場所に待機するといった方法も挙げられていた。

1-4）ステイホームが求められる場合の生活上の困難と必要な支援

次に，原子力災害や感染症など，ステイホームが求められる場合に，日常生活を継続することに困難があるかどうかについて調査した。その結果，「家族が一緒にいても困難がある」と回答した人が1名（発達障害を有する事例）であり，「家族が一緒であれば困難はない」と回答した人が1名であった。一方で，「一定の時間であれば一人でも家から出ずに過ごすことができる」と回答した人が4名であり，移動や避難所での生活に比べると，一人で過ごせる子どもが多いことが明らかになった。

このうち，「家族が一緒にいても困難がある」と，「家族が一緒であれば困難はない」と回答した人に対して，具体的にどのような困難があり，どのような支援・援助が必要であるかについて質問したところ，「買い物代行サービス」という回答が1件得られた[2]。

1-5）学校で指導してほしい防災教育の内容

さらに，災害時の避難行動や避難生活に備えて，学校で指導してほしい防災教育の内容について調査した。まず，「避難行動や避難所で過ごすにあたって，学校で指導しておいてほしい内容（障害のある本人が身につけておいたほうが良い知識や思考力・判断力）がありますか？」と尋ねたが，この質問に対して，「ある」と回答した人が3名であり，「特にない」と回答した人が3名であった。

このうち，「ある」と回答した人に対して，「どのような内容か，具体的に記入してください」と尋ねたところ，「学校で行っている避難訓練などをしてい

101

第Ⅰ部　災害時における障害児の困難と支援ニーズ

る時に，どういう行動をしたらよいか教えて欲しい」「避難の必要性，避難所は人がたくさんいること」「知らない人にも聞ける力（困ったときに）」という回答が3件得られた[3]。視覚障害児の保護者は，単なる「避難行動」を訓練することのみを求めているのではなく，避難後の行動に関する指導を希望しているというニーズが確認された。

1-6）特性に応じた防災グッズの準備

　次に，災害時の備えについて，障害のある本人が避難するときや避難所で安心して過ごせるように，避難する際に持参している物や一般的な防災グッズのなかに加えておいたほうがよい物はあるか，と質問したところ，「ある」と回答した人が4名であり，「ない」と回答した2名を上回った。

　このうち，「ある」と回答した人に対して，具体的に防災グッズにどのような物が必要であるのか尋ねたところ，「自己導尿の為，カテーテル・消毒・キシロカイン®，飲み薬」（肢体不自由と内部障害を有する事例），「本人のお守り的なおもちゃ」（発達障害を有する事例）が1件ずつ，「薬」が2件（うち1名は内部障害を有する事例）であった[4]。これらの結果から，今回の対象者に関しては，視覚障害に特化した防災グッズというよりも，他の障害と関係するものや，薬などの一般的なものを準備していることが明らかとなった。

2）聾学校の結果

2-1）調査対象者の障害の特徴

　まず，アンケートの最初で「お子様はどのような障害を有していますか？（重複した障害の場合は，複数回答可）」と尋ねたところ，次ページのような回答を得た（Table 2-D-2）。

　この結果より，すべての子どもが「聴覚障害」を有していた。聴覚障害の程度について，身体障害者手帳に関する言及のあった30件をまとめると，2級が14名，3級が9名，4級が2名，6級が5名であり，その多くが重度（両耳とも

第2章　障害児とその家族における災害時の困難と支援ニーズ

Table 2-D-2　回答者の子どもの病気・障害の種類

視覚障害	1
聴覚障害	49
知的障害	2
発達障害	3
肢体不自由	0
内部障害（心臓病・腎臓病等）	1

＊N=49

90dB以上）であった。

　少数ではあるが，視覚障害，知的障害，発達障害，内部障害を重複している
ケースの保護者が回答していた。その割合は15％以下であり，以下の結果は，
聴覚障害を主として一部，他の障害を重複する子どもの保護者による回答で
あった。また，本調査は特別支援学校に子どもを通わせる保護者に回答を依頼
したため，基本的に学齢期の子どもとその家族の困難や支援ニーズであった。

2-2）災害時の避難所利用に関する困難と対応

①避難所に求める施設・設備

　はじめに，災害時の避難所利用に関する困難と対応について尋ねた。まず，
「障害のある本人が災害時に避難所を利用することになった場合，一般の避難
所で過ごすことに困難がありますか？」という質問に対して，「家族が一緒に
いても困難がある」と回答した人が4名（8％）であり，「家族が一緒であれば
困難はない」と回答した人が38名（78％）であった。一方で，「一人で過ごす
ことができる」と回答した人が7名（14％）であり，今回の調査対象者は，避
難所において何らかの支援が必要な人が多かった。すなわち，聾学校に通う子
どものうち，避難所で一人で過ごせる子どもは少数であり，家族などの支援者
と一緒に過ごす必要があることが示された。

　次に，障害のある本人が災害時に避難所を利用する場合，避難所に特別な
施設・設備が必要であるかどうかを尋ねたところ，「必要である」と回答した
人が17名（35％）であったのに対して，「特に必要ない」と回答した人が32名

第Ⅰ部　災害時における障害児の困難と支援ニーズ

Table 2-D-3　避難所に必要な施設・設備

①視覚的に情報を入手するための手段（10件）	・聴覚障害者なので視覚で情報が確認できるもの。 ・ホワイトボードやノートなど文字を書けるもの。 ・口を見て言葉を読み取っているので，その点に配慮した対応（照明など）。
②補聴機器の管理に関する設備（7件）	・予備の電池を持ってはいるが，避難が長くなると足りなくなるので，人工内耳の充電池をコンセントから充電させてもらえると助かる。 ・補聴器や人工内耳の電池。
③音響面に配慮した設備（3件）	・周りの音，雑音が入ってしまうと，正確な聞き取りができない。個室があれば，情報も入りやすい。

＊一部，長い記述を筆者のほうで抜粋し，要約した箇所がある。
＊回答数は15件であるが，同じ人が①から③までの内容について複数言及しているものもあり，それぞれ1件としてカウントしているため，表に示した回答数の合計は15件を上回る。
＊右欄に自由記述部分を示しているが，これらは筆者が抜粋した代表的な意見であり，すべての回答を示しているわけではない。

（65％）であった。続けて，この質問に対して「必要である」と回答した人に，「『必要』と答えた場合，どのような施設・設備が必要ですか。具体的にお答えください（避難所に用意してほしい物があれば，ここに記入してください。自由記述：箇条書きでも可）」と尋ねたところ，上のような回答が得られた（全15件の回答：Table 2-D-3）。

　このように，聴覚障害児の保護者のうち，「避難所に特別な施設・設備が必要である」と回答した人のほとんどが「視覚的に情報を入手するための手段」を求めていた。具体的な内容としては，ノートやペンなどの筆談用の備品の準備に加え，全体に情報を周知するための掲示板などの設置，さらにはコミュニケーション時に相手の口形を確認しやすいような環境が求められていた。次いで，「補聴機器の管理に関する設備」が必要であるという意見も多く出された。そのなかでも，補聴機器の充電用にコンセントを使用したいという声が多く確認された。上記のほかに，騒音の少ない静かな環境などの，聴覚面の配慮を求める声もあった。

②避難所の運営者や周囲の人に求める配慮・支援

　聴覚障害児が安心して避難所で生活することができるようになるために，避難所の運営者や周囲の人はどのような「配慮・支援」が必要となるだろうか。この点について，障害のある本人が災害時に避難所を利用する場合，避難所の

第2章　障害児とその家族における災害時の困難と支援ニーズ

Table 2-D-4　避難所の運営者や周囲の人に求める配慮・支援

①視覚情報を活用した情報保障（16件）	・大勢の中（騒音がある）で放送があっても聞き取る事が難しいので，紙で掲示するなど，目で見て分かるような配慮があると良い。 ・筆談ができるように筆記用具を用意して欲しい。口元が見えるようにして話して欲しい。
②情報入手の困難への理解と支援（5件）	・補聴器などを外してしまうと全く聞こえず（特に就寝時），何かあったときに気づきにくいので，反応がないときは知らせて欲しい。 ・聴覚障害のため聞こえないとわからないので，何かあったときに知らせてほしい。
③個別の声かけ（5件）	・聞こえづらさがあるため，直接，運営者の方からの避難所においての説明などして欲しい。 ・災害の状況などの伝達や避難の仕方など，個別対応が必要である。
④聴覚面の配慮（3件）	・わかるように，ゆっくり話してほしい。
⑤その他（3件）	・本人が幼く手話や筆談も未熟なため，絵などを使用してコミュニケーションをとる必要がある。

＊一部，長い記述を筆者のほうで抜粋し，要約した箇所がある。
＊回答数は31件であるが，同じ人が①から⑤までの内容について複数言及しているものもあり，それぞれ1件としてカウントしているため，表に示した回答数の合計は31件を上回る。
＊右欄に自由記述部分を示しているが，これらは筆者が抜粋した代表的な意見であり，すべての回答を示しているわけではない。

　運営者や一緒に避難している周囲の人からの配慮や支援は必要か，と尋ねて調査したが，この質問に対し，「必要である」と回答した人が33名（67％）であったのに対して，「特に必要ない」と回答した人が16名（33％）であった。この回答は，一つ前の質問で「避難所に特別な施設・設備が必要であるか？」という点について尋ねたときの結果よりも「必要である」と回答した割合が高く，聾学校の子どもの保護者は，災害時に周囲の人からの「配慮・支援」を強く求めていることが明らかになった。

　それでは，具体的にどのような配慮や支援を求めているのだろうか。この点について自由記述を分析すると，避難所の運営者や周囲の人に保護者が求める「配慮・支援」は上の通りであった（全31件の回答：Table 2-D-4）。

　このように，基本的には情報が入手できないことへの配慮が求められていた。細かく分けると，視覚情報の提示，個別の声かけ，聴覚面の配慮などの具体的な支援内容に加え，情報を入手しづらい状況にあることへの理解も含まれていた。その一方で，聾学校は幼稚部を有するために，幼児という発達段階も

第Ⅰ部　災害時における障害児の困難と支援ニーズ

考慮した支援の必要性に関する言及も確認された。

2-3）避難所まで移動することの困難と必要な支援

　次に，避難所までの移動に関する困難の有無について調査した。具体的には，「障害のある本人が災害時（道路の安全が確認できていない状況で，家屋の倒壊や河川の氾濫があるかもしれない状況）に自宅や避難所に移動し，安全を確保するまでに，困難がありますか？」という質問に対して，「家族が一緒にいても困難がある」と回答した人が2名（4%）であり，「家族が一緒であれば困難はない」と回答した人が42名（86%）であった。一方で，「一人でも移動できる」と回答した人が5名（10%）であり，避難所まで移動するのに何らかの支援が必要な人が多かった。

　このとき，避難所までの安全な移動に関して，具体的にどのような困難があるか，また，どのような支援・援助があるとよいかを自由記述で尋ねたところ，Table 2-D-5のような回答を得た（全19件の回答）[1]。

　このように，聴覚障害の有無に限らず，子どもであるために一人での避難が難しいという意見がみられ，そのなかには先の質問と同様に幼児という発達段階を考慮した回答もみられた。また通い慣れ，避難訓練も実施している聾学校

Table 2-D-5　避難所までの移動に関する困難と必要な支援・援助

①年齢が幼いことに対する支援（6件）	・知っている場所への移動に関しては問題ないと思うが，子どもなので安全かどうかの確認は難しいかもしれない。 ・まだ幼稚園児のため，大人と一緒に行動する必要がある。
②聾学校への避難および不慣れな場所への対応（5件）	・通っている学校が避難所だと安心する。 ・聾学校と住んでいる地域が離れているため，地元だとどこに避難するかなど，危機管理がどこまでわかっているか不明。
③避難時の情報保障（5件）	・今何が起きていて，今どんな状況なのかが理解できれば大丈夫だが，急に起きる事なので，しっかり本人に理解ができるように説明する事が大事になる。 ・現在の状況やこれからやることなどの絵カードがあると助かる。
④手話による情報保障（3件）	・避難場所に手話ができる人がいてくれたらと思う。

＊一部，長い記述を筆者のほうで抜粋し，要約した箇所がある。
＊右欄に自由記述部分を示しているが，これらは筆者が抜粋した代表的な意見であり，すべての回答を示しているわけではない。

への避難を希望する一方で，自宅のある地域が聾学校と離れている場合の不安
を訴える声もあった。さらに，避難時，および避難後の情報保障を求める声も
あった。

2-4) ステイホームが求められる場合の生活上の困難と必要な支援

　次に，原子力災害や感染症など，ステイホームが求められる場合に，日常生
活を継続することに困難があるかどうかについて調査した[2]。その結果，「家
族が一緒にいても困難がある」と回答した人が1名（2%）であり，「家族が一
緒であれば困難はない」と回答した人が29名（59%）であった。一方で，「一
定の時間であれば一人でも家から出ずに過ごすことができる」と回答した人が
19名（39%）であり，移動や避難所での生活に比べると，一人で過ごせる子ど
もが多いことが明らかになった。

　このうち，「家族が一緒にいても困難がある」と，「家族が一緒であれば困難
はない」と回答した人に対して，具体的にどのような困難があり，どのよう
な支援・援助が必要であるかについて質問したところ，「子どもが幼いので一
人での留守番がまだ難しい」（4件），「買い物ができなくなる」（2件），「補聴器
の電池切れ（調達）が心配」（1件），「免疫の病気もあるため，薬の調達が不安」
（1件）といった内容の回答が得られた（8件の回答）。補聴器の電池に関するよ
うな聴覚障害に特化した記述も確認されたが，基本的には子どもをもつ家庭が
抱える一般的な困難や，他の障害に関連した回答が得られた。

2-5) 学校で指導してほしい防災教育の内容

　さらに，災害時の避難行動や避難生活に備えて，学校で指導してほしい防
災教育の内容について調査した。まず，「避難行動や避難所で過ごすにあたっ
て，学校で指導しておいてほしい内容（障害のある本人が身につけておいたほうが
良い知識や思考力・判断力）がありますか？」と尋ねたが，この質問に対して，
「ある」と回答した人が17名（35%）であり，「特にない」と回答した人が32
名（65%）であった。このうち，「ある」と回答した人に対して，「どのような

第Ⅰ部　災害時における障害児の困難と支援ニーズ

Table 2-D-6　学校で指導してほしい防災教育の内容

①災害や避難に関する一般的な内容（11件）	・避難の仕方，避難所での過ごし方。聞こえない事で不安がたくさんあると思う。 ・様々な避難訓練は行っているが，避難所での過ごし方や防災に必要な物などがわかっていないと思う。
②支援者とのコミュニケーションのとり方（2件）	・自分が必要としている支援が，どんなもので，こんな風にしてもらえると理解できるなど，相手に伝える力を今後身につけて欲しい。
③その他（3件）	・過去の災害の時に避難された人が，どんな状況で過ごしていたのか，どんな事が困っていて大変だったのか等，実際に避難を経験された人の体験談などを学んで知り，子どもたちに理解して考えてもらいたい。

＊一部，長い記述を筆者のほうで抜粋し，要約した箇所がある。
＊回答数は13件であるが，同じ人が①から③までの内容について複数言及しているものもあり，それぞれ1件としてカウントしているため，表に示した回答数の合計は13件を上回る。
＊右欄に自由記述部分を示しているが，これらは筆者が抜粋した代表的な意見であり，すべての回答を示しているわけではない。

内容か，具体的に記入してください」と尋ねたところ Table 2-D-6 のような回答が得られた（全13件の回答）[3]。

　この結果，聴覚障害児の保護者は，一般的にも行われているような，災害や避難に関する指導，および避難所での過ごし方に関する指導を求めていることがわかった。なかには，防災や避難に関する知識を増やすのみでなく，緊急時の情報不足による不安を少しでも軽減するために，あらかじめ知識を身につけておくことの重要性に言及した意見もあった。また，自身の支援ニーズを周囲の大人に的確に伝え，相手の指示を理解できるようになってほしい等，コミュニケーション能力を高めるような指導も期待されていた。

2-6）特性に応じた防災グッズの準備

　次に，災害時の備えについて，障害のある本人が避難するときや避難所で安心して過ごせるように，避難する際に持参している物や一般的な防災グッズのなかに加えておいたほうがよい物はあるか，と質問したところ，「ある」と回答した人が32名（65％）であり，「ない」と回答した17名（35％）を上回った[4]。このうち，「ある」と回答した人に対して，具体的に防災グッズにどのような物が必要であるのかについて尋ねたところ，「補聴機器の電池・充電機

器」(26件),「筆談用の筆記用具」(6件),「補聴機器の乾燥ケース」(3件),「その他」(8件)といった回答を得た(全30件:複数回答あり)。

　以上の結果から,聾学校に通う子どもの保護者は,補聴機器の電池や乾燥ケースなどを防災グッズに入れていることが明らかとなった。また,筆談用の筆記用具も準備しており,これらはいずれも聴覚障害の特性に応じたものであった。さらに「その他」の回答をみると,顔(口元)を見て連絡をとるためのスマートフォン,補聴援助システム,見てわかるようなプラカードなど,聴覚障害の特性を考慮した回答がみられ,その他は偏食への対応など,他の障害と関連すると思われる回答があった。

④ 考察

　本調査では,盲学校と聾学校に通う子どもの保護者にアンケート調査を実施し,視覚障害児および聴覚障害児の災害時の困難と必要な支援・援助(防災教育や防災グッズの準備も含む)について明らかにした。その結果,障害のない子どもと共通すると思われる事項も多く抽出された一方で,先行研究で多く指摘されているような,「感覚情報を入手できない」という困難が至るところで生じていた。

　避難所においては,情報が取得できないために,他の感覚を活用した情報保障が求められていた。一方で,避難所では,どのようなタイミングで情報が提供されるかが予測しづらい状況にあり,情報の存在自体に気づくことができないといった声も挙がっていた。単に情報を他の感覚情報に置き換えるのみでなく,直接的あるいは個別的な声かけを行うなど,情報への気づきを促し,確実に情報を伝えるという配慮が求められるであろう。また聴覚障害児は補聴機器の電池や充電設備を避難所に求めていた。補聴機器の電池の重要性は,防災グッズに関する質問項目からもうかがえた。普段から補聴機器を使用し,自身の聴覚を最大限に活用している聴覚障害児にとっては,それらの機器が使用できない場合,多くの情報を失うこととなる。電源を必要とする医療機器を使用

第Ⅰ部　災害時における障害児の困難と支援ニーズ

する子どもへの対応と同様に，深刻に受け止める必要のある意見であると考える。

　避難経路に関しては，視覚障害児における移動の困難がうかがえ，手引きなどの何らかの移動支援を求めていた。今回対象とした児童の多くが重度であったことも影響していると考えられ，自立活動での歩行指導等とも関連づけながら指導を行う必要性が感じられる。また，聴覚障害児の保護者からは，聾学校と自宅のある地域が離れているため，普段の避難訓練の成果が生かされない可能性もあるとの指摘があった。この点については，各県において設置数が少ない盲学校および聾学校特有の課題であるといえる。この発言からは，学内の避難訓練のみでなく，さまざまな場面での避難方法も学んでほしいというニーズがうかがえ，教科の内容とも結びつけながら，自身の居住地域の避難経路，あるいは通学路近辺での避難経路について各々が調べる機会を設けるといった学習活動も求められるであろう。

　さらに，学校で指導してほしい内容を尋ねたところ，その多くが災害や防災，避難に関する一般的な知識であった。一方で，件数はさほど多くはなかったものの，自身の支援ニーズを大人に伝える能力を高めるような指導を希望する声が両障害において確認された。実際に，松崎・芳賀（2016）では，発災時に近くにいた聴者に情報を聞くことをためらったために正確な情報を入手できなかった聴覚障害者の事例が報告されている。これらの能力は平常時や合理的配慮の申請を行う際にも必要となるものであり，障害認識やセルフアドボカシーとも関連づけながら，自立活動を中心とした指導のなかで今後も丁寧に取り扱っていく必要があると考える。また，本稿の冒頭にて「10mの津波」を聞き誤った事例（松崎・芳賀, 2016）を紹介したが，自身が入手した情報の正確さについて相手に確認を行う癖をつけるなど，普段の関わりを通して学ぶ機会も多いと考える。

　上記の調査結果は，「視覚障害」と「聴覚障害」を共通項にしてまとめたものであり，点字の使用の有無や，手話の使用の有無で結果を分けて示したわけではない。たとえば聴覚障害者においても，積極的に聴覚を活用する難聴者

第 2 章　障害児とその家族における災害時の困難と支援ニーズ

と，手話を用いたコミュニケーションを行う聾者とでは，その困難と支援ニーズも異なると予想される。さらに，視覚障害に関しては対象者数の少なさもあり，今後，これらの点をふまえてさらに分析を進めていくことが求められる。

[注]

1) この質問では，回答する内容を具体的にイメージしやすくするために，「物理的な移動の困難のみならず，『新しい場所に行こうとしないので，日常的に通っている学校が避難所になっていると良い』などの困難・支援でもかまいません。自由記述：箇条書きでも可」と教示した。

2) 具体的な質問項目は，「具体的にどのような困難があるか，差し支えない範囲でお答えください。また，どのような支援・援助があると良いか，具体的にお答えください」とした。なお，この質問では，回答内容を具体的にイメージしやすくするために，「『家族が付き添っていないといけないので，買い物ができなくなる』『買い物の代行サービスを利用できるようにしてほしい』など，家族に関する支援でもかまいません。自由記述：箇条書きでも可」と教示した。

3) この質問では，回答内容を具体的にイメージしやすくするために，「『地震のメカニズムを知って，不安にならないようにさせてほしい』などの知識・理解に関することや，避難所での過ごし方など災害時の具体的な行動など，どのようなことでもかまいません」と教示した。

4) この質問では，「人工呼吸器等のための『電源』などは，持ち物というよりは『施設・設備』にあたります」が，「この項目に記入していただいてもかまいません」と注釈を加えた。

[文献]

・石塚裕子．2017．「熊本地震における身体障害者の避難の実態と課題——障害者との協働調査より」．『福祉のまちづくり研究』19(1)，26-30.

・茨城県聴覚障害者研究会．2012．「聴覚障害者のための防災マニュアル」．https://www.center-yasuragi.or.jp/saigai/saigai_manyuaru.pdf（最終アクセス日：2022年10月5日）

・川内規会．2011．「震災時における聴覚障害者の情報授受の課題——人と人との関わりとコミュニケーションの視点から」．『青森県立保健大学雑誌』12，11-19.

第Ⅰ部　災害時における障害児の困難と支援ニーズ

・佐渡一成・吉野由美子・原田敦史・加藤俊和．2014．「東日本大震災の被災者」．『視覚リハビリテーション研究』4(1)，35-37.
・鈴木圭一・朝日向猛・沼尻恵子．2013．「災害時・緊急時に対応した避難経路・避難場所のバリアフリー化に関する研究」．『JICE report: Report of Japan Institute of Construction Engineering』24，63-71.
・髙野真梨子・石倉健二．2018．「特別支援学校（視覚障害）における防災に関する行動要素及び指導内容一覧の作成」．『兵庫教育大学学校教育学研究』31，199-206.
・永井伸幸．2013．「災害と情報——視・聴覚障害者にとって」．『福祉のまちづくり研究』15(1)，29-30.
・中島徹．2022．「災害時における聴覚障害者の現状と課題——熊本地震から見えてきた課題とは」．『心理・教育・福祉研究：紀要論文集』21(2)，135-146.
・永田俊光・木村玲欧．2018．「視覚障害のある児童生徒の『生きる力』を向上させる防災教育——栃木県立盲学校での地震防災教育・訓練の実践」．『地域安全学会論文集』33，115-125.
・日本盲人会連合．2012．「視覚障害者のための防災・避難マニュアル」厚生労働省平成23年度障害者総合福祉推進事業報告書．http://nichimou.org/wp-content/uploads/2014/02/bousai.pdf（最終アクセス日：2022年10月5日）
・松﨑丈．2013．「東日本大震災で被災した聴覚障害者における問題状況——情報アクセスの視点から」．『宮城教育大学特別支援教育総合研究センター研究紀要』8，15-32.
・松﨑丈・芳賀隆人．2016．「東日本大震災の発災直後における聴覚障害者の情報獲得行動とその背景にある心理状況——TEMによる分析を通して」．『宮城教育大学特別支援教育総合研究センター研究紀要』11，1-11.
・文部科学省．2020．「学校安全の推進に関する計画に係る取組状況調査（平成30年度実績）」．https://anzenkyouiku.mext.go.jp/report-gakkouanzen/data/report-h30.pdf（最終アクセス日：2022年10月5日）

第3章

障害児に対する総合防災対策の課題

1.「障害児」の特徴と災害時における配慮・支援の必要性

　ここまで，知的障害・内部障害・肢体不自由・視覚障害・聴覚障害のある子どもの保護者に対して実施した，災害時の困難と支援ニーズに関する調査結果を示してきた。第2章では，その結果を主たる障害で示したが，障害種別に配慮や支援の必要性がどのように異なっているのかという点について十分に分析・検討できていない。

　一方で，今回の調査対象となった子どもの障害は必ずしも単一障害というわけではなく，複数の障害（病気を含む）を併せ有する子どもも多数いた。そのため，同じ「学校（親の会）」のなかでも障害や病気の程度は異なることが推察された。そこで，第3章では実施した調査の回答を総合的に集計し，障害種別の傾向を横断的に分析することとした。こうした分析をすることで，災害時に「障害児」がどのような困難に直面しているのかという点について，さらに立体的に検討することができると考える。

2．分析の対象と方法

1）分析の対象と内容

　本調査は，肢体不自由特別支援学校（調査A），知的障害特別支援学校（調査B），22 HEART CLUB（調査C），盲学校および聾学校（調査D）に同様の調査を実施し，それぞれの学校（親の会）に所属する子どもの保護者に同じ質問紙

第Ⅰ部　災害時における障害児の困難と支援ニーズ

を郵送し，回答してもらったものである。そのため，回答した項目については，障害種別でどのように異なるのかを比較・検討することができる。

そこで，調査項目のうち選択肢で回答を求めたもの（問3・問4・問6・問8・問10・問12・問14）については，障害種ごとにグラフ化し，障害種別の支援ニーズについて比較検討した。また，自由記述で回答を求めたもの（問5・問7・問9・問11・問13・問15）については，基礎分析の際にそれぞれ大カテゴリーで括った項目を障害種ごとに表にして示し，災害時の困難と支援ニーズの特徴が障害種別でどのように異なるのかという点について，傾向を比較検討した。

2）調査対象者が有する障害

まず，本調査の対象児を障害種別にまとめたところ，以下のような結果となった（Fig. 3-1；複数回答可）。

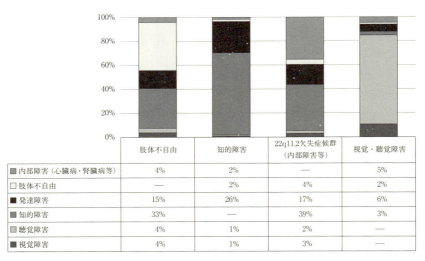

Fig. 3-1　調査対象児の障害

＊棒グラフの下に記載されている「肢体不自由」や「知的障害」等は調査を実施したときに依頼した学校（親の会）の種別を表した。22q11.2欠失症候群は，心臓病を有する疾患であるため，「（内部障害等）」という記載を加えた。この表記については，これ以降のグラフについても同様である。

第3章　障害児に対する総合防災対策の課題

　このように，知的障害と視覚・聴覚障害については，半数以上が「知的障害」または「視覚・聴覚障害」であったため，障害が重複していないケースもみられるが，肢体不自由と22q11.2欠失症候群については，多くのケースが重複した障害であった。

　一般的な傾向として，肢体不自由特別支援学校は重度・重複障害児の割合が高い。その一方で，22q11.2欠失症候群の子どもは通常の学校に通っている割合が比較的高く，また，盲学校や聾学校に通っている視覚障害・聴覚障害児も準ずる教育を受けている子どもの割合が比較的高く，この両群は教科書を使用して学習する子どもが一定の割合でいることが想定される。こうした理由から，認知面で障害・困難が比較的大きい肢体不自由特別支援学校の群を最も左に位置づけ，あとは知的障害の子どもの割合が高い順に左から並べるかたちで結果を表示することにした。このように結果を示すことで，以下の問いに対する回答が障害の重度あるいは認知面の困難の大きさにどの程度，関係しているかという点を比較できると考えた。

3．結果および考察

1）障害別の「災害時に生じる困難」の傾向

　まず，災害時に生じる困難について障害種別に分析した。具体的には，問3・問8・問10について，回答をグラフにしたところ，Fig. 3-2・Fig. 3-3・Fig. 3-4のようになった。

　この結果を詳細に分析すると，「避難所での生活」「自宅や避難所までの移動」「ステイホーム」に関して，「家族が一緒にいても困難がある」という回答が最も多かったのは肢体不自由特別支援学校の子どもの保護者であった。その一方で，視覚障害・聴覚障害の子どもの保護者は，どの項目においても，「一人で過ごすことができる（移動することができる）」と回答した割合が他と比べて最も多かった。

　この結果のうち，中間的な回答である「家族が一緒であれば困難はない」と

115

第Ⅰ部　災害時における障害児の困難と支援ニーズ

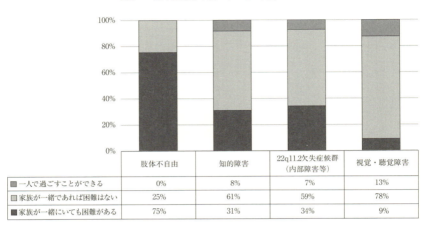

Fig. 3-2　一般避難所で過ごすことの困難

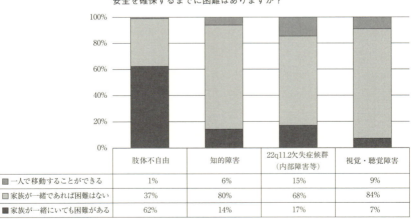

Fig. 3-3　災害時に自宅や避難所まで移動することの困難

第3章　障害児に対する総合防災対策の課題

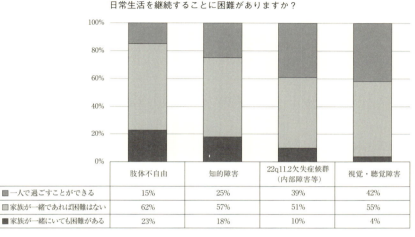

Fig. 3-4　ステイホームが求められる状況での困難

いう状態をどのようにとらえたらよいかについては検討の余地があると考える。すなわち，この回答は逆に考えると，災害時において「家族の支援は必要である」が「家族がいれば問題ない」ということを意味するものだからである。肢体不自由特別支援学校の子どもは，身体的にも知的にも障害がともに重度であることが多く，そのため，「家族だけでは難しい」という回答が多かったが，知的障害児や内部障害をもつ22q11.2欠失症候群の子どもは，一人で過ごせる（移動できる）というわけではないが，かといって家族がいればとりあえずの安全は確保できるといった状態であると推察された。

　もちろん，以上の結果から「肢体不自由児」が災害時に最も困難が大きく，知的機能が高くなるほど困難が小さくなるといった単純な結論を出すことは適切ではない。たとえば，「家族がいれば問題ない」と回答した知的障害児は，家族から離れることができないために，避難所でさまざまな制約や新たな困難が生じていることが第2章の結果から明らかになった。また，聴覚障害児などは，「一人でできる」ことが多いので，一般避難者と同様にとらえられてしま

117

第Ⅰ部　災害時における障害児の困難と支援ニーズ

うことから，必要な支援を受けられないことも想定された。

　それでは，上記の点をふまえて，障害別に必要な支援や配慮がどのように変化しているのかという点を次にみていきたい。

2）障害別の「災害時に必要な配慮と支援」の傾向

　本調査では，問4および問6において「避難所に必要な施設・設備の有無」「避難所における周囲からの配慮や支援の必要性」を尋ね，「必要である」「特に必要ない」の2つから選択してもらった。その結果を障害別にまとめると次ページのようになった（Fig. 3-5・Fig. 3-6）。

　この結果，避難所における「特別な施設・設備の必要性」については，肢体不自由児の保護者が必要性を感じているのに対して，その他の障害種別では，それほど大きな差はなかった。こうした傾向となった背景には，移動の制限が大きい肢体不自由児は，一般避難所では生活しにくい点があるということも関係しているが，電源の確保など医療的なケアを必要とする子どもに対する設備を必要としている人も多く，重度かつ重複した障害である子どもが多い肢体不自由特別支援学校の調査では，特別な施設・設備の必要性が高くなったと推察できる。

　この点から考えると，知的障害児や22q11.2欠失症候群の子どもたちにも，身体面で配慮が必要なケースはあり，一概に車いすを使用しているからバリアフリーの施設が必要という回答ではなかったという点に留意すべきであろう。

　その一方で，「避難所における周囲からの配慮や支援の必要性」については，いずれの障害種別においても60％を超える割合で配慮や支援が必要と回答していた。これは必ずしも配慮や支援の必要性が肢体不自由や知的障害，発達障害といった移動の制限や認知面の困難にのみ該当するものではなく，障害児の置かれている状況を周囲に理解してもらい，ちょっとした声かけをしてほしいというものも含めて，多くの障害児とその家族が求めていることを示すものであると考えられる。

118

第3章　障害児に対する総合防災対策の課題

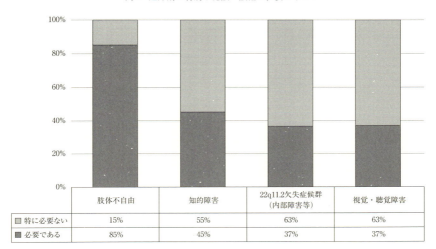

Fig. 3-5　避難所に必要な施設・設備の有無

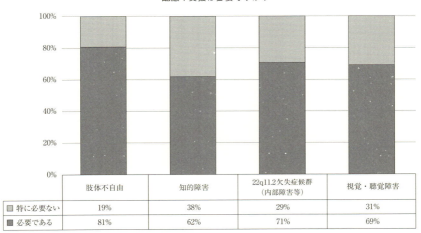

Fig. 3-6　避難所における周囲からの配慮や支援の必要性

119

第Ⅰ部　災害時における障害児の困難と支援ニーズ

3）障害別の「学校で指導してほしい内容」と「防災グッズに入れておく物」の傾向

本調査では，問12・問14において「学校で指導してほしい内容」と「防災グッズに入れておく物」について尋ね，「ある」「ない」の2つから選択してもらった。その結果を障害種別にまとめると以下の通りであった（Fig. 3-7・Fig. 3-8）。

このように，「学校で指導してほしい内容」においても，「防災グッズに入れておく物」においても，障害の種類や認知面での困難等によって結果が大きく異なっているというわけではなかった。結果を細かくみていくと，「学校で指導してほしい内容」については，知的障害児の保護者と22q11.2欠失症候群の子どもの保護者が若干多く「ある」に回答していた。この両群の子どもは，認知面で困難があったり，避難所等のいつもと異なる環境で不安が強くなる傾向があるので，学校教育の間に教えておいてほしい内容が他の障害種よりも多いと推察でき，これが「ある」と回答した割合が高くなった要因であると考える。

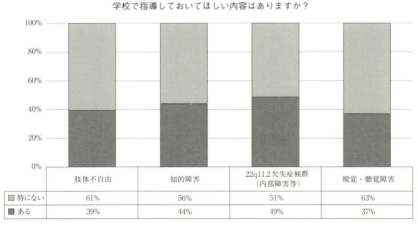

Fig. 3-7　学校で指導してほしい内容

第3章 障害児に対する総合防災対策の課題

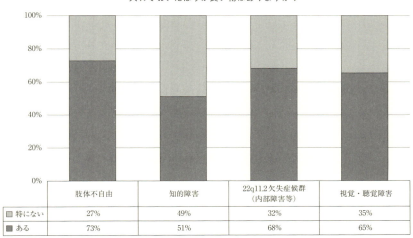

Fig. 3-8 防災グッズに入れておく物

一方で,「防災グッズに入れておく物」については,障害種別で大きく異なるものではなかった。若干,知的障害児の保護者が「特にない」に回答した割合が高かったのは,防災グッズの中身は身体面でのケアに必要な物が多く,知的障害児はそうした「グッズ」は特に必要ない子どもが他の障害種よりも多かったことによるものと考えた。

4）災害時に避難所に必要な支援の内容——自由記述の分析から
①避難所に必要な「施設・設備」と「配慮・支援」

前節までに明らかにしてきたように,病気や障害のある子どもが直面する災害時の困難や配慮・支援の必要性には一定の傾向がある。ただし,細かく自由記述を分析すると,当然のことではあるが,その内容は障害の特性に応じて異なっていた。たとえば,「避難所に必要な施設・設備」と「避難所の運営者や周囲の人に求める配慮・支援」に関する自由記述を分析したところ,大カテゴリー

第Ⅰ部　災害時における障害児の困難と支援ニーズ

Table 3-1　障害別の「避難所に必要な施設・設備」の傾向

肢体不自由			知的障害			22q11.2欠失症候群(内部障害等)			視覚障害・聴覚障害		
障害者用トイレと排泄に関わる介護用品等の確保	46件	40.35%	一般の避難者と区別された空間の確保	24件	28.57%	過敏性に対応できる静かな環境の確保	13件	31.71%	視覚的に情報を入手するための手段	10件	18.18%
医療面のケアをするための設備等の確保	32件	28.07%	身体面・医療面のケアをするための設備等の確保	6件	7.14%	心疾患や医療的ケアへの対応に必要な医療者や機器等の確保	3件	7.32%	補聴機器の管理に関する設備	7件	12.73%
一般の避難者と区別された空間の確保	29件	25.44%	生活介助で使用する物等	4件	4.76%				音響面に配慮した設備	3件	5.45%
身体面のケアをするための設備等の確保	24件	21.05%	施設・設備の改善では避難できない	2件	2.38%						
体温調節のための空調設備等の確保	9件	7.89%									

Table 3-2　障害別の「避難所の運営者や周囲の人に求める配慮・支援」の傾向

肢体不自由			知的障害			22q11.2欠失症候群(内部障害等)			視覚障害・聴覚障害		
困難な状況を理解し，寛容に受け止めてほしい	34件	29.82%	困難な状況を理解し，寛容に受け止めてほしい	24件	28.57%	声かけをしてほしい	10件	24.39%	視覚情報を活用した情報保障	16件	29.09%
個室や仕切り等の確保	21件	18.42%	知的障害・発達障害の特性に応じた対応をしてほしい	11件	13.10%	困難な状況を理解し，寛容に受け止めてほしい	5件	12.20%	情報入手の困難への理解と支援	5件	9.09%
困難を感じている場面や生活面の介助をしている場面で補助してほしい	21件	18.42%	困難を感じている場面で声かけをしてほしい	7件	8.33%	医療面・生活面での介助を手伝ってほしい	4件	9.76%	個別の声かけ	5件	9.09%
障害特性に応じた対応をしてほしい	13件	11.40%	生活面の介助をしている場面で補助してほしい	4件	4.76%	見守る人がほしい	2件	4.88%	聴覚面の配慮	3件	5.45%

に示した概念を整理すると前ページの表のようになった（Table 3-1, Table 3-2）。

　これらの結果からわかることは，避難所に必要な施設・設備や配慮・支援のうち上位に位置する事柄は，障害種ごとに異なっているということである。しかし，下位項目まで含めてみていくと，「仕切り」や「一般避難者と区別された空間」が必要という回答や，「個別に声かけをする」など，いくつか共通した項目があることがわかった。一方で，知的障害児に関しては，「施設・設備の改善では避難できない」という回答や，22q11.2欠失症候群のある内部障害に関しては，「見守る人がほしい」など，ハード面のみならず，ソフト面での対応が必要となることも明らかになった。

②避難所までの移動の困難とステイホーム時に必要な支援

　また，「避難所までの移動に関する困難と必要な支援・援助」と「ステイホーム中の生活上の困難と必要な支援・援助」についても，同様に自由記述分を抽出してまとめると，以下の表のようになった（Table 3-3・Table 3-4）。

　知的障害児と22q11.2欠失症候群の子どもの保護者からは，「認識面で移動できない（避難所までの行き方がわからない）」ということの前に，「不安が強くなるので支援が必要」という回答のほうが多かった。これは，肢体不自由児が身体的な理由で移動が困難になるという回答が多かったことと比較して異なる結

Table 3-3　障害別の「避難所までの移動に関する困難と必要な支援・援助」の傾向

肢体不自由			知的障害			22q11.2欠失症候群(内部障害等)			視覚障害・聴覚障害		
物理的／身体的に移動することが難しい	80件	70.18%	不安が強く移動できなくなる可能性がある	20件	23.81%	不安が強く移動できなくなる可能性がある	10件	24.39%	年齢が幼い場合の支援	6件	10.91%
不安が強く移動できなくなる可能性がある	13件	11.40%	避難所までの経路の理解や避難の必要性の判断	11件	13.10%	避難所までの経路の理解や避難の必要性の判断	9件	21.95%	聾学校への避難および不慣れな場所への対応	5件	9.09%
			物理的に移動することが難しい	4件	4.76%	物理的に移動することが難しい	5件	12.20%	避難時の情報保障	5件	9.09%
									手話による情報保障	3件	5.45%

第Ⅰ部　災害時における障害児の困難と支援ニーズ

Table 3-4　障害別の「ステイホーム中の生活上の困難と必要な支援・援助」の傾向

肢体不自由			知的障害			22q11.2欠失症候群(内部障害等)			視覚障害・聴覚障害		
子どもから目が離せないため家庭生活の支援が必要	44件	38.60%	子どもから目が離せないので家庭生活の支援が必要	10件	11.90%	一人で留守番できないので生活支援が必要	7件	17.07%	子どもが幼いので一人での留守番がまだ難しい	4件	7.27%
自宅にいても受けられる医療が必要	5件	4.39%	一人で留守番できないので支援が必要	6件	7.14%	自宅にいても受けられる医療が必要	2件	4.88%	買い物ができなくなる	2件	3.64%
不安になりやすいので精神面でのサポートが必要	4件	3.51%	自宅にいても受けられる医療が必要	4件	4.76%	不安になりやすいので精神面でのサポートが必要	2件	4.88%	補聴器の電池切れ（調達）が心配	1件	1.82%
			不安になりやすいので精神面でのサポートが必要	4件	4.76%						

果であった。

　ただし，視覚障害・聴覚障害児の家族からは，避難所への移動は他の障害と比較するとそれほど大きな困難となっていなかった。すなわち，視覚障害・聴覚障害児については年齢が低い子どもや，避難所までの経路がわからないことによる困難が中心であり，障害のない子どもがいる一般家庭においても生じる困難がより顕著になるととらえることが妥当であると考えられる。

　一方で，ステイホームを余儀なくされた場合の困難については，比較的，共通したものが挙げられた。それは，家で留守番をすることが難しい「障害児」が家庭にいる場合，買い物などのやむを得ない外出が困難になることが多かった。こうした共通した困難に対しては，宅配サービスを利用できるようにするなどの対応が有効であることも考えられる。

③学校で指導してほしい防災教育の内容と防災グッズ

　さらに，「学校で指導してほしい防災教育の内容」と「防災グッズに加えている物」について，同様に自由記述分を抽出してまとめると，次ページの表のようになった（Table 3-5・Table 3-6）。

　通常学校で行われる避難訓練のほかに，障害を問わず，「避難所での過ごし

第3章　障害児に対する総合防災対策の課題

Table 3-5　障害別の「学校で指導してほしい防災教育の内容」の傾向

肢体不自由			知的障害			22q11.2欠失症候群(内部障害等)			視覚障害・聴覚障害		
避難所での過ごし方を指導してほしい	14件	12.28%	避難所での過ごし方を指導してほしい	20件	23.81%	災害時の適切な行動を指導してほしい	10件	24.39%	災害や避難に関する一般的な内容	11件	20.00%
避難訓練をしてほしい	12件	10.53%	災害時に関する理解と思考力を育てる指導をしてほしい	12件	14.29%	災害時に関する理解と思考力を育てる指導をしてほしい	6件	14.63%	支援者とのコミュニケーションの取り方	2件	3.64%
災害の理解と思考力を育てる指導をしてほしい	9件	7.89%	学校以外の場所での避難行動を指導してほしい	4件	4.76%	心理的な安定を自分で確保できるような指導をしてほしい	3件	7.32%			
非常食の試食体験をしてほしい	6件	5.26%									

Table 3-6　障害別の「防災グッズに加えている物」の傾向

肢体不自由			知的障害			22q11.2欠失症候群(内部障害等)			視覚障害・聴覚障害		
身体面の支援に必要なもの	35件	30.70%	身体面の支援に必要なもの	14件	16.67%	心臓病などの身体面への対策グッズ	17件	41.46%	補聴機器の電池・充電機器	26件	47.27%
医療面の支援に必要なもの	24件	21.05%	気持ちの安定をはかるためのグッズ	12件	14.29%	おもちゃ等	10件	24.39%	筆談用の筆記用具	6件	10.91%
避難所で過ごすときに使うおもちゃ等	23件	20.18%	避難所で過ごすときに使うおもちゃ等	11件	13.10%	過敏性への対策グッズ	8件	19.51%	補聴機器の乾燥ケース	3件	5.45%
食事面の支援に必要なもの	19件	16.67%	過敏性やこだわりを支援するもの	2件	2.38%	精神面の安定をはかるためのグッズ	4件	9.76%			
			言語・理解を補うもの	2件	2.38%						

方」や「災害時に必要な知識や理解」に関する項目が挙げられた。これは，すでに学校等において「避難訓練」が日常的に行われているため，別の項目に対する要望が上位に位置づいた可能性もあり，決して「避難訓練」よりも大切な項目として述べられているわけではないと考えられる。

　その一方で，障害児の保護者は，単に「避難ができればよい」と考えていたわけではなく，「避難した先での過ごし方」についても指導してもらいたいと考えていたことが今回の調査から明らかになった。そのため，特別支援学校における防災対策の内容のなかに，避難所での過ごし方や災害に対する理解を深めるための指導を意図的に含める計画を立てることが必要であると考える。

　また，災害時に持ち出す防災袋のなかに加えている物については，障害種ごとに特徴がみられた。これは，避難所という広く一般の人が利用する場所で過ごさなければならないときに，一般的には用意してもらえない障害特有の支援グッズを個別に避難所に持ち込む必要があるということを意味する。

　以上のように，障害児の保護者調査から災害時に避難所を利用する際に「障害児の家族に共通して必要なもの」と「障害種ごとに配慮や支援が異なるもの」があることが明らかになった。今後，障害児とその家族が利用する避難所においては，共通して必要なものについては，可能な限り避難所に用意したり，配慮できるようにしていくことが重要であるが，障害種ごとに必要なものをどのように確保するかについても検討が必要である。たとえば，肢体不自由児の家族が必要と考えるものが肢体不自由児のための特別支援学校では多く確保することができるのならば，特別支援学校を福祉避難所に指定することが有効な対策の一つとなると考えることもできるだろう。

　ただし，本章における分析は，障害が重複しているケースのことをあまり想定せず，障害種別に整理した結果をもとに考察したものである。そのため，重複障害児の支援ニーズについては，十分な検討ができていない。この点については，次章において詳しく検討していきたいと考える。

第4章

災害時における重複障害児の困難と支援ニーズ

1. 「重複障害」に関する支援ニーズ分析の目的

　第3章で示した障害種別の結果では，災害時に避難所における支援や配慮の必要性は，肢体不自由児や知的障害児ほど多く挙げられた。これらの学校の特徴は，他の学校（団体）と比較すると，重度の障害児が多く在籍している傾向にあり，肢体不自由特別支援学校においては「重複障害」を有する子どもが多い傾向にあった。

　ただし，第3章までの結果では，単一障害の子どもと重複障害の子どもを区別して検討していない。たとえば，肢体不自由特別支援学校の調査結果では，すべての子どもが「肢体不自由」を有しているが，そのなかに「肢体不自由」単独の障害の子どももいれば，「知的障害」を併せ有する肢体不自由児もいる。同様に，聾学校における調査結果では，すべての子どもが「聴覚障害」を有していたが，それとともに他の障害（知的障害等）を併せ有している子どももいて，単一障害と重複障害の子どもの差異についてこれまでの章では十分に示すことができていなかった。

　また，調査を別の角度から分析すると，「知的障害」を有する子どもは，知的障害特別支援学校に通っているばかりでなく，肢体不自由特別支援学校にも通っていたし，聾学校や盲学校にも通っていた。こうした学校種別を超えて，同じ障害種の子どもを集めて集計すると，災害時の支援ニーズはどのような特徴がみられるのだろうか。そこで，本章では，単一障害の子どもと重複障害の子どもにおける支援ニーズの違いについて分析したいと考えた。

第Ⅰ部　災害時における障害児の困難と支援ニーズ

2. 本調査における重複障害児の特徴と重複障害率

　まず，本調査で回答した障害児は，単一障害の子どもの割合がどのくらいで，重複障害児の割合がどのくらいであったのかを分析した。その結果，知的障害特別支援学校および盲学校（視覚障害）・聾学校（聴覚障害）の子どもについては，単一障害の割合が高いが，肢体不自由特別支援学校の子どもについては，単一障害の子どもが20％にとどまっており，約80％の子どもは重複した障害であった[1]。また，22 HEART CLUBに所属する子どもについて，内部障害（心臓病・腎臓病等）にのみチェックした子どもは10％以下であり，発達障害や知的障害，肢体不自由等の重複した障害をもつ子どもが多かった（Table 4-1）[2]。

Table 4-1　災害時の支援ニーズ調査に回答した子どもの障害の特徴

	回答数	単一障害の人数	単一障害の割合（%）
知的障害	84	57	67.9
感覚障害（視覚障害・聴覚障害）	54	48	88.9
肢体不自由	114	23	20.2
内部障害（心臓病等）	41	3	7.3
合計	293	131	44.7

Table 4-2　災害時の支援ニーズ調査に回答した重複障害の状況

	人数	割合（%）
知的障害＋肢体不自由	73	24.9
知的障害＋感覚障害（視覚障害・聴覚障害）	14	4.8
知的障害＋内部障害（心臓病等）	35	11.9
発達障害＋肢体不自由	27	9.2
発達障害＋感覚障害（視覚障害・聴覚障害）	16	5.5
発達障害＋内部障害（心臓病等）	22	7.5
発達障害＋知的障害	68	23.2
肢体不自由＋感覚障害（視覚障害・聴覚障害）	12	4.1
肢体不自由＋内部障害（心臓病等）	12	4.1
内部障害（心臓病等）＋感覚障害（視覚障害・聴覚障害）	11	3.8
重複した障害のある子ども	154	52.6
3つ以上の障害が重複している子ども	50	17.1

＊3つ以上の障害が重複した子どもについてはそれぞれの項目でカウントしているため，総数は全回答数の293を超える。

第4章　災害時における重複障害児の困難と支援ニーズ

　また，どのような障害を重複しているのかについて整理したところ，前ペー
ジの Table 4-2 のようになった。
　以上のように，今回の調査対象児は，約半数の子どもが重複した障害があ
り，3つ以上の障害を重複しているケースも17％いた。また，重複障害児に関
しては，「知的障害」のある子どもが割合として高く，感覚障害を重複してい
るケースが少ない集団であった。

3. 災害時の重複障害児の支援ニーズに関する傾向分析

　それでは，重複障害児（2つ以上の障害にチェックが入った子ども）と単一障害
（一つの障害にだけチェックが入った子ども）の間で，災害時の支援ニーズがどの
ように異なるのかを集計したところ，以下のようになった（Table 4-3・Table
4-4）[3]。
　本調査の結果，重複した障害のある子どもほど，避難生活において周囲の人
からの配慮や支援を必要としている場合が多く，また，避難所において特別な
施設・設備を必要としている子どもも重複障害児のほうが多かった。
　ただし，肢体不自由について細かくみてみると，単一障害であっても肢体不
自由児について79.6％のケースが「避難所に特別な施設・設備が必要」と回答

Table 4-3　重複障害児と単一障害児の避難所生活における困難の差

問6　避難所の運営者や一緒に避難している周囲の人からの配慮や支援は必要ですか？		
	重複障害（％）	単一障害（％）
必要である	79.2	63.3
特に必要ない	20.8	36.7

Table 4-4　重複障害児と単一障害児の避難所における特別な施設・設備の必要性の差

問4　避難所に特別な施設・設備は必要ですか？		
	重複障害（％）	単一障害（％）
必要である	68.8	45.3
特に必要ない	31.2	54.0
無回答	0.0	0.7

第Ⅰ部　災害時における障害児の困難と支援ニーズ

していて，これは，重複障害児全体の回答結果（68.8％）よりも多かった。また，発達障害についても，84.4％のケースが「避難所で過ごすことに困難がある」と回答していて，やはり重複障害の回答結果（79.2％）よりも多かった。

　このように，重複障害があると，避難所生活における困難や避難所に必要な施設・設備の必要性は高くなるが，それは「重複障害」が「肢体不自由」や「発達障害」を含むことが多いことに起因している可能性がある。そのため，避難所生活における困難や避難所に必要な施設・設備の必要性は，支援ニーズが高まる特定の障害があるということを想定しながら，複数の障害を重複している場合には，困難が顕著に高まる可能性があるということが本調査から示唆された。

　一方で，重複障害と単一障害の間に大きな差がみられなかった調査項目もあった。たとえば，災害時における安全確保に関する困難や，自宅等で避難生活を送る場合では，重複障害のほうが若干，困難が大きかったが，その一方で，半数以上のケースが「家族が一緒であれば困難はない」と回答された（Table 4-5・Table 4-6）。これは，重複した障害があると，避難所といった日常と異なる場所で，他人と共同生活をしようとすると困難が大きくなるが，家族の単位で安全を確保し，生活することができる場合には，単一障害と比べて大

Table 4-5　災害時の安全確保に関する困難

問8　災害時，自宅や避難所まで移動し，安全を確保するまでに困難はありますか？	重複障害（％）	単一障害（％）
家族が一緒にいても困難がある	46.8	15.8
家族が一緒であれば困難はない	50.6	74.8
一人で移動することができる	2.6	9.4

Table 4-6　自宅において避難生活が求められる場合の困難

問10　ステイホームが求められる場合に，日常生活を継続することに困難がありますか？	重複障害（％）	単一障害（％）
家族が一緒にいても困難がある	23.4	7.9
家族が一緒であれば困難はない	55.2	61.2
一人で過ごすことができる	21.4	30.9

第4章　災害時における重複障害児の困難と支援ニーズ

Table 4-7　防災教育のなかで指導しておいてほしい内容

問12　避難行動や避難所で過ごすにあたって，学校で指導しておいてほしい内容はありますか？		
	重複障害（％）	単一障害（％）
ある	48.1	34.5
特にない	51.3	65.5
無回答	0.6	0.0

Table 4-8　防災グッズに加えておく物

問14　避難する際に持参している物や一般的な防災グッズに入れておいたほうが良い物はありますか？		
	重複障害（％）	単一障害（％）
ある	76.6	51.8
特にない	23.4	48.2

きな差が生じることはないという結果であると考えた。

　この点については，防災教育のなかで指導しておいてほしい内容や，防災グッズに加えておく物に関する調査項目においても同様であった（Table 4-7・Table 4-8）。すなわち，どちらの項目についても，重複障害児のほうが，若干，多く「ある」という回答であったが，特に重複障害だからといって顕著に指導してほしいことが多くなるわけではなかった。むしろ，単一障害の障害児のほうが，避難所等で「一人で過ごすことができる」子どもが多いことから，避難所での過ごし方などを防災教育で指導しておいてほしいと考える保護者もいると推察される結果となった。また，防災グッズのなかに「○○があれば一人で過ごせる（時間を持て余すことがなくなる）」という物もあることが考えられる。このように考えると，防災教育や防災グッズという点でみると，必ずしも重複障害があるから特別な内容（物）が必要であるというわけではないということが本調査から示唆された。

　以上のように，重複障害児とその家族が災害時に支援ニーズが高まるのは，「避難所」等において家族以外の人と共同で生活する場面であった。これは，自宅であれば家族だけで障害のある子どもをケアすることができるように設備等を整えているが，日常的に過ごしている場所と異なるところで生活しようとすると，重複障害児は困難がより増大することによると考えた。

131

第Ⅰ部　災害時における障害児の困難と支援ニーズ

4. 重複障害児の困難と支援ニーズ

　ここまで示してきた結果を総合すると，障害児の災害時における困難や支援ニーズは，単に障害が重複しているというだけの理由で深刻化するわけではなかった。これは，障害特性によっては，単一障害であっても災害時に必要な「施設・設備」や「配慮・支援」はあるということを意味している。

　その一例を示すと，避難所を利用する際に，一緒に避難している周囲の人から「配慮・支援」を必要とするかどうかを尋ねた項目では，重複障害と単一障害の間に大きな差が認められず，どちらも高い割合で「必要である」と回答された（Table 4-9）。

　この項目についてさらに詳細に分析して，「必要」と回答した人がどのような障害児の保護者であったのかを検討した。具体的には，「知的障害」があるとチェックが入った障害児と「肢体不自由」があるとチェックが入った障害児では，知的障害児のほうが避難所における一般避難者からの「配慮・支援」を必要としていた。

　これは，重複障害率が低かった知的障害児のほうが，肢体不自由児よりも「一般避難者からの配慮や支援が必要である」と回答しているということである。言い換えると，重度・重複障害を有することが多い肢体不自由児よりも知的障害児の保護者のほうが一般避難者からの配慮や支援を求めていたことを意味している。

　一方で，「避難所に特別な施設・設備が必要であるか」と尋ねた項目と比較してみたところ，次ページのFig. 4-1のようになった。

　このように，肢体不自由児の保護者は「避難所に特別な施設・設備が必要」

Table 4-9　重複障害児と単一障害児の避難所における配慮・支援の必要性の差

問6　避難所の運営者や一緒に避難している周囲の人からの配慮や支援は必要ですか？		
	重複障害（％）	単一障害（％）
必要である	79.2	63.3
特に必要ない	20.8	36.7

第4章 災害時における重複障害児の困難と支援ニーズ

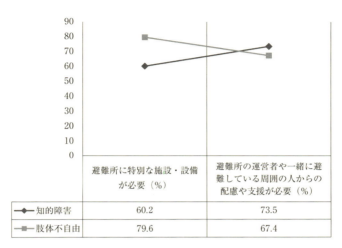

Fig. 4-1 知的障害児と肢体不自由児の支援ニーズの違い

であると回答した割合が知的障害児よりも高かったが，「一般避難者からの配慮や支援」の必要性という点では，両者が逆転していることが明らかになった。こうした結果が生じた背景には，知的障害児のなかには，状況理解が難しく，避難所で気持ちが不安定になり，周囲に迷惑をかけてしまうことを心配している保護者が多くいることが影響しているのではないかと考える。

この点をふまえると，知的障害のない「発達障害児」についても同様に，避難所における「特別な施設・設備」はあまり必要ないが，一般避難者からの「配慮・支援」が必要なケースが多いという結果となるはずである。ただし，今回の調査では，「発達障害」があるとチェックが入った障害児を集計したところ，「特別な施設・設備が必要」と回答したケースが87.0％，「避難所において一般避難者からの配慮や支援が必要」と回答したケースが89.5％となっており，どちらも必要性が高いという結果となった。

これは，今回の調査では「発達障害児」の親の会等に調査を実施しているわけではなく，「発達障害」のみにチェックが入った障害児が8名（全体の2.7％）しかいなかったことが背景にあると考えられる。すなわち，今回の調査にお

いて，「発達障害」の項目にチェックが入っているケースは，「22 HEART CLUB」の親の会に所属する子どもたちが多く，この子どもたちは，心臓病を有する疾患であるので，発達障害に起因する「一般避難者からの配慮や支援」を受けたいと考える一方で，心臓病などの身体的な困難への対応として「特別な施設・設備」が必要であると回答したことから，どちらの項目も高い割合となったのだと考えられる。

　そのため，発達障害特有の困難や支援ニーズがあるのかという点については，今回の調査では十分に明らかにすることはできておらず，今後の課題である。ただし，「発達障害」にチェックが入った障害児は，高い割合で「一般避難者からの配慮・支援が必要」であると回答していることは事実である。知的障害児の結果と同様に考えると，知的障害や発達障害といった認知面で支援が必要なケースでは，災害時の混乱した状況が理解できず，情緒が不安定になることが想定され，周囲にいる一般避難者に気を使って避難生活を送らなければならないことが多くなるということが本調査から示唆された。

　以上の調査結果より，障害児が災害時に直面する困難は，重複障害児のほうが特別な施設・設備や配慮・支援を必要としていたということが明らかになった。すなわち，災害時において障害児が安心して避難生活を送ることができるようになるためには，障害による困難が重度・重複化した場合，避難所等の機能をより高めていくことが求められるということである。もちろん，このなかには，周囲の人の理解を促進し，一般避難者が障害児を心理的に受け入れ，場合によっては支援者となることも期待されていて，多角的な支援を提供できるようにすることが含まれていた。

　このほか，障害児の保護者のなかには防災教育の必要性を訴えたり避難所に持ち込む防災グッズ等においても要望や工夫があることがうかがえた。本章においては，上記の知見を数量的に処理した結果を示したため，傾向を分析することにとどまっている。今後，家族構成や障害の程度など，本人や家庭の状況と災害の程度や種類などを総合的に分析するために，詳細なケース検討を実施するなど，質的な研究を重ねていくことが必要であると考えた。

第4章　災害時における重複障害児の困難と支援ニーズ

［注］

1）2021年度に出された文部科学省『特別支援教育資料』（第1部データ編）によると，肢体不自由特別支援学校における重複障害児の在籍率が85.3％であることが示されており，今回の調査結果はおおむね現在の特別支援学校の在籍児の特徴を反映したものであると考えられる。一方で，同資料の知的障害特別支援学校における重複障害児の在籍率が16.0％であることを考えると，今回の知的障害特別支援学校の調査結果は，重複した障害をもつ子どもの保護者が比較的，多く回答した結果であることがわかる（文部科学省, 2021）。

2）22 HEART CLUBに所属する子どもは，22q11.2欠失症候群の子どもであり，もともとこの症候群は複数の困難を併せ有する疾患であることがわかっている。そのため，今回の調査結果は，心臓病や腎臓病といった内部障害の困難や支援ニーズを把握できる結果としてとらえるのではなく，心臓病を中核疾患とする内部障害に加えて知的障害や発達障害を併せ有する子どもであり，重複した障害による困難のある子どもに関するものであるととらえることが適当であると考える。

3）調査結果を分析する過程では，「3つ以上の障害を重複しているケース」についても集計し，傾向を分析した。その結果，「3つ以上の障害を重複しているケース」は本論において示した「重複障害（2つ以上の障害を重複したケース）」と大差なかった。この結果から，重複した障害がある場合には災害時の支援ニーズが高まるが，それは障害の数に比例するというものではないということも本調査から示唆された。

［文献］

・文部科学省．2021.「特別支援教育資料（令和2年度）」.

第Ⅱ部

特別支援学校における
防災対策と防災教育の内容・方法

第5章

特別支援学校における防災対策と防災教育の実態

1. はじめに

　第Ⅰ部では，災害時に障害児が直面する困難と，必要な支援を明らかにした。その結果，単に障害児とその家族が安心して過ごせる避難スペースがほしいという要望だけでなく，障害特性に応じて多様な支援物資が必要であるということも明らかになった。また，避難所において，周囲の理解を求めていることはさまざまな障害種の保護者からの声でわかったが，それだけでなく，避難所といった日常と異なる場所でも過ごすことができるように防災教育の充実を求める声も挙がっていた。

　以上のような保護者調査の結果，障害児が通う特別支援学校の防災機能のなかに必要な支援物資が備わっているのかという点と，日常的に行われている特別支援学校の防災教育が避難所での生活をも含めたものになっているのかという点を検証することが必要である。

　近年の特別支援学校における防災教育に関する先行研究では，単なる避難行動を学習するだけでなく，「考えて避難する」ことをねらった授業が展開されていたり，発災後の避難所生活を想定した学習が行われていることが紹介されている（山田ほか，2019; 村上，2022など）。このように，特別支援学校が実践的な防災対策を進めていくためには，防災設備を整えることだけでなく，障害特性をふまえた学習指導も重要である。

　その一方で，特別支援学校を一つの社会資源としてとらえ，地域の防災拠点としての機能を果たしながらも，そこに通う障害児の生命と安全を守るため

第5章　特別支援学校における防災対策と防災教育の実態

に，専門的な知見を生かした防災教育が連動して展開していくことが重要であると考える。しかし，これまでの先行研究では，特別支援学校における防災対策と防災教育を連動させて検討しているものはない。そのため，実際に災害が発生したときに，特別支援学校に備わっている防災備品や避難スペースを考慮して防災教育が実施されているのかという点に関しては十分な検討ができていない。特に，本書の第Ⅰ部において示された「保護者が必要とする防災備品等が特別支援学校にどのくらい備わっているのか」という点や「地震以外の多様な災害を含めた防災教育の内容がどのくらい実施されているのか」という点について，特別支援学校を対象とした詳細な調査は行われてこなかった。そこで，上記の点を明らかにすることを目的として，特別支援学校の防災機能と防災教育に関するアンケート調査を実施した。

2．調査方法

1）調査対象と調査の方法

　本調査では，筆者らが関係している特別支援学校（11校）にアンケート調査を依頼した[1]。調査は2022年7月～11月にかけて実施し，Formsで回答できるようにした質問紙を送付し，オンラインで回答を送信してもらった（回収率100％）。

2）調査内容と分析方法

　本調査で質問した内容は以下の通りである（Table 5-1：調査項目の詳細は第5章末に資料として掲載した）。

Table 5-1　主な調査内容

○特別支援学校で災害のためにどのくらいの物資を備蓄しているか。
○特別支援学校が在籍児童生徒や地域住民のための避難所として機能できるか（そのために自治体と連携した取り組みが行われているか）。
○特別支援学校では在籍児童生徒に対する防災教育がどのように実施されているか。

139

第Ⅱ部　特別支援学校における防災対策と防災教育の内容・方法

　なお，本調査は，選択肢を設けて回答する部分と自由記述で回答する部分を
組み合わせた質問紙となっている。そのため，調査結果を分析する場合にも，
選択肢部分については数量的に集計し，表・グラフとして示すとともに，自由
記述については少数意見でも積極的に取り上げ，特別支援学校の防災機能と防
災教育の現状および課題が明らかになるようにした。

3）倫理的配慮

　本調査では特別支援学校の学校長に研究内容を説明し，調査の意義を理解し
てもらったうえで，アンケート調査を依頼し，承諾を得た。調査を依頼するに
あたり，以下の点を伝えて，倫理的な配慮を行った（Table 5-2）。

Table 5-2　学校長に許諾を得る際に伝えた点

○この調査で得られた結果は，学術研究の目的のみに使用すること。
○この調査は特別支援学校における備蓄品や防災教育の実態を調査するものであるが，個別の事例を取り上げることはなく，児童生徒のプライバシーを侵害することはないこと。
○この調査では，A校・B校というかたちで表記することを約束し，どこの学校の回答であるかを特定することができないようにすること。都道府県についても，具体的に表記しないかたちで調査結果を公表すること。
○この質問紙調査は，回答送信後にその回答を撤回することはできないこと。また，調査の回答および提出をもって本研究への協力について同意したとみなすこと。

＊なお，回答送信後に問い合わせや回答の修正には応じることを伝えて調査に協力してもらった。実
　際には，回答送信前に何校かから回答方法について問い合わせがあり，筆者らで応じたが，回答送
　信後に回答内容を修正した学校はなかった。

3．結果

1）調査対象校（11校）の障害種別

　まず，調査の最初に特別支援学校の障害種別について質問したところ，次
ページのような回答を得た（Table 5-3）。
　調査対象校は3つの県に広げ，ある特定の地域に存在する特有の事情が大き
く関係しないように配慮した。そして，すべての障害種別の特別支援学校（知
的障害と肢体不自由の併置校を含む）から回答が得られるようにして，特別支援

第 5 章 特別支援学校における防災対策と防災教育の実態

Table 5-3 回答校の障害種別

視覚障害特別支援学校	1校
聴覚障害特別支援学校	2校
知的障害特別支援学校	5校
肢体不自由特別支援学校	1校
病弱特別支援学校	1校
知的障害部門と肢体不自由部門が併置された特別支援学校	1校

＊全11校から回答が得られた。

Table 5-4 在籍している児童生徒の障害

視覚障害児がいる特別支援学校	3校
聴覚障害児がいる特別支援学校	6校
知的障害児がいる特別支援学校	10校
肢体不自由児がいる特別支援学校	6校
病弱児がいる特別支援学校	3校

＊全11校から回答が得られた（複数回答可）。

学校全体の現状と課題を把握できるように配慮した（その際，知的障害特別支援学校の割合も他の障害種別の学校よりも多くし，数量的にもバランスがとれるようにした）。

　また，上記の特別支援学校にどのような障害児が実際に通っているのかという点について尋ねたところ，上のような回答を得た（Table 5-4）。これにより，各特別支援学校で多様な障害児を受け入れていることがわかった。特に，知的障害児についてはほぼすべての学校に在籍していて，肢体不自由児については半数の学校に在籍していた。

　なお，特別支援学校の備蓄品を調査するにあたり，その学校に何人の子どもが通っているのかという点はとても重要な要素となる。なぜなら，子どもが学習している時間帯に災害が発生した場合には，在籍児の避難を確保しながら，地域の避難者を受け入れることが求められるからである。そのため，本調査で依頼した調査対象校の学校規模についても，小規模校（在籍児50人以下）・中規模校（在籍児51人以上200人以下）・大規模校（在籍児201人以上）が同じくらいの学校数となるようにした（Fig. 5-1）。

　具体的には，盲学校や聾学校，病弱特別支援学校に関しては，50人以下の小規模特別支援学校であったが，知的障害児や肢体不自由児のための特別支援学校は，50人以上の特別支援学校であることが多かった。また，本調査で最大規模の学校は440人の在籍児がいて，この学校は知的障害児と肢体不自由児を受け入れている併置校であった。

141

第Ⅱ部　特別支援学校における防災対策と防災教育の内容・方法

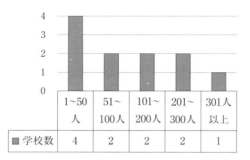

Fig. 5-1　調査対象の特別支援学校の在籍児童生徒数

2）特別支援学校で備蓄している水と食料

　最初に，上記の特別支援学校が災害時に利用できる物資をどのくらい備蓄しているのかについて調査した。まず，「児童生徒が学校に避難することになったとき，水の備蓄はどのくらいありますか？」と尋ねたところ，多くの特別支援学校が在籍児と教職員が3日間過ごすことができる程度の水（ペットボトル）を確保していることが明らかになった（Table 5-5）。

　また，学校で備蓄している食料について尋ねたところ，次ページのような回答を得た（Table 5-6）。

Table 5-5　学校で備蓄している水の量

学校	学校規模	備蓄している水の量
A	51～100人	在籍児と職員1人当たり1日水3ℓで3日分。
B	201～300人	500mℓ×4632本（全児童生徒・教職員3日分）。
C	1～50人	3日間帰宅できない状況を想定／適正備蓄量が432ℓに対して備蓄量が686ℓ。
D	101～200人	500mℓ×24本入り×13箱，2ℓ×6本入り×4箱。このほかに子どもの防災リュックに500mℓの飲料水各1本。
E	1～50人	500mℓ×24本×20箱。
F	201～300人	在籍児が2日間生活できる量を確保している。
G	51～100人	360本。
H	301人以上	500mℓ×24本入り×30箱（計720本）を備蓄している。
I	1～50人	在籍児数×500mℓペットボトル16本。
J	101～200人	在籍児の防災リュックのなかにペットボトル500mℓ×2本。
K	1～50人	在籍児3日間分（1人当たり9.5ℓ）。

第5章　特別支援学校における防災対策と防災教育の実態

Table 5-6　学校で備蓄している食料

学校	学校規模	備蓄している食料の内容と量
A	51～100人	アルファ米410食，缶パン320缶。
B	201～300人	乾パン240缶，ビスケット980缶，アルファ米（わかめごはん）2054袋，おかゆ（ミキサー食対応）50袋。
C	1～50人	（公開防災訓練時に50食分使用したため）適正備蓄量432食のところ，400食。
D	101～200人	携帯用ごはん50袋入り6箱，携帯用ごはん60袋入り1箱，乾パン60食入り2箱，このほか，各児童生徒の防災リュックに非常食1食ずつ入っている。
E	1～50人	栄養羊羹60g×100本×5箱，白がゆ200g×40袋×5箱。
F	201～300人	2日間生活できる分の食料。
G	51～100人	カンパン（288缶），白がゆ（200食），ヒートレスカレー（200食），ヒートレスシチュー（90食），サバイバルパン3個入り（144箱）。
H	301人以上	白米50食，わかめご飯100食，五目御飯100食，ドライカレー100食，ビスケット120食，ビーフカレー48食。
I	1～50人	在籍児の人数×3日（9食）分，内容はご飯，おにぎり，ビスケット，パン，クッキー等。
J	101～200人	非常用カレーライスを児童生徒の人数の2食分。
K	1～50人	カロリーメイト，カンパン，アルファ米含め，1人当たり5日分，このほか在籍児の家庭から持参してもらっている非常食。

このように，多くの特別支援学校が「在籍児や教職員の人数×2～3日分の食料」を備蓄していたことが明らかになった。非常食であるので，乾パンやアルファ米などの非常食用のご飯を備蓄している学校が多かったが，カレーやカロリーメイトなどを備蓄している学校があったり，ミキサー食に対応できるお粥を備蓄している学校もあった。

3）災害時に利用するための障害児支援に必要な物資の備蓄

特別支援学校には多様な障害児が在籍しているため，災害時に障害者支援に必要な物資を備蓄する必要がある。そこで，災害時に利用するために，どのような障害者支援に必要な物資を備蓄しているのか調査した。本調査では，保護者を対象にした災害時の支援ニーズのなかで挙げられた「避難所に必要な物資」をリスト化し，その物資を特別支援学校が備蓄しているのかどうかを尋ねた。その結果，次ページのような回答を得た（Table 5-7）。

このように，80％以上の特別支援学校が備蓄している物資は，「消毒液や

143

第Ⅱ部　特別支援学校における防災対策と防災教育の内容・方法

Table 5-7　障害者支援に必要な物資がある特別支援学校数

		備蓄している学校数	割合
排泄関係	災害時に利用できる洋式トイレ	6校	55%
	介助者が入れる災害用トイレ	4校	36%
	ストーマ	0校	0%
	おむつ	3校	27%
	おむつ交換ベッド	2校	18%
食事関係	普通食を刻むためのハサミやブレンダー	5校	45%
避難所環境・設備	間仕切りとなるテントやパーテーション	4校	36%
	避難所用の消毒液・ウェットティッシュ	10校	91%
	車いす	7校	64%
	停電時にも使える石油ストーブ	5校	45%
	停電時にも使える簡易冷房機（扇風機も含む）	1校	9%
	非常用ブランケット	9校	82%
	おんぶひも（背負って移動する際に使用）	3校	27%
感覚障害者支援グッズ	補聴器や人工内耳用の電池	2校	18%
	筆談用のホワイトボード	5校	45%
	避難所に設置する連絡用の電子掲示板	1校	9%
	音声時計	0校	0%
	避難者が使用できる白杖	1校	9%
	拡大鏡またはルーペ	0校	0%
医療的ケア関係	パルスオキシメーター	10校	91%
	医療機器充電用のコンセント	1校	9%
	発電機（あるいは蓄電池）	10校	91%
	ラコール®などの経腸栄養剤	0校	0%
	アンビューバッグ	2校	18%
	経腸栄養ボトル	0校	0%
	シリンジ	1校	9%
	アルコール綿（吸引カテーテルの消毒用）	5校	45%
その他	災害時に利用できるWiFi設備	0校	0%

＊全11校から回答が得られた。
＊備蓄している学校数が1校または0校の項目を網掛けにして示した。

ウェットティッシュ」「ブランケット」「パルスオキシメーター」「発電機」などであったが，これ以外の物資については備蓄している学校とそうでない学校がまちまちであった。また，感覚障害児に必要な支援物資や，医療的ケアに関する物資については，備蓄していない学校も多かった。

第5章　特別支援学校における防災対策と防災教育の実態

　ここで調査した項目は，第2章で示した障害児の保護者に対する支援ニーズ調査のなかで，保護者が避難所に必要と考えていた物資である。特別支援学校の防災機能として，在籍している子どもに対して必要な物資の備蓄ということであれば，必ずしもすべての障害に必要な物資を特別支援学校が備えていなくてもよいが，特別支援学校が地域の障害児に対する避難所として機能することが求められる場合には，上記の物資を一括して防災倉庫に備蓄することが必要となるだろう。

　また，本調査では，防災用具等について，「学校では備えていないが，『災害時に市町村や県あるいは近隣の病院・施設等から貸し出してもらえるもの』があればご記入ください」という質問項目を設定して尋ねた。その結果，「体育館が避難所になったときに使用する，区切り用テントを借りる」という回答や，「1m50cm程度の高さで個室のような空間をつくることができるパーテーション」を借りることができるという回答があった。加えて，福祉避難所を開設する場合には，市役所から「間仕切りや簡易ベッド，簡易トイレ，テント等が搬入されることになっている」など，避難所を設営する際に必要な物資は，市町村等から借用する計画となっている学校もあった。さらに，間仕切り以外でも，「おむつ，ホワイトボード，掲示板」などを借りる計画になっていたり，近隣の病院を第二避難所として利用するなど，具体的に行政機関と打ち合わせをしている学校があった。

　その他，「災害に備えて学校として意図的に備蓄している物」について記入してもらったところ，次ページのような物が挙げられた（Table 5-8）。

　これらの物資については，学校規模や障害種別にかかわらず，一般的に災害時に避難する際にあると便利な物資であると考えられる。もちろん，回答が得られなかった学校においても，これらの物品を備えているか尋ねれば，「ある」と回答する可能性もあるが，これら「避難所に必要な物」についても，リスト化し，意図的に保管しておくことが望まれる。

145

第Ⅱ部　特別支援学校における防災対策と防災教育の内容・方法

Table 5-8　特別支援学校で意図的に備蓄している物

投光器，手押しポンプ，救助工具セット，リアカー，トラロープ。
ダンボール。
（両手を使えるように）防寒のための古着。
LEDライト。
防災ヘルメット。
消費期限切れになった水は，飲料ではなく他の目的でも使用できるように備蓄している。
防災ヘルメット，防災頭巾，トイレットペーパー，ナプキン，マスク，ビニール袋，非常用トイレセット，ランタン。
手回し発電LEDライトラジオ付き2台，拡声器1台，折りたたみ担架2機，全身清拭濡れタオル70枚×2セット，マスク，ビニール手袋，ポリ袋，乾電池。

＊11校中8校から回答が得られた。各校の回答を一つの枠に示した。

4）特別支援学校が指定避難所となるための計画

　本調査では，在籍児の避難計画だけでなく，災害時に地域住民の避難所となっているのかどうかについても尋ねた。その結果，「一般避難所として指定されている」特別支援学校が4校，「福祉避難所として指定されている」特別支援学校が5校，「避難所として指定されていない」特別支援学校が2校であった。なお，「（一般／福祉）避難所として指定されている」と回答した特別支援学校（9校）は，すべて市町村や県と学校の間で「避難所設置に係る協定書（またはそれに準ずるもの）」が締結されていた。

　一方で，「学校が避難所となることを想定した避難所設置の『マニュアル』はありますか？」と尋ねたところ，「学校でマニュアルを作成している」と回答した特別支援学校が5校，「行政がマニュアルを作成している」と回答した特別支援学校が3校であった。なお，「学校のマニュアル」と「行政のマニュアル」の両方「ある」と回答した特別支援学校が1校あり，「マニュアルはない」と回答した特別支援学校は3校であった。

　それでは，実際に災害が発生したときに，特別支援学校は避難所としてどのくらい機能するのかという点について検討してみたい。

　本調査では，調査対象となった特別支援学校に対して，「災害が発生したときに地域の人や在校児童生徒が学校に何日か避難生活をすることは可能ですか？」と尋ねた。その結果，「在籍する児童生徒だけであれば学校で何日か受

146

け入れることはできる」と回答した特別支援学校が7校であったのに対し，「在校児童生徒だけでなく，地域の人も受け入れることができる」と回答した特別支援学校は2校にとどまった。また，在籍児と地域の人のどちらについても「本校での避難生活は難しい」と回答した特別支援学校が2校あった。

このなかで，「避難者を受け入れることが難しい」と回答した特別支援学校にその理由を尋ねたところ，「災害にもよるが，この学校は土砂災害危険区域」となっているため，「山沿いで川を隔てているので孤立の心配がある」という回答があった。また，「本校は規模が小さく，場所が狭い」ため，避難するスペースがないことが理由であると回答した特別支援学校もあった。このように，特別支援学校の立地条件や，校舎の床面積などが影響して，避難者を受け入れられない特別支援学校もあった[2]。

また，「避難者（在校児童生徒または地域の人）を受け入れるときの条件」について尋ねたところ，「100名を3日間受け入れることができる」「体育館のみでの避難では，50人くらいまで対応できる」「50人程度であれば，コロナ対策も踏まえて受け入れることができる」「第1次開放最大収容人数194人，第2次開放収容人数117人」というように，具体的に受け入れ可能人数を想定している特別支援学校が4校あった。また，「教室まで使用すれば，もっと入ることができるが，支援者の人数不足が予想される」というように，スペースは確保できても，運営スタッフが確保できない可能性があることで避難者の受け入れを制限せざるを得ない状況が生じることも指摘された。その他，「帰宅困難者」や「近隣に在住している視覚障害者」というように，ある程度限定された人であれば受け入れられるという回答もあった。

以上のように，本調査で回答した特別支援学校の多くが，避難所となるように行政機関と協定書を結ぶとともに，避難所設置のマニュアルを作成していた。ただし，地域に住んでいる障害者等を無条件で受け入れられると考えていたわけではなく，避難所に受け入れられる人数や避難所を運営するスタッフの数などを想定しながら，地域全体で避難計画を立てていくことが必要であることが示唆された。

第Ⅱ部　特別支援学校における防災対策と防災教育の内容・方法

5）特別支援学校が地域の避難者を受け入れる方法

　続けて，特別支援学校が避難所となり，地域住民を受け入れる方法について調査した。まず，「地域の避難者を受け入れる場合，学校のどのスペースを避難者が使えるようにする予定ですか？」と尋ね，一般の避難者に避難所として提供できる場所をチェックしてもらったところ，以下のような回答を得た（Table 5-9）。

　また，地域住民を避難者として受け入れた場合の食料やトイレの利用等について調査した。具体的には，「災害時に地域の避難者を学校で受け入れた場合，避難生活中の食事の提供をどのように行いますか？」という質問に対して，以下のような回答を得た（Table 5-10）。

　さらに，「災害時に停電・断水の状態で避難者を受け入れた場合，トイレをどのように利用できるようにする予定ですか？」と尋ねたところ，「ポータブルトイレを備えている」と回答した特別支援学校が6校，「市町村等が仮設トイレを設置する」と回答した特別支援学校が6校であった（複数回答可の設問のため，どちらも備えている学校があった）。このように，回答した特別支援学校は，地域から避難者を受け入れるにあたって校内のどのスペースを利用できるかということに加え，食事の提供やトイレの利用等について具体的に検討していた

Table 5-9　特別支援学校で地域住民を受け入れることが可能なスペース

児童生徒の教室	6校（55%）
体育館	9校（82%）
プレイルーム（多目的室）	6校（55%）
生活訓練室	4校（36%）
特別教室（音楽室や家庭科室等）	3校（27%）

＊全11校から回答が得られた（複数回答可）。

Table 5-10　地域住民の避難生活中の食事の提供方法

市町村から食料配給がある	7校（64%）
学校の食料備蓄を切り崩して提供する	5校（45%）
学校の余っている食材を使って炊き出しをする	2校（18%）
地域の人からの食材の提供	0校　（0%）

＊全11校から回答が得られた（複数回答可）。

ことが明らかになった。

6）特別支援学校が実施している防災訓練の内容と方法

　続いて，実際に学校で避難所を設置する訓練を行ったことがあるかどうかについて尋ねた。その結果，「毎年行っている」と回答した特別支援学校はなかったが，「毎年ではないが過去に行ったことがある」と回答した特別支援学校は5校であった。また，「行ったことがある」と回答した特別支援学校に，どのような避難所設置の防災訓練を実施したか尋ねたところ，「体育館にテントを設置し，どのくらいの人数が入れるのか試した」「簡易トイレの設置や段ボール仕切りの設置を行った」「体育館に避難者を受け入れたり，物資を搬入したりするシミュレーションを行った」「学校の管理職と市や地域の担当者による打ち合わせを行った」という回答が得られた。

　さらに，「地域の人と合同で防災訓練を実施していますか？」と尋ねたところ，以下のような回答を得た（Table 5-11）。

　このうち，「実施したことがある」と回答した特別支援学校に対して，「どのような人を呼んで合同訓練を実施しましたか？」と尋ねたところ，以下のような回答を得た（Table 5-12）。

Table 5-11　合同防災訓練を実施したことがある特別支援学校

毎年実施している	1校　（9%）
定例化していないが実施したことがある	3校　（27%）
実施したことはない	7校　（64%）

＊全11校から回答が得られた。

Table 5-12　特別支援学校が実施した合同防災訓練で呼んだ人

市町村の防災担当職員	2校
地域の消防署・消防団	4校
近隣住民	2校
地域の自治会長等	3校
地域の小・中学校の職員（管理職等）	0校
自校のPTA役員	2校

＊11校中4校から回答が得られた（複数回答可）。

第Ⅱ部　特別支援学校における防災対策と防災教育の内容・方法

Table 5-13　実施した合同防災訓練の内容（自由記述）

| 地域の消防署の方に避難訓練を見てもらったり，消火訓練（消火器の使い方）を行った。 |
| 地震による火災発生時の避難訓練，救助袋降下訓練，生活水の運搬訓練，非常食の試食，水消火器訓練，起震車体験。 |
| 防災連絡会議，児童生徒が避難訓練を行っている様子の参観。 |
| 消防署から起震車が来校して体験した。係が休日に地域の防災訓練に参加した。近隣の特別支援学校と連携して，不審者及び引き渡し訓練の合同訓練を実施した。引き渡しの際の車両の進行方向を学校地域で共通理解し，接触事故の無いように実施した。 |

＊11校中4校から回答が得られた。各校の回答を一つの枠に示した。

　さらに，「実施している」「実施したことがある」の場合，どのような合同訓練を実施していますか？」という質問を設けて，合同防災訓練の内容について具体的に尋ねた。その結果，上のような回答を得た（Table 5-13）。

　以上のように，避難所設置の防災訓練については半数近くの特別支援学校が実施していたが，地域との合同防災訓練については「実施したことがない」と回答した特別支援学校が多かった。また，合同防災訓練を実施したことがある特別支援学校においても，地域住民が実際に参加して行われたものは少なく，消防署と連携した取り組みを実施していることが多かった。

7）特別支援学校に在籍している子どもに対する防災教育の内容と方法

　それでは，特別支援学校に在籍している子どもに対して，どのような防災訓練・防災教育を実施しているのかという点についてみていきたい。

　まず，本調査では，「特別支援学校で年間を通して行っている防災訓練はどのような災害を想定していますか？」と尋ね，特別支援学校が計画している年間の防災訓練のなかで想定している災害にチェックを入れてもらった。その結果，次ページのような回答を得た（Table 5-14）。

　このように，「地震」「火事」「不審者対応」については，すべての特別支援学校で実施していたが，その他の災害については，すべての学校で行われているわけではなかった。ただし，「原子力災害」は，原子力発電所がある地域であるかどうか，また，「洪水」は近隣に川があるかどうかなど，学校の立地条件に応じて防災訓練の必要度は変わるため，他の災害が「少ない」と評価でき

150

第 5 章　特別支援学校における防災対策と防災教育の実態

Table 5-14　特別支援学校で年間を通して実施している防災訓練の内容

地震	11校
火事	11校
洪水	1校
竜巻	6校
火山の噴火	0校
豪雪による雪害	0校
原子力災害	7校
不審者対応	11校

＊全11校から回答が得られた（複数回答可）。

るかどうかは検討の余地がある。

　一方で，特別支援学校において「防災訓練とは別に，防災教育を実施していますか？」と尋ねたところ，以下のような回答を得た（Table 5-15）。

　続いて，防災教育を実施している場合，「どの教科・領域で実施していますか（しましたか）？」と尋ねたところ，以下のような回答を得た（Table 5-16）。これにより，「特別の教科　道徳」以外の教科・領域等のなかで実施していたことがわかった。

　さらに，防災教育に関して，特別支援学校で（過去3年程度の間に）実施し

Table 5-15　防災教育を実施している特別支援学校数

毎年実施している	4校
定例化していないが実施したことがある	6校
実施したことはない	1校

＊全11校から回答が得られた。

Table 5-16　防災教育を実施している教科・領域等

各教科[1]	6校
特別の教科　道徳	0校
特別活動	4校
総合的な学習の時間	5校
各教科等を合わせた指導（生活単元学習等）	6校
自立活動	2校

＊11校中10校から回答が得られた（複数回答可）。
※1　「各教科」と回答した場合，実施した教科は以下の通り。
　　　国語科，数学科，社会科，理科，生活科，保健体育科，技術・家庭科

第Ⅱ部　特別支援学校における防災対策と防災教育の内容・方法

Table 5-17　具体的な防災教育の内容

災害時の適切な行動に関する学習	災害が発生した時にとるべき行動の学習（火を消す／避難経路の確保等）	10校
	避難所のルールとマナーの学習（大きな声を出さない／避難所では大勢の人と寝泊まりすること）	6校
	災害時に困ったときの支援の求め方（ヘルプマークを見せて助けを求める／腕章を着けている人に話しかける等）	3校
	災害時の状況理解を促す学習（災害時は家に帰れないこともある／登下校時に地震が起きたらどうするか等）	7校
	災害時の連絡方法の学習（誰に連絡するかの判断／連絡の仕方等）	5校
	災害時の心構えの学習（慌てない／デマに惑わされない等）	5校
	災害時に必要な情報を収集する方法の学習（避難所情報の入手や避難所での情報支援の依頼の仕方等）	4校
災害時を想定した体験学習	非常食を試食する体験	5校
	避難所を想定したトイレの使い方の体験（災害用簡易トイレの使い方／和式トイレの体験等）	1校
	避難所生活の体験（段ボールベッドで寝てみる／アルミシートで暖をとる等）	5校
	災害時に必要な物に関する学習（防災袋の内容の理解や自分の防災袋を作る学習）	9校
教科学習と関連のある学習	災害時に危険な場所はどこかについて学習する（生活科）（川の近く／倒れかかっている物の近く／看板などが落ちてくる等）	6校
	身近にある安全な場所について学習する（生活科）（学校やスーパー，コンビニなど，近くにある頑丈な建物に避難する等）	3校
	地域の避難場所を知り，安全に移動する方法を学習する（生活科）	2校
	災害時に対応する仕組みがあることを学習する（社会科）（警察・消防・市役所などの働き等）	6校
	災害時の情報の発信・受信の仕組みの学習（社会科）（緊急地震速報／防災アプリからの情報収集／災害用伝言ダイヤルの活用方法等）	5校
	自然災害の知識に関する学習（理科）（震度・マグニチュード・津波・竜巻・雪崩といった用語の理解等）	6校
	自然災害のメカニズムを学習する（理科）（地震が発生するメカニズム／大雨が降ると土砂崩れが起こる等）	7校
	災害時に家族との連絡の取り方等を学習する（家庭科）（緊急時の家族との連絡方法／災害時の家族の避難場所等）	2校

＊11校中10校から回答が得られた（複数回答可）。

たことのある内容を選んでもらったところ，上のような回答を得た（Table 5-17）。なお，ここで示した防災教育の内容（選択肢）は，障害児の保護者を対象にして実施した災害時の支援ニーズのなかで挙げられた内容（「学校教育において指導しておいてほしいこと」）をリスト化したものである。回答にあたっては，

第5章　特別支援学校における防災対策と防災教育の実態

学校が組織的に実施しているかどうかについては問わず，過去3年程度の間に，特別支援学校のどこかのクラスで実施したことがあれば，複数回答でチェックしてもらうようにした。

　以上のように，特別支援学校ではさまざまな防災教育が展開されてきたことが明らかになった。今回の調査では，すべての障害種別の特別支援学校を対象としたため，在籍している子どもの障害も多様であることに加え，通常の教科書を使用して学ぶ「準ずる教育」の教育課程の子どもから重度重複障害児まで，あらゆる知的水準の子どもの学習状況が含まれている。そのため，実施されている学校数が少なくなった項目があったとしても，その項目がどのくらいの知的能力を必要としている学習であるかを併せて検討する必要があるため，一概に「少ない」と評価することはできないと考える。

　また，「教科学習と連動した学びについて，最近実施した事例があれば具体的に記入してください」という項目に対しては，以下のような回答が得られた（Table 5-18）[3]。

　このように，特別支援学校における防災教育では，一つの教科で学習したことを他の教科・領域に広げていこうとするものが多いのが特徴的であった。た

Table 5-18　実際に実施した防災教育の例（自由記述）

総合的な学習（小学部は生活単元学習）の一環として防災担当の教員の作成したパワーポイントの資料を使用して避難所の生活について学んだり，防災リュックの確認等を実施した。また，「防災フェスタ」というPTAと連携した防災教育を実施したこともある。その際に，避難所について家族で話し合ったり，非常食を食べたり，家で防災リュックの中身を確認してもらったりした。また，コロナ禍前は，アルミシートで暖を取ったり，間仕切りで個別の部屋を作成する活動も行っていた。
小6は「はたらく人（消防署）」の授業で，消防署について調べ学習と校外学習を実施した。中3は「避難訓練をしよう」という授業で，避難訓練の事前学習として避難の仕方を学んだり備蓄倉庫の中を見学したりした。高1は，防災に関する授業で，発電機の使い方を学習した。
防災に関するアンケートを作成し，アンケート結果をまとめ，考察した。防災意識を高めることにつながった。
災害時のために，学校や地域，家庭ではどんな備えがあるのかについて学習した（社会科の他，生活単元学習や自立活動の中での防災教育を行った）。
理科の授業で地震のメカニズムを学習した。歴史の授業で神社，寺，城跡が地形的に安全な場所に位置していることを歴史学者の動画で学習した。社会の授業で，県内で起きた様々な災害について知り，その反省を生かし，どのような対策を現在とっているかについて学習した。

＊11校中5校から回答が得られた。各校の回答を一つの枠に示した。

第Ⅱ部　特別支援学校における防災対策と防災教育の内容・方法

とえば，理科の授業で地震のメカニズムを学んだうえで，県内で発生した地震と関連させる学習をしてみたり，社会科見学で消防署を訪問する学習をしたあとに，備蓄倉庫を見たりするなど，さまざまな学びを関連させて防災に対する意識や災害時のイメージをもてるように工夫していたことが本調査から明らかになった。

4．まとめと考察

ここまで示してきた特別支援学校の防災機能と防災教育に関するアンケート調査の結果をまとめると以下の通りである。

まず，特別支援学校に備わっている防災備品等については，災害に備えて食料や水をはじめ，障害児の避難に必要な物資を備蓄していた。その量は，おおむね在籍している子どもが2〜3日間，過ごすことができる備えであった。しかし，すべての障害種に対応することができる物資を備えていたのではなく，学校に在籍している子どもの障害に対応するための支援物資を中心に用意している学校が多かった。

これは，今回調査したすべての特別支援学校が地域の福祉避難所として指定されているわけではないので，現時点においては，災害時に各学校に通っている障害児を安全に避難させ，過ごすことができればよいと考えることもできる。しかし，災害時には，地域住民が避難を求めて来校した際に受け入れざるを得ないこともある [4]。こうした事態に対応するためにも，特別支援学校が多様な障害種に対応できる方策をあらかじめ検討しておくことが望まれる。

一方で，特別支援学校で実施されている防災教育においては，地震に限らず多岐にわたる災害を想定して実施されていたことが本調査から明らかになった。また，防災教育の内容も，発災直後にどのように避難行動をとるかという学習だけでなく，非常食を食べるなどの避難所体験や，災害のメカニズムを学ぶことなど，長期的な視点から災害をとらえた内容になっていた。このとき，学校で用意されている防災備品を使用してみるなどの取り組みも行われている

第 5 章　特別支援学校における防災対策と防災教育の実態

ことが明らかになり，特別支援学校の防災対策と連動させながら多様な防災教育が実施されていることがわかった。

　ただし，本調査では，特別支援学校に在籍している子どもへの対応と地域住民への対応が混在している回答があり，特別支援学校が災害時に地域の障害者を支える拠点となり得る可能性が示されながらも，その具体的な方策までは詳細に明らかにすることができなかった。すなわち，特別支援学校が福祉避難所として指定され，地域の障害者に対する防災拠点として機能するためには，今回の調査において尋ねた防災備品等を，在籍している障害児だけではなく，あらゆる障害者を受け入れることを前提として準備することが必要である。今後，特別支援学校が地域の防災拠点としてどのように位置づくべきであるのかという点を含めた防災に関する地域計画を検討することが課題であると考える。

[注]

1)　今回の調査は，特別支援学校に備わっている防災倉庫の備品などが在籍児に利用できるものなのか，市町村等から災害時に利用するための備蓄であるのかなど，詳細にわたって尋ねる質問紙となっている。そのため，校内の防災担当の教諭が一人で回答できるものばかりではないため，筆者らが関係している特別支援学校に直接依頼するかたちをとった。実際の回答においても，いくつかの学校から回答方法について問い合わせがあり，その都度，筆者らにおいて他の学校の回答と大きく異なることのないかたちで回答してもらった。これにより，調査対象校は11校と多くないが，統一したかたちでの調査を実施することができた。

2)　ただし，「規模が小さく，場所が狭い」ため避難スペースを確保することができないと回答した特別支援学校は，近隣の知的障害特別支援学校と連携して，災害時に在籍している子どもを避難させることができるように調整されていた。

3)　この質問では，具体的な回答例を示したほうが多くの回答が得られると考え，「（例：理科の授業で地震のメカニズムを学習した／町たんけんのなかで災害時の危険な場所を確認する学習をした）」と例示して尋ねた。

4)　東日本大震災のときには，避難所として指定されていない特別支援学校が避難所となり，1週間程度，地域住民を受け入れて対応した事例がある。そのとき，避難者の多くが高齢

155

者や障害者など，特別支援を必要とする「災害時要援護者」であったことも明らかになっている（詳しくは，新井ほか，2012参照）。

[文献]

・新井英靖・金丸隆太・松坂晃・鈴木栄子編著．2012．『発達障害児者の防災ハンドブック──いのちと生活を守る福祉避難所を』．クリエイツかもがわ．

・村上穂高．2022．「特別支援学校における考える防災教育」．『京都教育大学総合教育臨床センター研究紀要』1，1-12．

・山田伸之・丁子かおる・鶴岡尚子．2019．「特別支援学校での地震防災教育の現状理解と質的改善に向けて」．『和歌山大学教育学部紀要．教育科学』69，169-174．

第5章　特別支援学校における防災対策と防災教育の実態

資料5-1　特別支援学校調査の項目（詳細）

記入日　　　年　　　月　　　日
学校名：＿＿＿＿＿＿＿＿＿＿＿＿＿＿
学校種別（該当するものに○：複数回答可）
　　知的障害（　）　肢体不自由（　）　病弱（　）　視覚障害（　）　聴覚障害（　）
在籍している児童生徒の障害（在籍している子どもの障害に○：複数回答可）
　　知的障害（　）　肢体不自由（　）　内部障害（心臓病・腎臓病等）（　）
　　視覚障害（　）　聴覚障害（　）
在籍している児童生徒数をご記入ください。
　　（学校規模を把握するための情報です。ご記入日の在籍者数をご記入ください。）
　　幼稚部（　人）　小学部（　人）　中学部（　人）　高等部（　人）　専攻科（　人）

A.　特別支援学校の防災機能に関する調査項目

Q1　児童生徒が学校に避難することになったとき，水と食料などの備蓄はどのくらいありますか？
1) 学校で水をどのくらい備蓄していますか？

> （例：児童生徒数×2ℓのペットボトルを保管している　など）

2) 学校に食料の備蓄はどのくらいありますか？

> （例：乾パン1人分を児童生徒の人数だけ備蓄している　など）

3) その他，災害に備えて以下の物を備蓄・保管していますか？　学校で備蓄・保管している
　　物があれば，【学校に備えている物】の欄に○をご記入ください。また，災害時に行政
　　（市町村や県）に頼めば確保できる物については，【行政機関が確保している物】の欄に
　　○をご記入ください。

		学校に備えている物	行政機関が確保している物
排泄関係	災害時に利用できる洋式トイレ		
	介助者が入れる災害用トイレ		
	ストーマ		
	おむつ		
	おむつ交換ベッド		
食事関係	普通食を刻むためのハサミやブレンダー		
避難所環境・設備	間仕切りとなるテントやパーテーション		
	避難所用の消毒液・ウェットティッシュ		
	車いす		
	停電時にも使える石油ストーブ		
	停電時にも使える簡易冷房機（扇風機を含む）		

157

第Ⅱ部　特別支援学校における防災対策と防災教育の内容・方法

資料5-1　（続き）

		学校に備えている物	行政機関が確保している物
感覚障害者支援グッズ	補聴器や人工内耳用の電池		
	筆談用のホワイトボード		
	（連絡用）電子掲示板		
	音声時計		
	予備の白杖		
	拡大鏡またはルーペ		
医療的ケア関係	パルスオキシメーター		
	医療機器充電用のコンセント		
	発電機（あるいは蓄電池）		
その他	災害時に利用できる WiFi 設備		
	その他，意図的に備えているものがあれば，以下に記入してください。		

Q2　特別支援学校が地域の防災計画のなかにどのように位置づいているのかについてお尋ねします。
1）学校は地域の避難所として指定されていますか？
　　指定されている（　）⇒Q2（2）へ　　　指定されていない（　）⇒Q3へ
2）指定されている場合，以下のいずれの避難所ですか？
　　一般避難所（　）　　福祉避難所（　）
3）市町村等との協定書を締結していますか？
　　締結している（　）　　締結していない（　）
　　　　＊協定書を公開することは可能ですか？　（　可　・　不可　）
4）学校が避難所となったときの運営マニュアルを作成していますか？
　　作成している（　）　　作成していない（　）

B. 特別支援学校での避難所設置（避難生活）に関する調査項目

Q3　災害が発生したときに地域の人や在校児童生徒が学校に何日か避難生活をすることは可能ですか？（複数回答可）
　1. 在校児童生徒を学校で何日か受け入れることはできる（　）
　2. 地域の人を受け入れることもできる（　）
　3. 本校での避難生活は難しい（　）
　4. その他（　　　　　　　　　　　　　　　　）
　　　　　　　　　　　　　　1・2⇒Q5へ，　3⇒Q4へ
Q4　学校で避難者を受け入れることが難しい理由について，差し支えのない範囲で具体的にご記入ください。

　　この回答のあと Q10へ

第5章　特別支援学校における防災対策と防災教育の実態

Q5　避難者（在校児童生徒または地域の人）を受け入れる場合に条件があれば，以下に具体的にご記入ください。（例：受け入れ可能な人数や日数など）

Q6　避難者を受け入れる場合，学校のどのスペースを避難者が使えるようにする予定ですか？（複数回答可）
　1．教室　（　　）
　2．体育館　（　　）
　3．プレイルーム（多目的室）　（　　）
　4．寄宿舎　（　　）
　5．生活訓練室　（　　）
　6．その他　（　　　　　　　　　　　　　　　　）
　7．未定　（　　）

Q7　避難者を受け入れた場合，食事の提供をどのように行うことになりますか？（複数回答可）
　1．市町村からの食料配給がある予定　（　　）
　2．学校の食料備蓄を切り崩して避難者に配給する予定　（　　）
　3．学校の余っている食材を使って炊き出しをすることも可能　（　　）
　4．地域の人からの食材の提供が期待できる　（　　）
　5．その他　（　　　　　　　　　　　　　　　　　　　　）
　6．未定　（　　）

Q8　災害時に停電・断水の状態で避難者を受け入れた場合，トイレをどのように利用できるようにする予定ですか？（複数回答可）
　1．学校の倉庫にポータブルトイレがある　（　　）
　2．マンホールトイレを設置することができる　（　　）
　3．市町村等が仮設トイレを設置することになっている　（　　）
　4．その他　（　　　　　　　　　　　　　　　　）
　5．未定　（　　）

Q9　学校で避難所を設置する訓練を行ったことがありますか？
　1．毎年行っている　（　　）
　2．毎年ではないが行ったことがある　（　　）
　3．行ったことはない　（　　）
＊上記の回答のうち，「行っている」「行ったことがある」の場合，どのような訓練を行いましたか？

　（例：体育館に避難者を受け入れるシミュレーションをした）

第Ⅱ部　特別支援学校における防災対策と防災教育の内容・方法

資料5-1　（続き）

C. 特別支援学校における防災訓練と防災教育に関する調査項目

Q10　地域の人と合同で防災訓練を実施していますか？
1. 毎年，実施している　（　）
2. 実施したことがあるが定例化していない　（　）
3. 実施したことはない　（　）

＊上記の回答のうち，「実施している」「実施したことがある」の場合，どのような人を呼んで合同訓練を実施しましたか？（複数回答可）
1. 市町村の防災担当職員　（　）
2. 地域の消防署・消防団　（　）
3. 近隣住民　（　）
4. 地域の自治会長等　（　）
5. 地域の小・中学校の職員（管理職等）　（　）
6. 自校のPTA役員　（　）
7. その他　（　　　　　　　　　　　　　　　　　　）

＊どのような合同訓練を実施していますか？　内容を具体的にご記入ください。

Q11　特別支援学校で年間を通して行っている防災訓練はどのような災害を想定していますか？（複数回答可）
　以下の点について，毎年，行っている防災訓練に○をつけ，実施頻度と主な内容を具体的に記入してください。
　　1. 地震　（　）⇒年間およそ　（　）回程度実施

　　　防災訓練の主な内容（例：地震発生を想定して机の下に身を隠した後，屋外退避）

　　2. 火事　（　）⇒年間およそ　（　）回程度実施

　　　防災訓練の主な内容（例：火災報知器を発報させ，口を覆いながら屋外退避）

　　3. 風水害　（　）⇒年間およそ　（　）回程度実施

　　　防災訓練の主な内容（例：竜巻警戒情報を想定し，屋外から校舎内に退避）

第5章　特別支援学校における防災対策と防災教育の実態

4. 原子力　（　　）⇒年間およそ（　　）回程度実施

防災訓練の主な内容（例：原子力災害を想定し，屋外から校舎内に退避）

5. 不審者対応　（　　）⇒年間およそ（　　）回程度実施

防災訓練の主な内容（例：不審者侵入を想定し，教室から安全な場所に避難）

6. その他　（　　　　　　　　　　　　　　　　）⇒年間およそ（　　）回程度実施

防災訓練の主な内容

Q12　特別支援学校で行っている防災教育の内容についてお聞きします。
1）防災訓練とは別に，防災教育を学校で実施していますか？
　　1. 毎年，実施している　（　　）⇒2）へ
　　2. 実施したことがあるが定例化していない　（　　）⇒2）へ
　　3. 実施したことはない　（　　）⇒調査終了
2）実施している場合，どの教科・領域で実施していますか（しましたか）？
　　1. 各教科　（　　）⇒具体的な教科名をご記入ください（複数可）
　　2. 総合的な学習の時間　（　　）
　　3. 各教科等を合わせた指導（生活単元学習など）　（　　）
　　4. 特別活動（防災訓練の時間を利用して）　（　　）
　　5. その他　（　　　　　　　　　　　　　　　　　　　　　　）
3）どのような防災教育を実施しましたか？　以下の①〜③の防災教育のうち，学校で（過去
　　3年程度に）実施したことのある内容に○をつけてください。
　【①災害時の適切な行動に関する学習】
　・災害が発生したときにとるべき行動の学習（火を消す／避難経路の確保等）　（　　）
　・避難所の過ごし方　（　　）
　　○をつけた場合，具体的にどのような内容かを教えてください

例：避難所では大きな声を出さない／大勢の人と一緒に寝泊まりすること　　等

　・災害時に困ったときの支援の求め方　（　　）
　　　　（⇒ヘルプマークを見せて助けを求める／腕章を着けている人に話しかける等）
　・災害時の状況理解を促す学習　（　　）
　　　　（⇒災害が起こると家に帰れないこともある／登下校時に地震が起きたらどうするか等）
　・災害時の連絡方法の学習（⇒誰に連絡をするかの判断／連絡の仕方等）　（　　）

第Ⅱ部　特別支援学校における防災対策と防災教育の内容・方法

資料5-1　（続き）

・災害時の心構えの学習（⇒慌てない／デマに惑わされない等）（　）
・災害時に必要な情報を収集する方法の学習　（　）
　　（⇒避難所情報の入手や避難所での情報支援の依頼の仕方等）
【②災害時を想定した体験学習】
・非常食の体験（⇒実際に食べてみる）（　）
・避難所でのトイレの使い方の体験（⇒簡易トイレ／和式トイレの体験等）（　）
・避難所生活の体験（⇒段ボールベッドで寝てみる／アルミシートで暖をとる等）（　）
・災害時に必要な物に関する学習（⇒防災袋の内容の理解や自分の防災袋を作る等）（　）
【③教科学習と連動した学び】
・災害が発生するしくみに関する学習（⇒地震が起こるしくみ等）（　）
・災害に関連する知識や理解に関する学習　（　）
　　（⇒「震度」や「緊急地震速報」などの用語の理解等）
・災害に関連する地域学習　（　）（⇒ハザードマップや地域の避難場所の確認）

＊教科学習と連動した学びについて，最近実施した事例があれば具体的に記入してください。

> （例：理科の授業で地震のメカニズムを学習した／町たんけんのなかで災害時の危険
> な場所を確認する学習をした）

＊自由記述では，枠を広げてたくさん記述していただいてかまいません。
　以上，ご協力ありがとうございました。

第6章

知的障害特別支援学校における防災対策と防災教育の実際
──高知県立中村特別支援学校の取り組みから──

1. はじめに

　第5章では，すべての障害種別の特別支援学校（11校）を対象にして，特別支援学校の防災機能と防災教育の現状について調査を実施したが，第6章では特別支援学校の防災機能と防災教育について知的障害特別支援学校を事例にして具体的な防災備品と防災教育の実際について明らかにする。ここでは，南海トラフ地震を想定して先駆的に実践研究を進めてきた高知県立中村特別支援学校の取り組みを紹介する。

　高知県立中村特別支援学校は高知県西部を学区にする特別支援学校で，主として知的障害児を対象に教育している。学校は高台に設置されているものの，高知県南部の沿岸が学区となっているため，南海トラフ地震[1]の影響を大きく受ける地域に存立している。また，もともと高知県は台風による被害が多い地域でもあり[2]，豪雨による河川の氾濫や土砂災害についても対策を講じる必要性が高い地域であると考えられている。そのため，この学校では，防災についてもともと高い関心をもっていたが，2020年度から2021年度にかけて，「高知県実践的防災教育推進事業」を受けて，多角的な視点から学校の防災機能と防災教育を推進した。本章では，その推進事業のなかで進められた取り組みを紹介する[3]。

2. 特別支援学校の防災設備と安全対策に関する取り組み

1) 想定される地震とその対応

　高知県立中村特別支援学校（以下，図表では「学校」と記載）では，2012年の中央防災会議で出された資料に基づき，南海トラフの巨大地震で最大震度「7」の揺れを想定して防災対策を考えていた（Fig. 6-1）[4]。また，南海トラフ地震が発生したときには，四万十市の津波高推計は34m（水位+3mの最短津波到達時間は16分，水位+10mの最短津波到達時間は30分）と想定されており，こうしたデータをもとにして学校の安全対策が考えられていた（Fig. 6-2）。

　具体的には，高知県立中村特別支援学校は，学区になっている地域全体が南海トラフ地震が発生し「震度7」の震災に見舞われたときには，停電や断水が発生することに加え，10mの津波が30分程度で到達することを想定して，登下校を含めた安全対策を考えていた。そして，このような大規模災害時には，8時間程度，津波が繰り返し押し寄せることが想定されていたため，この学校では，保護者に対して「（津波が引く）8時間を超えた後」に学校に子どもを引き取りにくるように伝えていた。また，大地震が発生した際には，特別支援学校は地域住民が避難してくることを想定し，体育館を避難所として開放するとともに[5]，校舎内で学校の児童生徒と教職員が3日間，生活できるように食料

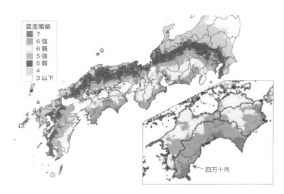

Fig. 6-1　四万十市の最大クラスの震度分布（学校から提供された資料）

第6章　知的障害特別支援学校における防災対策と防災教育の実際

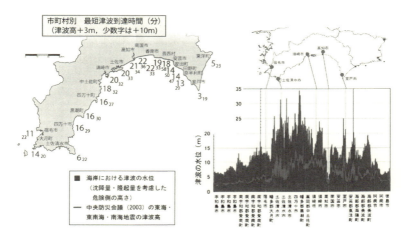

Fig. 6-2　高知県の津波高分布と最短津波到達時間（学校から提供された資料）

や水の備蓄をしていた。ここで，備蓄の目安を3日間としたのは，発災後3日までの間に，地域の行政機関から物資の援助を受けられるとともに，児童生徒を家庭に引き渡すことができると考えたからであった。

2）児童生徒と教職員のための防災備蓄品

　高知県立中村特別支援学校では，災害に備えて校内に防災倉庫を設置し，水や食料などを備蓄していた。この学校は，2022年5月1日時点で在校児童生徒数99名（小学部11名，中学部31名，高等部57名）であり，教職員を合わせると学校関係者の避難が150名程度になることを想定した備蓄が必要であった。具体的には，次ページの防災備蓄品を倉庫に保管していた（Table 6-1）。

　高知県立中村特別支援学校では，このような物資を備蓄することで，150名程度の児童生徒と教職員が3日間，学校で避難する計画を立てていた。加えて，懐中電灯や電池，カセットコンロなどの防災用具とともに，簡易トイレや生理用品など，日常生活に欠かせない物品も備えていた。

165

第Ⅱ部　特別支援学校における防災対策と防災教育の内容・方法

Table 6-1　児童生徒と教職員のために備蓄している物品一覧[1]

【倉庫①の棚に置かれている物品】

3段目	フリース毛布5箱（46枚）	白飯マジックライス®6箱	わかめご飯6箱	白飯4箱 白がゆ2箱
2段目	LEDライト2個 LEDソーラーランタン 懐中電灯1本 手回し充電器ラジオライト1個 カセットガス18本 単1電池10個 単3電池2個 懐中電灯3個 火災用防災頭巾4個 防災リュック10個 五目ご飯6箱	白飯マジックライス®12箱	わかめご飯9箱	わかめご飯6箱
1段目	水のペットボトル26箱[2]	水のペットボトル24箱	水のペットボトル24箱	非常用飲料水24箱
通路				
1段目	ポータブル発電機1台／ガソリン缶	入口	非常用飲料水24箱	非常用飲料水24箱
2段目			五目ご飯マジックライス®6箱 五目ご飯9箱	わかめご飯4箱 五目ご飯
3段目			ポータブルトイレ1台 プライベートテント1個 生理用品24袋 尿取りパット 保管ケース 災害用トイレ処理セット3箱	強力脱臭剤配合汚物処理セット2箱 災害用トイレ処理セット5箱

※1　備品については期限を記載し，期限が近づいた物は取り換えるようにしていた。食品は防災学習のなかで子どもたちが試食することもあった。
※2　水のペットボトルは1箱のなかに2ℓ×6本が入っていた。

166

第6章　知的障害特別支援学校における防災対策と防災教育の実際

【倉庫②の棚に置かれている物品】

2段目	児童用ヘルメット 教員用ヘルメット 災害用毛布5箱	災害用毛布10箱	
1段目	水のペットボトル49箱	水のペットボトル47箱	
1段目	防災頭巾 防災頭巾カバー5枚 ヘルメット入れネット 取扱説明書	通路	水のペットボトル46箱
		入口	水のペットボトル50箱
2段目	リアカー（アルミ製）		アルファ米白飯4箱 わかめご飯4箱 アレルギー対応五目ご飯3箱 トイレットペーパー45個×2箱 LEDランタン17個 ツインLEDランタン17個 単1電池51個

倉庫①

倉庫②

167

第Ⅱ部　特別支援学校における防災対策と防災教育の内容・方法

3) 登下校時に災害が発生したときの避難計画

　高知県立中村特別支援学校では，学校で避難することだけでなく，登下校時に南海トラフの巨大地震が発生したことを想定して避難計画を検討していた。具体的には，巨大地震が発生したときに学区内でどのような被害が出るのかを考え，スクールバス乗車中に災害が発生したときを含めて児童生徒をどこに避難させるかについて検討していた。

　この学校は，四万十市に立地しているが，高知県西部全域（宿毛市，土佐清水市，四万十市，高岡郡―四万十町，幡多郡―大月町・黒潮町・三原村）を学区としており，スクールバスも西部・宿毛市方面と東部・黒潮町方面の2方向に出されていた（Fig. 6-3）。

　これを受けて，高知県立中村特別支援学校では，災害時にこれらのバスルートのどこに危険があり，登下校時に災害が発生した場合には，どのように避難すればよいかを検討していた[6]。たとえば，学校周辺の中村地区および高知県西部の町である宿毛市のスクールバスのルートを調査したところ，大地震が発生したときには，次ページの箇所に危険があることがわかった（Fig. 6-4・Fig.

Fig. 6-3　高知県立中村特別支援学校の学区と所在地

第6章 知的障害特別支援学校における防災対策と防災教育の実際

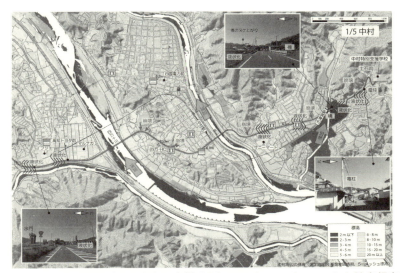

Fig. 6-4 学校周辺（四万十市・中村地区）のスクールバスルートと被害想定
（学校から提供された資料より）

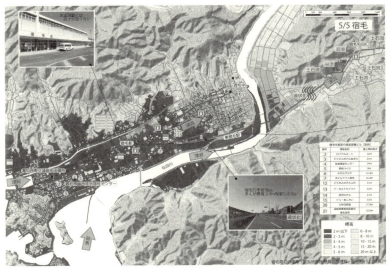

Fig. 6-5 宿毛市のスクールバスルートと被害想定（学校から提供された資料より）

第Ⅱ部　特別支援学校における防災対策と防災教育の内容・方法

6-5参照：図中で濃く塗られているエリアが津波により浸水被害が想定されているところである。また，液状化や土砂災害の危険があるエリアには，文字が記されている）。

　ここからわかることは，この学校は，災害発生直後に津波が押し寄せる地域が学区に含まれていることや，地盤が液状化し，スクールバスが入れなくなる道があり，こうした点を含めて登下校時の安全対策を検討していた。たとえば，高知県立中村特別支援学校は，学区のなかに沿岸部の町である黒潮町が含まれている。この町は津波が発生したときにどこに避難すればよいかを明確にしている町であった。もちろん，地震発生時に知的障害児がスクールバスを降りて，これらの避難場所まで移動できるかどうかについては検討すべき点も多くあるが，この学校では，被災した場所によって，どこに避難するかをあらかじめ検討していた[7]。

3. 在籍児童生徒に対する防災教育の実践展開

　高知県立中村特別支援学校では，前節のような学校の防災機能を高める取り組みに加えて，児童生徒が災害を理解し，災害時に自ら考えて，適切な行動をとることができるようにする防災教育にも力を入れてきた。特に，2020年度〜2021年度にかけて高知県から研究指定を受けて行った「高知県実践的防災教育推進事業」のなかでは，毎月1回程度の頻度で防災学習に取り組んだ。そのなかで，中村特別支援学校では，学校の児童生徒に対して，以下のような教材を開発し，防災について考える学習を行ってきた。

1）防災に関する知識と心構えに関する学習

　まず，子どもたちが災害について理解し，災害が発生したときにどのような行動をとるべきであるのかについて学ぶ授業が行われていた[8]。たとえば，「地震がきたらこうなる」ということを整理してまとめたり，「地震でできなくなることクイズ」や「防災すごろく」を通して，災害時の状況をイメージする学習を行っていた（Table 6-2・Table 6-3・Table 6-4）。

170

第6章　知的障害特別支援学校における防災対策と防災教育の実際

Table 6-2　防災学習①「地震がきたらこうなる」

内容：
いろいろな地域の災害時の写真を見て、大きな地震がきたときに町や学校がどのような状態になるのかを想像する学習をした。

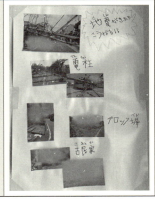

Table 6-3　防災学習②「地震でできなくなることクイズ」

内容：
停電や断水になったときに、日常生活で使用しているもので使えなくなるものに×をつけていく。そのなかで、災害時にどのような生活になるのかを考える学習をした。

＊イラストは筆者らにより描き直した。

Table 6-4　防災学習③「防災すごろく」

内容：
避難所などでどのような生活になるのかを学習したことを、すごろくに示してまとめた。

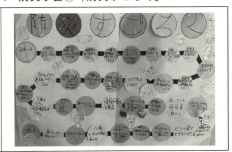

第Ⅱ部　特別支援学校における防災対策と防災教育の内容・方法

Table 6-5　防災学習④「新聞づくり」

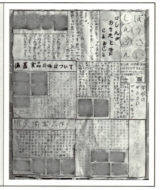

内容：
地震がおさまったときにどのような状況になるのかをまとめたうえで，防災のために備蓄している物などを調べ，新聞にまとめた。

Table 6-6　防災学習⑤「防災マスター」

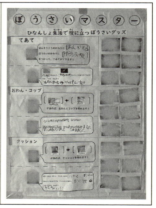

内容：
避難所生活で役立つ防災グッズを調べて，実際に使ってみるなどの学習をした。その学習を「防災マスター」になるという意識をもちながら，ポスターにまとめていった。

　また，防災新聞を作成して，災害時に生じる状況と対応についてまとめたり，「防災マスターになろう」というテーマで，避難所生活で役立つ防災グッズについて学習する時間を設けていた（Table 6-5・Table 6-6）。
　これらは，対象とする学部や児童生徒の認識能力などにより，理解する内容や考えることは異なっていた。しかし，単に教師が児童生徒に災害時の状況とその対応を「教える」のではなく，子どもが調べたり，考えることを大切にし

172

第6章　知的障害特別支援学校における防災対策と防災教育の実際

て学習を展開していたことは共通していた。さらに，高知県立中村特別支援学校では，防災について発災直後の状況の理解と身の守り方だけでなく，地震がおさまったあとの避難所生活を意識できる内容となっていた。

2）避難所等で使用する生活グッズの作成と利用体験

高知県立中村特別支援学校の防災教育では，前節で紹介したような「災害時にどのような状況になるか」という点を学習することに加えて，不便な生活を強いられる災害時に，身近な物で代用することができることを学ぶことを多く行っていた。具体的には，避難所等で使用することを想定して，以下のような物をつくり，実際に使用する学習を行っていた（Table 6-7）。

Table 6-7　防災学習⑥「災害時にあると便利な物の作成と利用体験」

第Ⅱ部　特別支援学校における防災対策と防災教育の内容・方法

　以上のような防災に関する学習を行うときには，災害を具体的にイメージすることができる児童生徒であれば，「こうした防災グッズがあれば，生活を続けることができる」という理解につながると考えていた。一方で，災害をイメージすることが難しい子どもに対しては，災害時に「これを使ってごらん」と言われたときに，馴染みのある物となるように，平時の学習のなかで自分たちで防災グッズを制作し，使用する体験を行っていた。

3）防災に関する地域学習

　このほかに，高知県立中村特別支援学校の防災学習では，学校にどのような備蓄品があるのかについて生徒が調べ，まとめる学習も行っていた（Table 6-8）。さらに，高等部の比較的知的能力の高い生徒には，学校が位置している地域（地区）についても調べ，災害時にこの地区がどのようになるのかということを考える授業を行っていた（Table 6-9）。このとき，これまで学んできた防災教育の知識を生かして，南海トラフ地震で想定されている震度7程度の地震が発生したときに，この地区がどのようになるのかを生徒が考える学習を行った。その際には，学校が立地する地区の航空写真にブロック塀などがある場所をマークして，災害時にこれらが倒壊したときにどのようになるかを考え

Table 6-8　防災学習⑦「学校で備蓄している物」

内容：
学校に備蓄している防災物資をまとめ，個数を記載した。

第 6 章　知的障害特別支援学校における防災対策と防災教育の実際

Table 6-9　防災学習⑧「学校の周辺地区の防災設備」

内容：
学校が立地している地区のジオラマをつくり，どこに，どのような防災設備が整っているのかを調べてまとめた。（学校は右上の高台に位置している）

Table 6-10　防災学習⑨「航空写真を活用した災害時の状況理解」

内容：
学校が立地する地区の航空写真にブロック塀などがある場所をマークして，災害時にこれらが倒壊したときにどのようになるのかを考える学習を行った。（学校は左下の高台に位置している）

る学習を行った（Table 6-10）。

　この学習に参加していた生徒（高等部）は，ブロック塀が倒壊している状況をある程度想像することができる生徒たちであったため，「これでは救急車も入ってくることができない」と考えた生徒もいたというエピソードを聞くことができた。

175

第Ⅱ部　特別支援学校における防災対策と防災教育の内容・方法

4）定期的な防災訓練と防災教育の連動

　もちろん，高知県立中村特別支援学校では，毎月の防災訓練で基本的な身の守り方などについても学習していた。この学校では，「基本的な身の守り方」について防災訓練で指導しているが，緊急地震速報が流れたら，机の下に頭を隠して，そのまま姿勢を維持するというものであった。こうした避難行動の学習も繰り返し学習しているうちに，たとえ小学部の子どもであっても安全を確保できるように定着してきたと報告された[9]。

　また，この学校では，各月の防災テーマを決めて，子どもたちが啓発用のポスターをつくって校内で掲示するなどの取り組みも継続的に行ってきた（Table 6-11）。

Table 6-11　防災学習⑩「各月の防災ポスターづくり」（例）

5）防災教育に関するキャリア発達段階表の作成

　以上のような防災教育を計画的に進める一方で，高知県立中村特別支援学校では，防災教育に関するキャリア発達段階表を作成し，体系的に指導することができるように進めていた。この表では，防災教育の項目を大きく「備える」「命を守る」「暮らしを取り戻す」の3つの側面から整理し，それを子どもの発達段階に応じて目標を変えていくことができるようにしていた（Table 6-12）。

　実際のキャリア発達段階表では，それぞれの項目に対して，小学部1段階〜高等部2段階までの発達段階に応じて目標を少しずつ変化させていた。たとえ

第6章　知的障害特別支援学校における防災対策と防災教育の実際

Table 6-12　防災教育に関するキャリア発達段階表の項目と目標

	項目	各項目の目標
備える	災害を知る	地震のメカニズムや緊急地震速報の意味や仕組みを理解し、発災時の身の回りに起こる状況の変化に対応する能力の育成を目指す。
	知恵と備え	学校や地域の備蓄品倉庫の場所や備蓄品の内容を知ったり、備蓄品の使用方法や流通経路について考える力を育成することを目指す。
命を守る	揺れから自分を守る	どのような時間帯・場所・状況においても、自ら（他者と一緒に）判断し、適切な避難行動をとることができる力を育成することを目指す。
	津波からの迅速な避難	どのような時間帯・場所・状況においても、自ら（他者と一緒に）判断し、適切な避難行動をとることができる力や、周囲の状況を把握し、避難した場所の安全を確認することができる力を育成することを目指す。
	いつ、どこにいても自分を守る	通学路の避難経路や避難場所及び危険箇所を確認したり、登下校中の地震発生時に移動手段（公共交通機関、自転車、徒歩）に応じた避難行動をとったりすることができる力を育成することを目指す。
	二次災害への対応	揺れの後には、火災や液状化、土砂災害の可能性があることを知り、想定外のことに直面し、さまざまな意思決定を迫られる場面があることを理解する力を育成することを目指す。
	助ける人になるための行動	周囲の状況を判断し、情報の発信、初期消火や応急手当等の補助ができる力を育成することを目指す。
暮らしを取り戻す	みんなで生き延びるための知恵と技	災害後の生活の様子や避難所の特徴と課題を知り、集団生活のルールやマナーを守り、我慢する、みんなで助け合う、協力する等の自分にできることを思考し、判断する力を育成することを目指す。
	地域社会の一員としての心構え	周囲の状況や地域の人々の活動を知り、地域の一員として、自分にできる役割を考えて行う力を育成することを目指す。

出典：学校から提供された資料より。

ば、「備える」のなかの「災害を知る」の項目では、「小学部1段階」から「高等部2段階」まで次ページのような目標が設定されていた（Table 6-13：小学部1段階・3段階、中学部2段階、高等部2段階を抜粋）。すなわち、重度知的障害児（小学部1段階）は、災害が発生したときに、「これは地震だ！」と気づき、支援者の声かけに意識を向けることができることを目指していた。その一方で、小学部3段階以上の子どもなどには、「地震」や「津波」について理解を深めていくことができるように指導することを目指していた。

　この点については、「命を守る」のなかの「津波からの迅速な避難」の項目でも同様であった（Table 6-14参照）。すなわち、比較的重度の知的障害児は、

177

第Ⅱ部　特別支援学校における防災対策と防災教育の内容・方法

Table 6-13　「災害を知る」に関する段階別の指導目標

小学部1段階	小学部3段階	中学部2段階	高等部2段階
・緊急地震速報や支援者からの避難の声掛けに反応できる。 ・地震とは何かを知る。	・緊急地震速報や支援者からの避難の声掛けに気付き，身の回りに起こる状況の変化を知る。	・地震の時に起こる危険を知り，正しい判断と安全な行動，危険に対する心構えを知り，災害時に備えることができる。	・地震・津波の発生メカニズムを知り，地震時に発生する様々な危機について知る。また，正しい情報の入手の仕方について知る。

出典：学校から提供された資料より。

Table 6-14　「津波からの迅速な避難」に関する段階別の指導目標

小学部1段階	小学部3段階	中学部2段階	高等部2段階
・支援者からの避難行動の支援に反応できる。	・揺れを感じたり緊急地震速報を聞いた時，落ち着いて高いところに急いで避難できる。	・揺れを感じたり緊急地震速報を聞いた時，一人でより高いところに急いで避難することを覚える。支援を受けながら，高台や避難経路を確認しておくことができる。	・安全な避難場所及び避難経路の確認と避難の仕方ができる。

出典：学校から提供された資料より。

支援者からの働きかけに反応できることが目標となるが，段階が上がるにつれて「自分で判断すること」ができるように指導し，最終的には津波からの避難には「高台」に移動することが安全であるということを理解し，行動できるように指導することが目指されていた。

4．まとめと考察

　ここまで，高知県立中村特別支援学校の防災に関する取り組みを紹介してきた。高知県立中村特別支援学校では，災害時に在籍する児童生徒と教職員が学校内にとどまり，避難することができるように防災機能を高めることに加えて，児童生徒が災害時に適切な行動を考え，行動できることを目指した防災教育を行っていた。

　具体的には，特別支援学校で3日間，避難生活ができるように必要な物資等

を備蓄するとともに，登下校時のスクールバスのルートについても詳細に点検し，大規模災害時に安全を確保する方策を検討するなど，多角的な視点から進められていた。また，特別支援学校で取り組まれてきた防災教育では，避難行動を「教える」のではなく，災害時にどのような状況になるのかを子どもたちが考える学習を行っていた。このとき，災害が発生した直後の行動に関する学習だけでなく，避難所で生活することを想定して，避難所にあると便利な物を自分たちで制作して，使用してみるなど，被災後の生活を想定した学習が含まれていた。

　このように，高知県立中村特別支援学校では，南海トラフの巨大地震を想定し，在籍している子どもが大規模災害発生時にも安心して生活することができるように防災機能を高めたうえで，防災教育を展開していた。特に，具体的に発生し得る災害状況を想定し，その災害に対応するために必要な物資を備蓄し，その条件のなかで数日間，避難生活を送ることができるようにするための学習を行っていたという点は特徴的な取り組みであった。すなわち，高知県立中村特別支援学校は，「防災対策」と「防災教育」を連動させるかたちで災害に備えようとしており，この点についてはこれまでの先行研究ではあまりみられない先駆的な取り組みであるといえるだろう。

　もちろん，こうした防災対策は，地震にのみ適用できるものではなく，風水害や土砂災害にも応用できるものである。今後，地震を想定して作成されたキャリア発達段階表や，避難行動の学習などを他の災害にも広げて展開し，子どもたちの防災に関する「資質・能力」を高めることへ発展していくことが研究の課題であると考える。

[注]

1) 南海トラフ地震については，以下のようなことが想定されている。

　　　南海トラフ沿いの地域においては，これまで100～150年の周期で大規模な地震が発生し，大きな被害を生じさせており，（中略）この地域におけるマグニチュード（以下「M」という）8～M9クラスの地震の30年以内の発生確率は70%～80%（2019年1

第Ⅱ部　特別支援学校における防災対策と防災教育の内容・方法

月1日現在）とされている。（中央防災会議, 2019）

2）高知県の豪雨災害に関しては，以下のホームページの内容を参考にした。

　　高知県は，土佐湾を挟んで弓状を呈する地形をしていることもあり，湿った気流が流れ込みやすく，全国で最も降水量が多い地域のひとつです。県内のほとんどの地域で，年間に2,000mm以上，一部の地域では3,000mmを越える降水があります。このため，河川の氾濫や，水はけが悪くなることによって発生する内水氾濫などを原因とした洪水被害が起こりやすく，台風や豪雨の際には注意が必要です。（高知県防災マップ　https://bousaimap.pref.kochi.lg.jp/hazmapkochi/bousai/21fusuigai.html ／最終アクセス日：2023年7月17日）

3）本調査は高知県立中村特別支援学校に直接訪問し，取材するかたちで実施した。具体的には，学校がこれまで進めてきた防災機能と防災教育について担当者より聞き取り調査をするとともに，学校の防災倉庫や防災学習の教材を見せていただき，必要に応じて撮影をした。なお，本章の執筆にあたって，取材した内容を学校の管理職および防災担当者に確認してもらい，情報を公開することについて承諾を得た。

4）高知県立中村特別支援学校では，学校自体は硬い岩盤の上に建てられているので，南海トラフ地震発生時に学校は「震度6強」程度の揺れになることを想定していた。

5）高知県立中村特別支援学校は，市町村が指定する避難所となっていなかったが，聞き取り調査のなかで近隣の高等学校や小・中学校と日常的に協議を重ね，災害時には特別支援学校の体育館を避難スペースに活用することになっていた。

6）スクールバスのルート上の危険とその対策ついては，高知大学防災推進センター教授であった岡村眞先生が詳細に調査し，その調査資料に基づき検討していた。

7）黒潮町では，町のなかに津波から避難するためのタワーを建設している。この津波避難タワーは，避難フロア面積233㎡，避難収容人数230人（1㎡／1人で換算），タワーの高さ（全体）25m／（避難フロア）22mという構造であった。また，車いす利用者も避難することができるように，階段だけでなく，スロープも設置されていた。加えて，その他の設備として，ソーラー式照明114基，ヘリホバリングで搬送することが可能となるように，緊急用救護スペースを屋上に整備していた。上記の情報は以下の黒潮町の資料より抜粋した。https://www.town.kuroshio.lg.jp/img/files/pv/kouhou/docs/201707/12-13.pdf（最終アクセス日：2023年7月17日）。津波避難タワーの具体的な構造と機能については同資料に記載されている。

8）高知県立中村特別支援学校では，主として生活単元学習の時間を使って防災教育を実施していた。高知県の研究指定を受けて，防災教育に取り組んでいた時期は，毎月1回程度

の頻度で防災について学ぶ機会を設けていたが，研究期間が終了したあとは，年に3回程度，防災について学習する計画を立てて実践していた。

9) 南海トラフ地震では，揺れが約3分間続くと想定されていた。そのため，学校では3分間，机の下にもぐって身の安全を確保する行動をとれるようにすることが望ましいと考えていた。しかし，平時において地震を想定して安全確保をする学習を行うことは知的障害児にとっては難しいので，高知県立中村特別支援学校においても，必ずしも3分間，机の下に頭を入れた姿勢を保持し続けることができているわけではないということであった。

［文献］

・中央防災会議，2019，「南海トラフ地震防災対策推進基本計画」（令和元年5月31日）.

第7章

特別支援学校学習指導要領における
「防災教育」の内容と方法

1. 特別支援学校の防災教育に関する研究課題

　第6章では，防災教育に力を入れている特別支援学校の取り組みを明らかにしたが，こうした取り組みは多くの特別支援学校が実践していくべきものである。特に，防災教育については，学習指導要領の主旨に沿って各特別支援学校において意図的・計画的に実践することが求められるが，そもそも特別支援学校学習指導要領では，防災教育の内容と方法がどのように記載されているのだろうか。

　2017（平成29）年に公示された特別支援学校学習指導要領では，「防災を含む安全に関する教育」の内容がこれまで以上に充実して記述されるようになった。これは，『特別支援学校教育要領・学習指導要領解説　総則編（幼稚部・小学部・中学部）』（平成30年3月）のなかで，「東日本大震災をはじめとする様々な自然災害の発生や，情報化等の進展に伴う児童生徒を取り巻く環境の変化などを踏まえ，児童生徒の安全・安心に対する懸念が広がっていることから，安全に関する指導の充実が必要である」と指摘されていることと関係している（文部科学省，2018b，185）。つまり，昨今の日本を取り巻く自然災害の深刻な状況が教育内容に影響を与えたと考えられる。

　学習指導要領において防災に関する記述が増えたことは，特別支援教育においても同様であり，東日本大震災以降，自分の身の安全を確保するための思考力や判断力を育成することを目指した防災教育の重要性が認識されるようになってきた。たとえば，藤井・松本（2014）は，特別支援学校が地域との連携を強めるなかで，防災力を高めようとする取り組みが行われてきたと指摘し

ている。しかし，その研究では，「児童生徒の実態に応じた教材および授業案が不足している」ことが指摘され，「とりわけ知的障害がある児童生徒」に対して顕著であったことが指摘されている（藤井・松本, 2014, 80）。また，和田ら（2016）は，知的障害特別支援学校における防災に関する取り組みについて調査した結果，「避難訓練」や「備蓄」などに対する意識は高いが，地域との連携や防災教育に関する日常的な授業実践は少なく，今後の課題であると指摘されている。

　こうしたなかで，戸ヶ崎らは，特別支援学校の教員に対する調査から，知的障害の程度によって防災教育と防災管理の必要性が教員間で異なっていることを明らかにした。特に，「障害の程度が軽度であるほど防災に関する授業を実施している学級数が多くなる」ことを指摘しており（戸ヶ崎ほか, 2015, 197），実態に応じた防災教育の内容を検討することが求められている。また，これまで取り組まれてきた具体的な防災教育の実践研究では，単に「適切な避難行動」がとれることだけでなく，水難事故に備えた着衣泳の学習や，防災グッズづくり，非常食に関する学習など，多岐にわたる学習内容を実践することの必要性が指摘され，「被災から日常生活に戻るまで」を想定した防災教育を展開する必要があることが指摘されている（水谷ほか, 2019, 236）。同様に，山田ら（2019）も，特別支援学校における防災教育の取り組みから，保存食を食べる体験や，新聞紙で簡易トイレをつくる活動など，多様な体験活動のなかで防災に関する学習を進めることが重要であることを指摘している。

　ただし，先行研究では，防災教育を学校内で本格的に実施しようとすると，カリキュラム上の諸課題が浮上することが多いという指摘もみられる。たとえば，髙野・石倉は，視覚障害特別支援学校の子どもたちに必要な防災に関連する行動を発達段階別に整理し，それを学習指導要領の指導内容と対応させる研究を行った。その結果，防災教育は複数教科の指導内容が総合的に関連し合っているために，各教科の体系的指導と防災教育とを並行して進めることが難しい点もあると指摘されている（髙野・石倉, 2018, 205）。また，小山ら（2019）は，大分県内の特別支援学校と連携し，さまざまな教科・領域の時間に防災教育の内容を組み入れ，カリキュラム・マネジメントを通して教科横断的に防災教育

第Ⅱ部　特別支援学校における防災対策と防災教育の内容・方法

を実施した経過を明らかにした。しかし，この研究では，防災教育の内容を優先すると，教科内容がそれに連動するかたちをとらなければならないといった状況となり，「無理に教科の中に防災を組み込む必要」が出てくるといった課題が生じることを指摘している（小山ほか, 2019, 114）。

　一方で，知的障害児に対する防災教育の実践研究では，生活単元学習の時間を利用し，防災教育を年間計画のなかに位置づけ，教材を開発した論文も公表されている。この論文では，生活単元学習の時間を使って，「グラグラゆれたらどうしよう？」という学習単元を設定し，全8時間の授業を計画したが，その成果として，「緊急地震速報を聞いたら，頭を抱えてしゃがむことができる」ようになった児童がいたなど，生活単元学習を通して安全を確保する行動が身についたことを明らかにした（堂薗, 2021, 57）。

　しかし，教科学習と切り離されたところで展開される生活単元学習では，「避難行動（安全に関する行動）」ができるようになることが中心課題となってしまう傾向にあり，災害そのものを理解したり，災害時にどのような思考・判断をすることが必要であるのかといった学習は希薄になることが多い。実際の災害現場では，教科学習の内容とリンクする「自然災害」の理解や，（関係機関の役割を意識した）社会資源の活用方法を考えるなど，災害時に適切な行動をとるための思考力や判断力の育成につながる防災教育を体系的に実施することが求められるが，現状ではこうした指導が十分にできているとは言い難い。

　ただし，これは教科学習と「防災教育」がどのように関連しているかという点を教員が強く意識することで達成できることであり，現行の学習指導要領では，知的障害児に対しても育成が求められる点である。特に，知的障害児教育では，通常の小・中学校等の教育課程とは異なる点も多くあり，防災教育の内容が多く含まれている生活科の内容は，小学校とは異なるものである。そのため，生活科の内容のなかに防災教育がどのように含まれていて，他の教科・領域とどのような系統的接続をもっているのかという点については，詳細に検討する必要があると考える。

　そこで，本研究では，特別支援学校学習指導要領（知的障害）のなかに防災

第 7 章　特別支援学校学習指導要領における「防災教育」の内容と方法

教育がどのように位置づけられているのかを分析することを目的とした。具体的には，特別支援学校学習指導要領（知的障害）の生活科，社会科，理科など，さまざまな教科・領域の学習目標・内容のなかに防災に関する内容がどのように記述されているのかを整理し，カリキュラム・マップとして示すことで，知的障害児に対する防災教育の内容と方法を検討することを目的とした。

2．研究の方法

特別支援学校学習指導要領に記載されている防災に関する内容を以下の2つの視点から整理した。

1) 『特別支援学校学習指導要領解説（総則編）』（以下，『解説（総則編）』〈文部科学省，2018b〉とする）のなかで，「防災」について記述されている箇所を取り上げ，特別支援学校において何を学び，どのような力を身につけることが目指されているのかを分析した。
2) 『特別支援学校学習指導要領解説（各教科等編）』（小学部・中学部編と高等部編の両方を取り上げる；以下，小学部・中学部編〈文部科学省，2018a〉は『解説（各教科等編）』，高等部編〈文部科学省，2019〉は『高等部解説（各教科等編）』と表記する）のなかで，「防災」に関連する記述を取り上げ，「防災教育」が具体的にどの教科・領域で，どのような内容を実施することが求められているのかについて分析した。

なお，特別支援学校学習指導要領解説では，「総合的な学習の時間」や「特別活動」などの領域に関する記述が少ないことから，本章では，各教科の学習内容のなかに「防災」に関する記述がどのように含まれているのかという点を中心に検討することとした。

185

第Ⅱ部　特別支援学校における防災対策と防災教育の内容・方法

3.『解説（総則編）』に記載されている防災教育の実践課題

　はじめに，『解説（総則編）』に記述されている「防災教育」について整理していきたい。『解説（総則編）』では，「防災を含む安全に関する教育」は，「健やかな体」を育成することを目的とするなかの一つに位置づけられていた。具体的には，「安全に関する指導においては，様々な自然災害の発生や，情報化やグローバル化等の社会の変化に伴い児童生徒を取り巻く安全に関する環境も変化していることから，身の回りの生活の安全，交通安全，防災に関する指導や，情報技術の進展に伴う新たな事件・事故防止，国民保護等の非常時の対応等の新たな安全上の課題に関する指導を一層重視し，安全に関する情報を正しく判断し，安全のための行動に結び付けるようにすることが重要である」と指摘した（文部科学省, 2018b, 186）。

　ただし，防災教育は，学習指導要領では「生きる力を育む各学校の特色ある教育活動」として位置づけられているため，ある教科においてのみ実践するものではない。むしろ，「言語能力，情報活用能力，問題発見・解決能力等の学習の基盤となる資質・能力」を育成することや，「教科等横断的な視点に立って育成すること」のなかに含められ，「災害等を乗り越えて次代の社会を形成することに向けた現代的な諸課題に対応」するための資質・能力を育成することが目標となっていた（文部科学省, 2018b, 203）。

　具体的には，『解説（総則編）』では，次ページの視点から教科等横断的視点に立った防災教育を展開することが求められた（Table 7-1参照）。

　このように，『解説（総則編）』には，いくつかの箇所に分かれて防災に関して記述されていた。もちろん，別の箇所で記述されていることを総合して考えると，特別支援学校学習指導要領では，以下の点が防災教育として展開していく柱になるといえる。

① （災害時にも）安全に（豊かに）生きること
② （防災に関する）情報を活用すること

第 7 章　特別支援学校学習指導要領における「防災教育」の内容と方法

Table 7-1　教科等横断的視点に立った防災教育の内容

項目	学習指導要領上の記述
「生きる力」の育成	「生きる力」の育成という教育の目標を，各学校の特色を生かした教育課程の編成により具体化していくに当たり，豊かな人生の実現や災害等を乗り越えて次代の社会を形成することに向けた現代的な諸課題に照らして必要となる資質・能力を，それぞれの教科等の役割を明確にしながら，教科等横断的な視点で育んでいくことができるようにする。(『解説（総則編）』p209)
情報技術の進歩と社会生活	職業生活ばかりでなく，学校での学習や生涯学習，家庭生活，余暇生活など人々のあらゆる活動において，さらには自然災害等の非常時においても，そうした機器やサービス，情報を適切に選択・活用していくことが不可欠な社会が到来しつつある。(『解説（総則編）』p259)
（道徳教育）地域社会への貢献／社会に参画する態度	学校行事や総合的な学習の時間などでの体験活動として，自治会や社会教育施設など地域社会の関係機関・団体等で行う地域社会振興の行事や奉仕活動，自然体験活動，防災訓練などに学校，学部や学年として参加する。(『解説（総則編）』pp321-322)
（道徳教育）自律的な判断／生きている喜びや生命のかけがえのなさ	生命の尊さの自覚，力を合わせよりよい集団や社会の実現に努めようとする社会参画の精神などを深めることが，自他の安全に配慮して安全な行動をとったり，自ら危険な環境を改善したり，安全で安心な社会づくりに向けて学校，家庭及び地域社会の安全活動に進んで参加し，貢献したりするなど，児童が安全の確保に積極的に関わる態度につながる。(『解説（総則編）』p323)

③地域のなかで（他者と協力しながら）危険な環境を改善しながら暮らすこと

4．小学部・生活科に関する防災教育の内容

　それでは，上記の視点で展開される防災教育は，特別支援学校学習指導要領（知的障害）のなかに，具体的にどの教科・領域に，どのような内容・方法として記載されているのかについてみていきたい。

　前節でも指摘したように，防災教育は教科等横断的視点に立って展開されるものであるので，いくつかの教科・領域にまたがって特別支援学校学習指導要領に記載されている。なかでも生活科は「安全な生活を送ることができるようになる」という点が目標となっているので，防災に関する内容を多く含んでいる教科であると考える。そこで，まず，生活科に関する目標・内容のなかに，防災に関する内容がどのように含まれているのかという点を整理することとした。

　まず，『解説（各教科等編）』の小学部・生活科では，「防災教育」の内容は安

第Ⅱ部　特別支援学校における防災対策と防災教育の内容・方法

Table 7-2　「生活科」に含まれる安全に関する内容（小学部1段階～3段階）

1段階	2段階	3段階
危ないことや危険な場所等における安全に関わる初歩的な学習活動を通して，次の事項を身に付けることができるよう指導する。 （ア）身の回りの安全に気付き，教師と一緒に安全な生活に取り組もうとすること。 （イ）安全に関わる初歩的な知識や技能を身に付けること。 　　（『解説（各教科等編）』p45）	遊具や器具の使い方，<u>避難訓練</u>等の基本的な安全や<u>防災</u>に関わる学習活動を通して，次の事項を身に付けることができるよう指導する。 （ア）身近な生活の安全に関心をもち，教師の援助を求めながら，安全な生活に取り組もうとすること。 （イ）安全や<u>防災</u>に関わる基礎的な知識や技能を身に付けること。 　（『解説（各教科等編）』pp54-55）	交通安全や避難訓練等の安全や防災に関わる学習活動を通して，次の事項を身に付けることができるよう指導する。 （ア）日常生活の安全や<u>防災</u>に関心をもち，安全な生活をするよう心がけること。 （イ）安全や<u>防災</u>に関わる知識や技能を身に付けること。 　　（『解説（各教科等編）』p63）

全に関する内容のなかに含まれていると考えられる。具体的には，小学部1段階～3段階の「生活科」に含まれる防災・安全教育の内容は上の通りであった（Table 7-2：筆者が「避難訓練」および「防災」という記述部分に下線を引いた）。

　このように，『解説（各教科等編）』では，小学部1段階～3段階の生活科のなかで安全について，少しずつ理解を深め，安全な行動ができるようになるということが目標であった。具体的には，「身の回りの安全」に気づくことから始め，「身近な生活の安全」について関心をもち，「日常生活の安全や防災」に関する知識や技能を身につけていくというように，段階を踏んで学習できるように教育することが求められていた。また，小学部1段階では，「防災」という用語は用いずに，災害時を含めて「安全」な行動がとれるように指導することが求められる一方で，小学部2段階から3段階では，「避難訓練」に関する内容が含まれてくることから，より主体的に防災に関われるようになることが目指されていた。

　この点については，特別支援学校学習指導要領解説で記されている知的障害児の小学部生活科のなかで，「防災」に関する部分を抜き出して整理すると，より顕著にわかる（Table 7-3）。すなわち，知的障害児に対する生活科の指導では，小学部1段階の知的障害児には災害時において「教師と一緒に活動すること」で安全を確保することが目標となるが，小学部2段階以降の子どもは「身近にある安全な場所を知る」ことだけでなく，「土砂崩れや河川の増水，地

188

第 7 章　特別支援学校学習指導要領における「防災教育」の内容と方法

Table 7-3　「生活科」で取り扱う防災教育の具体的な内容（小学部 1 段階～ 3 段階）

1段階	2段階	3段階
【防災】災害や事故について知る。地域の施設設備について知るなどの指導内容がある。教師と一緒に活動することで，危険な場所などがあることに気付くことが大切である。（『解説（各教科等編）』p45）	【防災】危険な場所に気付くとともに，身近にある安全な場所を知ることなどの指導内容がある。教師や友達と一緒に行動し，安全に生活する意識を高めることが大切である。（『解説（各教科等編）』p55）	【防災】土砂崩れや河川の増水，地震や火事などの災害に気付き，その場の状況をとらえて行動できることや，地域の避難場所が分かり移動するなど，安全な場所や人々との接し方を身に付けることなどの指導内容がある。緊急時に適切な行動がとれるように，日頃から安全や防災についての意識を高めていくことが大切である。（『解説（各教科等編）』p64）

震や火事などの災害に気付き，その場の状況をとらえて行動できること」が指導内容となっていた。これは，「危険な場所」について学ぶ場合においても同様であり，小学部 1 段階の子どもの目標が「危険である」ということを察知できるようになることであるのに対して，小学部 2 段階以降の子どもには，危険な状況を見て考え，適切な行動を考えて実行できるように学習を展開していくことが求められていた。

5. 中学部・社会科に関する防災教育の内容

『解説（各教科等編）』では，小学部段階の内容をさらに発展させたものが中学部 1 段階・2 段階として学習指導要領に示されている。特別支援学校学習指導要領では，小学部では「生活科」であるが，中学部では「社会科」と「理科」に分かれて教科が設定されているため，「防災教育」に関する内容も中学部以降は「社会科」と「理科」に分かれて記述された。

たとえば，中学部・社会科では，「地域の安全」という項目が設定されていて，そのなかに「地域における災害や事故に対する施設・設備などの配置，緊急時への備えや対応などに着目して，関係機関や地域の人々の諸活動を捉え，そこに関わる人々の働きを考え，表現すること」（『解説（各教科等編）』p285）が目標となっていた。なお，特別支援学校学習指導要領（知的障害）中学部・社

189

第Ⅱ部　特別支援学校における防災対策と防災教育の内容・方法

Table 7-4　中学部・社会科「地域の安全」のなかの防災に関する学習内容

社会科の指導事項	安全に関する学習内容	具体的な学習事項
（ア）の「関係機関が地域の人々と協力していることが分かる」	地域の安全を守る働きについて理解する	●火災については，消防署を中心に警察署，市役所，病院，放送局，学校，水・電気・ガスを供給している機関などが普段から施設・設備の整備や点検，訓練，広報活動などに取り組み，火災の予防に努めていることを学ぶ。 ●地域の人々が消防署への通報，避難訓練の実施，地域の消防団による防災を呼びかける活動などの火災予防に協力していることを学ぶ。
（イ）の「災害や事故に対する施設・設備などの配置，緊急時への備えや対応などに着目する」	緊急時に関係機関が連携して対応していることを理解する	●緊急時において，消防署や警察署などの関係機関が，緊急指令室等を中心にネットワークを活用して相互に連携するとともに，火災，交通事故，犯罪など緊急事態が発生した時には，状況に応じて迅速かつ確実に事態に対処していることを学ぶ。 ●近隣の消防署や警察署，市役所や病院，放送局，水・電気・ガスを供給している機関などが協力していること，消防団などの地域の人々が組織する諸団体が緊急事態に対処していることなどを調べる。（これらについて実際に見学したり，そこで働く人々に直接話を聞く機会を設けたり，写真や動画などの視覚的に分かりやすい資料を活用したりして，具体的，実感的に捉え，調べたことを図や表にまとめたり，地図を用いてハザードマップとしてまとめたりすることも考えられる。）
	地域の一員として避難行動をとることができる	●防災リュックや非常食の用意 ●避難経路や避難場所の確認などの家庭との連携 ●地域防災訓練への参加　　　　　　　　　　　　など

出典：『解説（各教科等編）』p286を筆者がまとめた。

会科の「地域の安全」という項目は，「地域防災の観点から新設された内容」であった。そして，「小学部生活科の『イ　安全』と関連するもので，小学部生活科の3段階では，『（イ）安全や防災に関わる知識や技能を身に付けること』を扱う」こととしていたが，この項目は，これを受けて，「身の回りの安全や防災は自分だけでなく，関係機関や地域の人々との協力で成り立っていることまで広げて指導する」ものである（『解説（各教科等編）』p285）。

　具体的には，上に示した内容を学習することが『解説（各教科等編）』に記載されていた（Table 7-4参照）。

　このように，中学部1段階では，「生活科」から「社会科」という教科になり，「生活」にとどまらない「社会の仕組み」について学ぶことが求められて

第7章　特別支援学校学習指導要領における「防災教育」の内容と方法

いた。このとき，防災・安全という点から社会科の内容・方法を考えるなら
ば，「一人で生きているのではなく，社会の一員として生きる」という点を指
導することが大前提となっていて，そのなかで関係諸機関が役割分担をしなが
ら私たちの安全に関与していることを学ぶ内容となっていた。

　こうした内容を学習したあと，中学部2段階の社会科では，「自分たちの都
道府県の地理的環境の特色」を理解することが目標となるなど，中学部1段階
よりも広い視野から「社会」をみて，考えることが目標として設定されてい
た。なかでも，防災・安全に関する項目では，「自然災害から地域の安全を守
るための諸活動」について，「具体的な活動や体験を通して，人々の生活との
関連を踏まえて理解するとともに，調べまとめる技能を身に付ける」ことが目
標とされた（『解説（各教科等編）』p290）。具体的には，特別支援学校学習指導要
領（知的障害）中学部2段階の社会科において，以下の点について学習するこ
とが目標とされ（Table 7-5），具体的にはTable 7-6の内容を取り上げ，指導す
ることと記されていた。

　このように，中学部2段階の生徒には，「県内で過去にどのような自然災害
が発生したのか，どのような被害があったのか，今後想定される自然災害に対

Table 7-5　中学部2段階の社会科「地域の安全」に関する指導目標

地域の安全に関わる学習活動を通して，次の事項を身に付けることができるよう指導する。
ア　地域の関係機関や人々は，過去に発生した地域の自然災害や事故に対し，様々な協力をして対処してきたことや，今後想定される災害に対し，様々な備えをしていることを理解すること。 イ　過去に発生した地域の自然災害や事故，関係機関の協力などに着目して，危険から人々を守る活動と働きを考え，表現すること。

出典：『解説（各教科等編）』p294。

Table 7-6　中学部2段階の社会科「地域の安全」に関する学習内容

地域の安全に関する学習内容	主な学習事項
今後想定される災害に対し，様々な備えをしていることを理解する	●地震災害，津波災害，風水害，火山災害，雪害などについて，土地や気候の特徴など地域の実態と，過去に地域で起きた災害を調べる。 ●県や市，警察署や消防署，消防団などの関係機関や地域の人々が協力して，災害や事故を未然に防ぐ努力や備えをしていることを学習する。

出典：『解説（各教科等編）』pp294-295を筆者がまとめた。

191

第Ⅱ部　特別支援学校における防災対策と防災教育の内容・方法

しどこでどのような備えをしているのかなどの問いを設けて，過去の災害や事故，関係機関の協力などを調べる」など，探究的な学習が可能であり，推奨されている点について留意する必要があると学習指導要領には記されていた。また，「関係機関の協力などに着目する」という点についても，警察や消防など，日常生活でよく見かけるものばかりでなく，「自衛隊，気象庁などの機関が連携を図って，防災情報の発信や避難態勢の確保などを行っていることを調べること」などにも取り組むことになっていた。そして，こうした地形などの情報や，普段，あまり見かけない諸機関について知ることにより，「災害時に迅速で的確な対応が可能であること」や，「災害時に主体的な行動がとれる」ように指導していくことが求められていた（『解説（各教科等編）』pp294-295）[1]。

6．中学部・理科に関する防災教育の内容

　知的障害の教育課程では，小学部・生活科で学んだことは中学部・社会科の内容に接続するだけでなく，中学部・理科にも接続している。そこでは各段階において，「天気などに関する指導に当たっては，災害に関する基礎的な理解が図られるようにする」ことが目指されていた（『解説（各教科等編）』p362）。具体的には，「自然の事物・現象の働きや規則性などを理解し，自然災害に適切に対応することにつながる」学習が求められていた（『解説（各教科等編）』p363）。

　ただし，特別支援学校学習指導要領（知的障害）中学部・理科の学習内容のなかで，明確に自然災害に関する言及があるのは，中学部2段階の「雨水の行方と地面の様子」に関する項目であった。ここでは，「長雨や集中豪雨がもたらす川の増水による自然災害との関連を図りながら，学習内容の理解を深めることも考えられる」と言及されているのみであり（『解説（各教科等編）』p363），必ずしも自然災害そのものについて学ぶ単元を用意することを想定しているものではなかった。これは，大雨などの自然災害は，自然現象の一つであるが，

第 7 章　特別支援学校学習指導要領における「防災教育」の内容と方法

理科という自然科学的な学習内容体系のなかでは，中心課題となるものではな
く，あくまでも，「地球・自然」の領域の中の「気象現象」（中学部2段階）の学
習内容の一部に組み込まれるものであった[2]。たとえば，特別支援学校学習指
導要領（知的障害）中学部2段階の理科の内容では，「雨水の行方と地面の様子」
のなかで，以下の点を学ぶことが示された（『解説（各教科等編）』p351）。

○水は，高い場所から低い場所へと流れて集まること
○水のしみ込み方は，土の粒の大きさによって違いがあること

また，「気象現象」に関する学習では，

○天気によって1日の気温の変化の仕方に違いがあること
○水は，水面や地面などから蒸発し，水蒸気になって空気中に含まれていく
　こと

について学び，「天気や自然界の水の様子について，それらと天気の様子や水
の状態変化との関係について理解すること」が課題とされていた（『解説（各教
科等編）』p351）。

　なお，理科という教科の系統性を考えると，上記の内容は小学部・生活科で
学習するなかでも取り上げられることが推察される。そこで，中学部2段階で
学習する「気象現象」に関することが小学部・生活科では，どのような内容
と関連するのかという点を見てみたところ，「季節の変化と生活」という項目
が関連していて，次ページのような学習内容が系統的に示されていた（Table
7-7）。

　このように，特別支援学校学習指導要領（知的障害）中学部・理科では，自
然災害そのものを取り上げる学習内容が示されているわけではなく，自然災害
が発生するメカニズムを理解するための基礎的な学習内容が示されていた。こ
うした学習を基盤にして，夏の暑い日に大量の水分が水面や地面などから蒸発

第Ⅱ部　特別支援学校における防災対策と防災教育の内容・方法

Table 7-7　小学部・生活科における「季節の変化と生活」の内容

小学部1段階	小学部2段階	小学部3段階
身の回りにある生命や自然に気付き，それを教師と一緒にみんなに伝えようとすること。	身近な生命や自然の特徴や変化が分かり，それらを表現しようとすること。	日常生活に関わりのある生命や自然の特徴や変化が分かり，それらを表現すること。
【季節の変化と生活】：天気や空の様子に関心をもつこと，四季の特徴や天気の移り変わりに気付くこと，地域の行事と季節の関係について知ることなどの指導内容がある。晴れや雨などの天候の変化に気付くことが大切である。（『解説（各教科等編）』p52）	【季節の変化と生活】：天候の変化や，太陽，月，星などと昼夜との関わりに関心をもつこと，冬は寒く夏は暑いなどの季節の特徴に関心をもつことが大切である。（『解説（各教科等編）』pp60-61）	【季節の変化と生活】：天気予報や台風などの情報に関心をもつこと，太陽の出没の方角や月の満ち欠けなどを観察すること，四季の変化に関心をもつことなどが大切である。また，季節と行事の関係に関心をもつことも大切である。（『解説（各教科等編）』p70）

し，水蒸気になって空気中に含まれるようになると，大雨を降らせる雲が発生するなど，災害が生じやすい気象現象をイメージすることが可能となる学習内容が中学部・理科のなかに含まれていた。

7. その他の教科・領域における防災教育の内容

　ここまで示してきた教科（生活科・社会科・理科）以外には，防災教育の内容は職業・家庭科および保健体育科のなかに示されていた。具体的には，「家族・家庭生活　B　衣食住の生活　オ　快適で安全な住まい方」のなかで，「災害に関する内容」として，「地震や火事など緊急時に身を守ることや避難場所，連絡先の理解」などを学ぶこととされた（『解説（各教科等編）』p496）。ここでは，「学校生活の様々な場面を想定した避難訓練等と関連させ，生徒がより身近に考え，実際の災害に際して自立して行動できるようにすることが大切であ」り，「地域の協力を得てこれらの学習活動を行うこと」が「防災や防犯に係る体制をつくる上で効果的である」と指摘された（『解説（各教科等編）』p496）。

　また，保健体育科の「保健」分野では，「健康で安全な個人生活を営むための技能」を身につけることが目標となっているが，高等部1段階の保健の内容では，「交通安全や自然災害などへの備えと対応」について言及されている箇

第7章　特別支援学校学習指導要領における「防災教育」の内容と方法

所があった[3]。ここでは，交通事故や水の事故，犯罪被害に巻き込まれないようにするための知識や技能を学ぶことに加えて，「地震，台風，大雨，竜巻，噴火などの自然災害等の発生」に備えるための学習が必要であると指摘された。具体的には，

○地震が発生した場合に家屋の倒壊や家具の落下，転倒など原因となって危険が生じること
○地震に伴って発生する津波，土砂崩れ，地割れ，火災などの二次災害によっても自然災害が生じること

について理解することができるように，「安全に関する指導」が必要であり，「その際，地域の実情に応じて，気象災害や火山災害などについても触れるようにすることが大切である」と指摘された（『高等部解説（各教科等編）』p78）[4]。

　また，高等部2段階の保健の内容では，「日頃から災害時の安全の確保に備えておくこと，緊急地震速報を含む災害情報を正確に把握すること，地震などが発生した時や発生した後，周囲の状況を的確に判断し，自他の安全を確保するために冷静かつ迅速に行動する必要があることを理解できるようにすること」や「災害発生時の周囲の状況を的確に判断できるよう災害情報の取得方法，緊急連絡方法，避難所への避難方法，周囲へ助けを求めること」などを「保護者と共に確認すること」が示された（『高等部解説（各教科等編）』p94）。

　以上のように，職業・家庭科では，家庭生活において安全に過ごすための学習，保健体育科では，事故対応のなかで，災害時の安全確保に必要な情報収集や支援要請の方法等を学ぶことが求められた[5]。

8. まとめと考察

　本章では，特別支援学校学習指導要領（知的障害）のなかに防災教育がどのように位置づけられているのかを分析することが目的であった。上記の結果か

195

第Ⅱ部 特別支援学校における防災対策と防災教育の内容・方法

ら，知的障害児の防災教育は，生活科や保健体育科の「安全」に関する項目に含まれるかたちで内容が示されていることが多かった。その一方で，社会科であれば，災害時に関係する諸機関の働きについて学んだり，理科であれば自然現象を学ぶなかに，台風や地震などの自然災害の仕組みを学ぶなど，教科の特徴をふまえた防災教育の内容も特別支援学校学習指導要領（知的障害）のなかに含まれていた。

また，特別支援学校学習指導要領（知的障害）では，小学部・生活科から中学部・社会科および理科へと系統的に内容が示されているが，防災に関する内容についても，ある程度，系統的に示されていることが明らかになった。そのため，教科学習をベースにした学習指導要領において，防災教育を体系的に展開していくには，以下のようなカリキュラム・マップを意識して，各教科の見方・考え方を指導しながら，応用的に災害時への対応方法を考える時間を設けることが重要であると考えた（Fig. 7-1）。

加えて，知的障害児の防災教育は，次ページのように教科のなかで指導するような構造となっていた（Table 7-8）。このように，各教科等の体系的な指導

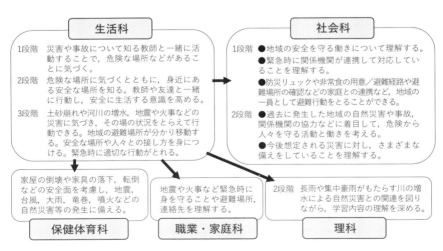

Fig. 7-1　特別支援学校学習指導要領（知的障害）における防災教育カリキュラム・マップ

第7章　特別支援学校学習指導要領における「防災教育」の内容と方法

Table 7-8　知的障害児の防災教育の内容と関連する教科

知的障害児の防災教育の内容	関連する教科
生活のなかでの安全確保（危険な場所や状況の理解／災害時の適切な行動に関する思考力・判断力／災害時の支援要請ができる表現力等）	生活科／職業・家庭科／保健体育科
社会資源（関係諸機関の働き）の理解と活用方法の理解	社会科
自然現象（大雨／台風／地震等の自然災害）の（自然科学的な）理解	理科

を意識して，防災教育を教科等横断的に実施していくことが求められるが，そのためには，該当する教科のなかで各教科と防災教育の双方の目的を満たす教材を作成し，意図的に実施することが重要となるだろう。今後，こうした視点から，防災教育の教材を開発し，授業展開を検討していくことが実践課題であると考える。

[注]

1) 中学部2段階の社会科では，「オ　我が国の地理や歴史」との関連を図り，地形や地理的環境など地域の実態と災害との関係を取り上げることなども可能であるという点も記載されていた。

2) 「気象現象」に関する学習は中学部2段階の内容として示されていた。中学部1段階では，「気象」に関する学習事項として，「太陽と地面の様子」について取り上げられているが，ここでは，「日陰は太陽の光を遮るとできること」や「地面は太陽によって暖められ，日なたと日陰では地面の暖かさに違いがあること」を学習することになっており，自然災害に関する学習を想定した内容ではなかった（『解説（各教科等編）』p342）。

3) 特別支援学校学習指導要領（知的障害）では，中学部においても保健の分野で「健康・安全」に関する指導事項があるが，主たる内容は「体の発育・発達やけがの防止，病気の予防などの仕方」であり，災害時の対応に関する記載はみられなかった（『解説（各教科等編）』p463）。

4) この点について，文部科学省の資料では，「豊富な水量が稲作農業等に欠かせなかったり，火山活動や地殻変動が優れた景観や温泉などをつくり地域の活性化に結びついたりもしている。また降雪はスキーなどのレジャーやスポーツにも関係している」ことなどが例示されていた（文部科学省, 2013, 11）。

5) このほか，自然と人間との関わりについては，総合的な学習の時間，修学旅行などの学

第Ⅱ部　特別支援学校における防災対策と防災教育の内容・方法

校行事，その他の特別活動など，さまざまな教育活動を通して学ぶことができる。こうした総合的な学習の時間や特別活動では，必ずしも避難方法を学ぶだけでなく，「災害の直接の原因となる自然について知ること」に加えて，「自然は人間に対して多くの恩恵を与えていること」も取り上げる必要があると考えられていた。具体的には，修学旅行などの学校行事，その他の特別活動などを通して，「地域の自然に根ざした実践的な教育活動」が展開されているが，「このような機会を利用して，自然は人間にとっていつも都合よくできているわけではなく，自然には恩恵と災害の二面性があること」を学習することが重要であると指摘された（文部科学省，2013，11）。

[文献]

・小山拓志・田中淳子・大鶴晶子．2019．「カリキュラム・マネジメントの視点を取り入れた特別支援学校における防災教育の実践と課題——大分県立大分支援学校を事例に」．『大分大学高等教育開発センター紀要』11，101-116.

・高野真梨子・石倉健二．2018．「特別支援学校（視覚障害）における防災に関する行動要素及び指導内容一覧の作成」．『兵庫教育大学学校教育学研究』31，199-206.

・堂薗恵美．2021．「知的障害特別支援学校における防災教育の在り方について——生活単元学習『グラグラゆれたらどうしよう？』の実践からの検討」．『広島大学大学院人間社会科学研究科附属特別支援教育実践センター研究紀要』19，53-60.

・戸ヶ崎泰子・中井靖・木村素子．2015．「知的障害と肢体不自由の重複障害児に対する防災教育」．『宮崎大学教育文化学部紀要』創立130周年記念特別号，187-198.

・藤井基貴・松本光央．2014．「知的障害がある児童生徒に対する防災教育の取り組み——岐阜県立可茂特別支援学校の事例研究」．『静岡大学教育学部附属教育実践総合センター紀要』22，73-81.

・水谷好成・樫村恵三・石澤公明．2019．「復興教育学を基にした知的障害特別支援学校の防災教育の提案」．『宮城教育大学紀要』53，229-238.

・文部科学省．2013．『学校防災のための参考資料 「生きる力」を育む防災教育の展開』（MEXT1-1301）（平成25年3月改訂版）．

・文部科学省．2018a．『特別支援学校学習指導要領解説 各教科等編（小学部・中学部）』（平成30年3月）．

・文部科学省．2018b．『特別支援学校教育要領・学習指導要領解説 総則編（幼稚部・小学部・中学部）』（平成30年3月）．

・文部科学省．2019．『特別支援学校学習指導要領解説 知的障害者教科等編（下）（高等部）』

第7章　特別支援学校学習指導要領における「防災教育」の内容と方法

（平成31年2月）.

・山田伸之・丁子かおる・鶴岡尚子．2019．「特別支援学校での地震防災教育の現状理解と
　質的改善に向けて」．『和歌山大学教育学部紀要．教育科学』69，169-174.

・和田充紀・池田弘紀・池﨑理恵子・栗林睦美．2016．「知的障害特別支援学校における防
　災教育のあり方に関する一考察――現状の聞き取り結果と，教育課程に位置付けた実践の
　検討を通して」．『富山大学人間発達科学部紀要』10(2)，143-153.

第8章

知的障害児に対する「防災教育」の教材開発
──育成を目指す資質・能力をふまえた動画教材の活用──

1．はじめに

　第7章で整理して示した通り，特別支援学校学習指導要領には，さまざまな
教科・領域のなかに「防災教育」に関する目標や内容が記載されていた。この
ことは，特別支援学校に限らず，小学校や中学校の学習指導要領においても同
様であり，2011年3月の東日本大震災以後，すべての子どもたちに対し，学校
教育において防災教育を実施することが求められるようになった。

　それでは，東日本大震災以後，日本の学校教育では，防災教育に関してどの
ような教材が使用され，どのような授業が実践されてきたのだろうか。特に，
知的障害児に対する防災教育の実践は，小・中学校の学習活動と接点があるの
か，それとも障害児に対する防災教育の実践は，通常の学校における実践とは
異なる内容・方法が用いられているのだろうか。

　本章ではこの点について検討するために，まず小・中学校の学習指導要領が
改訂された2017年以降，通常の学校において防災教育がどのように実施され，
どのような課題があったのかという点を研究レビューし，教材開発および授業
実践の特徴を検討することとした。そのうえで，知的障害児に対する防災教育
の教材を開発し，その教材を用いた授業展開を考案し，知的障害児に対する防
災教育の実践方法を考察した。

2．通常学校における防災教育の現状と課題

　2017年に小・中学校の学習指導要領が公示され，防災教育に関する目標や

内容が示されると，通常学校の防災教育の取り組み状況について調査研究が各地で進められた。たとえば，柴田らは，2019年に全国規模のアンケート調査を実施し，小・中・高等学校（合計545校）において防災教育の実施状況を調べたところ，小学校では82％，中学校や高等学校でも60％以上の学校で防災教育に取り組んできたことが明らかになった（柴田ほか，2020，22）。しかし，「テキストや教材」「専門家による支援」「ゆとりあるカリキュラム」に課題があると回答した学校も多く，すべての学校で防災教育を実施するための条件を整備する必要があると指摘された（柴田ほか，2020，23）。

　その一方で，河野は，小学校で使用できる防災教育に関する冊子を都道府県教育委員会が作成し，それを活用した実践が展開されてきたことを明らかにした。そこでは，地域の特性に応じた教材を取り上げたり，各教科で指導する内容と特別活動において指導する内容を整理するなどの事例が紹介された（河野，2020）。また，林田らは，防災教育に関する動画教材を収集し，学校における活用方法を検討したが（林田ほか，2020），ここで収集された教材は，「水害」や「ハザードマップ」を取り上げたものが多く，すべての災害を網羅した教材が用意されているわけではなかった。

　以上のように，防災教育については，災害について深く知ることばかりでなく，実際に避難所での生活を体験したり，非常時を想定してさまざまなシミュレーションをするなかで，思考力や判断力を養うことも行ってきた[1]。そして，こうした理解と体験・実践の両面を学校においてどのように実践していくことができるのかを検討することが防災教育の課題であった。

　一方で，2018年前後から防災教育に関する具体的な取り組みがさまざまに紹介されるようになった。特に，生活科や社会科，理科，家庭科といった防災教育と密接に関係する教科のなかで取り組まれていることが多く，その一部が論文等で公表された。たとえば，松岡は，災害には「自然条件や過疎・過密問題」や「地域住民の疎遠化」などの社会システムと地域コミュニティの脆弱さが関係していることを指摘し，社会の仕組みと防災を関連させた社会科の授業構成が必要であると指摘した（松岡，2021，98）。また，松田らは，生活科におけ

第Ⅱ部　特別支援学校における防災対策と防災教育の内容・方法

る「地域社会を知り，親しむ」という点が子どもの防災力を上げる可能性があると指摘した。さらに，「災害の脅威の実態を知り，災害が起きる科学的メカニズムを理解すること」に関して，社会科で学習する「地形や土地利用，気象などの要因と関連付けて町を知る」ことが防災や減災に貢献すると考えた（松田・山田，2016，149）。

　以上の視点から社会科で防災教育を取り上げることは，中学校社会科（公民分野）においても同様である。たとえば，井上は「安全で安心な社会づくりへの参加・貢献」をするための市民の育成を目指し，シティズンシップ教育として防災教育に取り組むことが必要であると指摘した。そして，公民の授業を通して防災コミュニティを築くために，課題解決に向けた思考力や新たな課題を発見することが重要であると指摘した（井上，2020，86）。また，中学や高校の地理的分野の内容と防災教育を関連させて教材研究を行った笹田らの研究では，自分たちの生活圏のハザードマップ（地図）をもとにして地震発生時の避難経路や原発事故発生時の避難方法等を考える授業計画が紹介された（笹田・諏訪，2017，143）。

　一方で，笹田らは，防災教育は単に地理的分野の検討だけで済むものではなく，国語や道徳の時間に被災者の体験談を読んだり，家庭科の授業で災害時の衣食住について考えるなど，教科等横断的に取り組むことが必要であると指摘した（笹田・諏訪，2017，146）。また，理科の時間を使って，自然災害を多面的にとらえ，科学的に思考し，判断する力を育成する学習を展開した事例なども紹介された。たとえば，清水らは，小学6年生を対象にして，体験的な学習を通して「地震発生の仕組み」や「振動台による液状化実験」「火山噴火の仕組み」などを学び，避難の準備をどのようにしたらよいかを考える学習を展開した（清水ほか，2018）。

　中学校における実践でも，榊原らは，中学1年生の単元「大地の成り立ちと変化」において，地震の「ゆれの伝わり方」や「地震が起こる仕組み」を学習する計画を立てたが，その学習の前後（単元計画の最初と最後の時間）に，実際の災害を想定するような内容を含めて，単元学習の計画を立案した（榊原ほか，

2020, 71)。また，「地震・火山や地層」に関する学習（中学1年生）と，「気象」に関する学習（中学2年生）を基礎にして，中学3年生に河川が氾濫する場合を想定した学習を計画した。そこでは，インターネットを駆使して，浸水想定区域や地形データなどの情報を収集し，どのような避難行動をとるべきかを検討する内容となっていた（髙岡・佐藤, 2021）。このように，理科の学習指導要領のなかには，災害と関連する自然事象を取り扱う単元が多くあり，そうした学習のなかで防災教育を実施していくことを考える取り組みが多くみられた[2]。

　さらに，家庭科では，災害時を想定して各家庭で食料備蓄や災害時の調理の方法について考える授業が紹介されている。たとえば，石田・中山は，小学6年生の家庭科の授業で「災害時の食事」について考え，「災害時を想定した調理実習」を行う授業を展開し，家庭科と防災教育を関連させた学習を行った（石田・中山, 2017）。また，小林・永田は中学生を対象にして，親子で体験的に災害食を調理し，試食する過程で，「ローリングストック法」[3]や「災害時の備蓄食品」について学ぶ学習計画を立案した（小林・永田, 2018）。前田らは，カードを用いて食料備蓄の方法を考える授業を計画し，小学校から高等学校まで幅広く実践した（前田ほか, 2021）。

　加えて，家庭科と関連する防災教育は，食に関することだけでなく，「住生活」に関する領域でもみられた。たとえば，中学校技術・家庭科（家庭分野）において，「災害時の住まいと暮らし」に関する授業が紹介された。ここでは，「家族の住空間について考え，住居の基本的な機能について知るとともに，家族の安全を考えた室内環境の整え方を知り，快適な住まい方を工夫すること」がねらいであったが，この学習のなかで「災害時」を想定して学ぶ時間をとる計画となっていた（長, 2018, 199）。

　その他，「総合的な学習」の一環として防災教育を展開する事例も紹介されてきた。たとえば，総合的な学習の時間を活用して，避難所運営を体験する学習を行った実践が紹介された。そこでは，次々と訪れる避難者をどのように受け入れるのかを考える学習を通して，災害時の対応は「逃げる」ことだけではないという点を中学生が学んでいた（松本・上原, 2021）。また，小学6年生に

第Ⅱ部　特別支援学校における防災対策と防災教育の内容・方法

健康教育との関連で，体育科（保健領域）の時間を使って，被災後の避難所生活などにおける健康問題を考える学習を行ったことが紹介された。ここでは，「災害時ヘルスリーダーになろう」というテーマのもと，「避難所生活で問題となること」を考えたり，災害に遭遇した際に，体育館で避難生活を送るにあたっての「衛生面」や「病気の予防」に必要な対策を考えさせていた（江藤・山田, 2018）。

　また，小学校理科につながる内容として，保育現場における防災教育の実践もあった。具体的には，田村は水害を取り上げ，避難訓練を工夫するだけでなく，「水」と「川」に関する理解を幼児が深められるように遊びや体験活動を意識的に行うことを提案した[4]。ここでは，理科に関することとして，「水の流れから感じる力（圧力・水の力）」や「水の流れの速さ（川の形状により流速が変化）」「水に濡れることでの冷たさ（気化熱・熱伝導）」などを，体験的に学ぶなかで理科的な「感性」を育むことができると指摘した（田村, 2019, 43）。

　このように，小・中学校においてはさまざまな時間に防災教育が展開されてきた。もちろん，ここで紹介した実践は一部の学校の先駆的取り組みであるが，さまざまな教科・領域のなかで実践が開発され，防災教育のコンテンツとして蓄積されてきたということはできるだろう。このとき，小・中学校においては，防災教育として特設した時間をとって実施していくべきなのか，日常的に行われている教科学習のなかに意識的に防災教育の内容を組み入れていくべきなのかといった点がカリキュラム上の検討課題であると考えた。

3．特別支援学校における防災教育の教材開発と授業展開

　一方，特別支援教育における防災教育の実践開発は，2011年に東日本大震災を経験したあとも，決して多いとはいえない。いくつか実践の紹介はあるが，学習指導要領をふまえた総合的な防災教育カリキュラムのもとで行われてきたものではなく，単発の実践紹介にとどまっている傾向にあった。そうしたなかで筆者らは，知的障害児に対する防災教育の動画教材を作成した（主な内

容・展開を資料8-1・資料8-2に示した）。

　これらの教材は，「防災教育」を実施する時間に知的障害特別支援学校の児童生徒に対して，学びを深めるきっかけとなる学習教材を提供するために作成した。具体的には，授業の最初の10分程度の「導入」の時間に動画教材を使用し，その後，クラスで教師と子どもが災害時をイメージしながら，考えていくことを想定した。たとえば，理科教材として制作された「教えて！地震博士!!」では，教員役と生徒役がかけあいをしながら進んでいく動画を視聴して，防災に関する学習ができるよう作成した。ここでは，「震度1」から「震度7」までの揺れを見たうえで，どのように行動するのかという点を指導する内容とした。

　一方で，家庭科の教材（「みんなできてる？お家の地震対策」）は，家具の転倒防止の必要性について学び，日頃から地震にどのように備える必要があるのかについて学ぶことができる動画を作成した。この動画教材は，ペープサート（紙人形劇）をしながら音声を吹き込むかたちで制作されたので，小学部の子どもなどでも楽しく学ぶことができるように工夫した。また，ストーリー仕立てにして，家のなかの危険性について理解できるように動画を作成し，地震発生時の状況を知的障害児がイメージできるようにした。

　このように，知的障害特別支援学校の児童生徒に対する防災教育は，（実写であるか，ペープサートであるかの違いはあるが）実際の災害場面を具体的に視聴できるように動画を作成し，具体的な場面を通して考える構成にした。ただし，教科学習のなかで防災教育を実践する場合には，『特別支援学校学習指導要領解説（各教科等編）』（以下，『解説（各教科等編）』とする）に記載されている教科の目標・内容と関連させなければならない。たとえば，「地震博士」の動画教材であれば，理科の内容として「地震が起こる仕組みについて知る」ということを「ねらい」の一つとした（資料8-1）。また，「みんなできてる？お家の地震対策」の動画教材では，家庭科として「家庭生活」における「安全」を学ぶことが目標となり，この学習を通して，「生活の見方・考え方」を働かせることができるように学習指導案を立案した（資料8-2）。

第Ⅱ部　特別支援学校における防災対策と防災教育の内容・方法

資料8-1　防災教育の動画教材・理科（特別支援学校中学部〜高等部）

【ねらい】
・地震が起こる仕組みについて知り，地震により起こりうる状況を理解し，身を守る方法を身につけることができる。
・地震が起きた場合，どのような危険があるのか予測したり察知したりすることができる。
・地震の危険性を理解し，地震が起きた場合，身を守る行動をとろうとする。

【動画教材の概要】

教材　「教えて！地震博士‼〜地震が起こる仕組み」

時間 （分）	活動内容	留意点
0	**1．導入** ・なんでくんが先生の授業を受けているなかで地震が発生する。 なんでくん，先生の2人が地震について会話をしているなかで，博士を呼び出す。 なんでくん：「とっても怖かった。地震ってどうして起こるんだろう？」 先生：「地震に詳しい博士を紹介するから詳しく聞いてみよう！　おーい，地震博士〜！」 博士：「わしが地震博士じゃ。地震についてならば，何でも知っておるぞ！」	・教室の場面設定。カメラの画面を揺らして地震を演出する。 ・小道具を使用し，役になりきることで，動画への関心を高めるようにする。 （博士はリモート出演）
5	**2．地震が起こる仕組みについて知る** （1）地震が起こる原因 ・博士の解説を聞く。 ニュースの画面 先生：「水戸市は震度4で，つくば市では震度2だったみたいだね」 なんでくん：「あれ？　同じ地震なのに大きさが違うの？　なんでだろう？」	・地震発生の原因については，「地面が割れて揺れが起こる」程度の説明にする。
7	（2）震度と震源地 ・「震源地」「震度」について用語の意味を知る。 博士：「このように，地震には揺れの強さの違いを『震度』で表すんじゃ。震度が違うと，こんなふうに君たちへの影響が変わるぞ」 ・震度等級表をもとに，震度による違いを知る。 なんでくん：「震度5より強くなると，すぐに身を守らなければ危ないね」	・震度と震源地に関するニュース画面を使うことで，日常生活と結びつける。 ・動画やイラストを使って，地震が起こる原因や震度の違いを視覚的にとらえさせ，理解しやすいよう工夫する。 ・動画を使って地震の揺れを再現し，震度の違いを理解できるようにする。
9	**3．まとめ** 先生：「納得！納得！　これでみんなも地震のテスト，自信をもって受けられるね」	

＊動画教材（内容・展開）制作者：千木良祐依香。

第8章　知的障害児に対する「防災教育」の教材開発

資料8-2　防災教育の動画教材・家庭科（特別支援学校中学部〜高等部）

【ねらい】
・地震に備えた安全対策と地震が起きた後の適切な対応について理解することができる。（知識および技能）
・日頃の安全対策を見直し，地震に向けて必要な備えを考えることができる。（思考力・判断力・表現力）
・地震や防災に関心をもち，日常生活で家庭生活における安全を意識しようとする。（学びに向かう力・人間性等）

【動画教材の概要】

教材　「みんなできてる？お家の地震対策」

時間 （分）	活動内容	留意点
0	1.　導入 博士：「昨日の地震すごかったね」 男の子：「ほんとですよね。僕の家はぐちゃぐちゃだよ」 博士：「そんなにぐちゃぐちゃなのかい？」 男の子：「物がたくさん倒れてきて足の踏み場もないよ」 博士：「本当かい。わしの家はきれいじゃぞ」 男の子：「なんだって‼　じゃあ博士教えてよ」 博士：「じゃあ，このあと家に来たまえ」	・2人のやりとりを通して，家のなかの防災対策について興味をもつことができるようにする。
2	2.　家のなかの安全対策 ・棚を固定する。 ・出入口に物を置かない。 ・窓に飛散防止フィルムを貼る。 ・就寝する場所から家具を離して置く。 ・燃えやすいものをヒーターやストーブの近くに置かない。	・動画内で棚を固定する場面では，必ず2人以上で組んで行うようにし，安全面での注意喚起を行う。 ・実際にやって見せることで，視覚的に理解を深めるとともに，自分もやりたいという意欲を引き出す。
4	3.　地震が起きたあとの行動 ・火を消す。 ・ドアを開ける。 ・危険な場所（家具の近く，窓，照明器具）から離れる。 ・靴やスリッパを履く。	・日頃からやっておくべき対策だけではなく，地震直後の行動も大切であることに気がつくことができるようにする。
9	4.　振り返り ・男の子の家で実践する。	

＊動画教材（内容・展開）制作者：石垣莉世・小泉七恵・佐久間順菜。

第Ⅱ部　特別支援学校における防災対策と防災教育の内容・方法

Table 8-1　防災教育に関する特別支援学校学習指導要領（中学部・理科）の目標・内容

目標	自然の事物・現象についての基本的な理解を図り，観察，実験などに関する初歩的な技能を身に付ける。
内容	同時に複数の自然の事物・現象を比べたり，ある自然の事物・現象の変化を時間的な前後の関係で比べたりする。自然の事物・現象と既習の内容や生活経験とを関係付けたり，自然の事物・現象の変化とそれにかかわる要因を関係付けたりする。

出典：『解説（各教科等編）』pp332-333。

Table 8-2　防災教育に関する特別支援学校学習指導要領（中学部・家庭科）の内容

家庭分野の該当箇所	B　衣食住の生活 オ　快適で安全な住まい方 （ア）快適な住まい方や，安全について理解し，実践する
具体的な内容	オの「快適で安全な住まい方」において，住まいの整理・整頓や清掃，犯罪や災害などから身を守ることなど，快適で安全な暮らしに必要な基本的な事柄を取り扱う。指導に当たっては，快適で安全な暮らしを実現するために，ガスや火器，刃物などの危険物についての注意や，落下物や階段など，家庭内で起こる様々な事故やそれらの防ぎ方として，住まいの整理・整頓や清掃が重要であることを関連付ける。災害に関する内容としては，地震や火事など緊急時に身を守ることや避難場所，連絡先の理解などである。指導に当たっては，学校生活の様々な場面を想定した避難訓練等と関連させ，生徒がより身近に考え，実際の災害に際して自立して行動できるようにすることが大切である。

出典：『解説（各教科等編）』pp492-493およびp496。

　ただし，『解説（各教科等編）』に記されている中学部・理科の内容には，「地震」について直接的に言及されている箇所はなく，自然の事物・現象についての理解を深めることが目標となっている（Table 8-1参照）。そして，理科という教科の特性上，単に自然現象を体験的に学ぶだけではなく，「観察」や「実験」といった科学的な視点をもつことができる方法を用いて，さまざまな事象を比べたり，関連づけたりすることが求められた。一方で，『解説（各教科等編）』に記されている中学部・家庭科の内容のなかには，「快適で安全な住まい方」のなかに，落下物などの家庭内での事故の防止や，災害時の避難先や緊急連絡の方法などが含まれている（Table 8-2参照）。

　現行の学習指導要領では，教科学習で「教科の見方・考え方」を働かせることができるように授業を展開することが求められている。今回紹介した防災教育に関する学習指導案および動画教材の使用においても，理科で行う場合には

「地震」のメカニズムに着目することや，家庭科であれば「安全」面に着目するといった「見方・考え方」を働かせるように授業を展開することが必要であると考えた。

4. 特別支援教育における防災教育の課題

　前節で検討した通り，教科学習のなかで防災に関する指導を行う場合には，当該教科の目標に沿って体系的に指導することが求められる。そのため，「防災」について教科学習のなかで学ぶ場合には，教科の体系的な学びのなかに防災のトピックスが出てくるというかたちになり，各教科の学習のなかに断片的に組み入れられるというかたちで学ぶことが多くなることが避けられない。

　たとえば，『解説（各教科等編）』では，中学部・社会科の内容のなかに「地域の安全」という項目があり，そのなかで「防災リュックや非常食の用意，避難経路や避難場所の確認などの家庭との連携，地域防災訓練への参加など，地域との連携を図る」ことが記載されている（文部科学省, 2018, 286)。一方で，前節で示したように，中学部・家庭科の学習のなかにも，「地震や火事など緊急時に身を守ることや避難場所，連絡先の理解」が含まれていた。

　このように，防災に関する学習を行う場合には，教科を体系的に学ぶだけでは，内容が重複していたり，学ぶ順序に一貫性がなかったりすることが課題となる。もちろん，社会科で「地域」について学ぶなかで「社会の仕組み」を理解することが目的となる一方で，家庭科では「住居の安全」について学ぶことが目的となり，それぞれ学ぶことが異なっていることはやむを得ないだろう。すなわち，災害時にどのように身を守り，避難するかという点については同じ内容のようにみえるが，社会科の側面から学ぶか，家庭科の側面から学ぶかという点では異なるため，それぞれの教科のなかでどのような「見方・考え方」を働かせて子どもたちに考えさせるのかという点を意識することが重要となる。

　しかし，知的障害児に関しては，教科学習のなかで学びは「要素」的に学ぶ

だけだと，防災のような総合的な知識や思考を要する学習を深めることは難しくなると考えられる。このような理由から，各教科の学びを総合的・探究的に取り扱う時間が重要となるといえるだろう。

　この点について，現行の学習指導要領では，総合的な学習の時間に関して「『探究的な見方・考え方』を働かせ，総合的・横断的な学習を行うことを通して，よりよく課題を解決し，自己の生き方を考えていくための資質・能力を育成することを目指」し，そのなかで，「各教科等で育成する資質・能力を相互に関連付け，実社会・実生活の中で総合的に活用できるものとなる」ように指導することと記述されている（文部科学省, 2017, 6）[5]。そして，こうした目的で設定された「総合的な学習の時間」には，「目標を実現するにふさわしい探究課題」のなかに，「防災のための安全な町づくりとその取組」が含まれている（文部科学省, 2017, 75）[6]。

　ただし，特別支援学校では，「総合的な学習の時間」に加えて，知的障害児の教育課程において「各教科等を合わせた指導」を実施することができ，そのなかの「生活単元学習」は「総合的な学習の時間」と類似したねらいで実践されてきた。すなわち，特別支援学校学習指導要領では，生活単元学習は「生活上の目標を達成したり，課題を解決したりするために，一連の活動を組織的・体系的に経験することによって，自立や社会参加のために必要な事柄を実際的・総合的に学習するもの」と記されている（文部科学省, 2018, 32）。

　このように，「総合的な学習の時間」と「生活単元学習」は問題を解決する力を身につけるために，総合的に学ぶ時間であるという点で共通点がある。しかし，「総合的な学習の時間」が「国際理解，情報，環境，福祉・健康などの現代的な諸課題」について「探究的に学習する」ことを目的としているものであるのに対して，「生活単元学習」は「生活上の課題」を取り上げるという点で必ずしも同じであるとはいえない点もある。『解説（各教科等編）』においても，生活単元学習は「児童生徒の学校での生活を基盤として，学習や生活の流れに即して学んでいくことが効果的である」と指摘されているが（文部科学省, 2018, 30），はたしてこうした学習課題の設定で，「防災」に関して深く学ぶこ

第8章 知的障害児に対する「防災教育」の教材開発

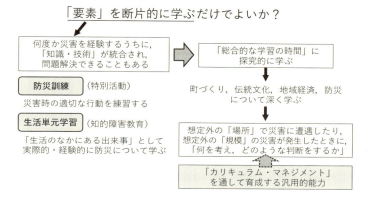

Fig. 8-1 総合的な学習のなかで学ぶ防災

とができるのか,という点については検討の余地があると考える。

本研究で検討している特別支援学校の防災機能と防災教育については,必ずしも知的障害児に限定して検討してきたわけではないので,知的障害児に固有の指導の形態である「生活単元学習」の特質をことさらに取り上げて,「総合的な学習の時間」との相違点を明確化しなくてもよい。しかし,障害児教育に関しては,「総合的な学習の時間」で求められている「現代的な課題」への解決を志向する前に,「生活に必要な知識・技能」を身につける指導が行われることが多いので,「総合的な学習の時間」で防災について学ぶことの意義や目的については明確にしておく必要があると考える (Fig. 8-1)。

現行の学習指導要領では,「総合的に学ぶ」なかで身につけることが期待されている問題解決能力とは,「(どのような社会が到来しても人として必要な) 汎用的能力」である[7]。それでは,この「汎用的能力」はどのような学習過程のなかで身につけることができるのだろうか。もちろん,さまざまな教科のなかで防災に関連する内容を学習し,(知的障害児教育では,生活単元学習で取り上げることも含めて) 防災訓練を実施し,災害時の行動をやってみたあと,何度か災害を経験するうちに,学習した知識や技能が総合化することもあるだろう。しかし,そうした「要素」を断片的に学ぶだけでは,「防災力」というような「単

211

なるスキルを超えた災害時の困難回避能力」を身につけることは難しい。たとえば，想定外の場所で災害に遭遇したり，想定外の規模の災害が発生したときに，「何を考え，どのような判断をするか」という点を指導することが現行の学習指導要領では求められていると考えるならば，こうした「問題発見・解決能力」をどのようにして身につけていくことができるのかという点を実践的に検討することが必要であると考える。

　この点について，個々の教科や領域の授業のなかで，断片的に学習したことを結びつける指導を通して育つのではなく，あくまでも「防災」に関する問いを投げかけられ，その課題と向き合うことでしか身についていかないという考え方もできるだろう。そもそも，現行の学習指導要領で育成することが期待されている「汎用的能力」とは，こうした「現代に生きる子どもたちが避けて通れない問いや課題」と向き合うなかで育つものである。そのため，単なる教科・領域の学びの結合ではなく，一つの問いや課題の解決過程にこれまでの教科・領域で学んだことを融合するような学習過程を創出していくことが求められる。

　具体的には，防災教育の学習単元を検討する際に，

①教科学習の内容と連動させながら，災害時に適切な行動がとれる思考力・判断力・表現力等を育成するための教材を開発し，学習指導を展開すること
②避難所体験など，災害時を想定した実際的な学習経験を積むなかで，そうした学習を通して「問題解決能力」を身につけていくこと

が重要であると考える。

　それでは，上記の①②の視点をふまえて，知的障害児に対する特別支援学校の防災教育を展開するには，どのような授業づくりが求められるだろうか。次章において，知的障害児に対する防災教育の授業実践をもとに検討したい。

［注］

1) この点については，子どもだけでなく大人を対象とした学習においても同様に指摘されている（今西・此松, 2020など）。

2) 中学校理科で取り扱われる「大地の成り立ちと変化」の単元のなかで防災教育を実施することを考えた実践は黒光らの研究でも紹介されている（黒光ほか, 2020）。

3) ローリングストック法とは，日常的に少し多めに食料を買い，賞味期限の前に食べるといったローテーションを組むことで，災害時にそのストック分を食料備蓄にするという方法である。

4) 田村は，こうした幼児期の体験的な取り組みが，小学校高学年の理科や社会科における自然環境や自然災害に関する学習単元につながるものであることを指摘している（田村, 2019, 43）。

5) 特別支援学校学習指導要領解説（各教科等編）には，「総合的な学習の時間」については詳細に記載されていない。それは，総合的な学習の時間に関して，「各学校において定める目標及び内容並びに指導計画の作成と内容の取扱いについては，各特別支援学校を通じて，小学校又は中学校に準ずることとしている」と示されているように，基本的に小・中学校と同一の目標・内容となっているからである。

6)「目標を実現するにふさわしい探究課題」には，「国際理解，情報，環境，福祉・健康などの現代的な諸課題に対応する横断的・総合的な課題，地域の人々の暮らし，伝統と文化など地域や学校の特色に応じた課題，児童の興味・関心に基づく課題」があるが，このうち，「地域の人々の暮らし，伝統と文化など地域や学校の特色に応じた課題」のなかに，「町づくり，伝統文化，地域経済，防災など」が含められている（文部科学省, 2017, 29-30）。

7) この力は，「教科等を越えた全ての学習の基盤となる資質・能力」であると考えられていて，「教科等横断的なカリキュラム・マネジメントの軸となるよう」に学習指導を展開することが求められている（文部科学省, 2017, 6）。

［文献］

・石田綾子・中山節子. 2017.「小学生を対象とした災害時を想定した調理実習の教材開発と授業分析」.『千葉大学教育学部研究紀要』66(1), 1-7.

・井上昌善. 2020.「シティズンシップ育成を目指す防災学習の論理――中学校社会科公民的分野単元『災害に強いまちのあり方を考えよう！』の開発を中心に」.『防災教育学研究』1(1), 81-92.

第Ⅱ部　特別支援学校における防災対策と防災教育の内容・方法

・今西武・此松昌彦．2020．「実践的な防災教育プログラムの開発と実践——放送大学での授業実践の事例」．『和歌山大学災害科学教育研究センター研究報告』4，23-27．

・江藤真美子・山田政寛．2018．「健康教育と防災教育をつなぐヘルスリテラシー教育デザインとその効果」．『日本教育工学会論文誌』41(4)，461-475．

・黒光貴峰・野口裕二・山元卓也・眞木雅之・飯野直子．2020．「学校・家庭・大学が連携した防災の視点を取り入れた中学校理科での授業実践」．『鹿児島大学教育学部研究紀要．教育科学編』71，53-67．

・河野崇．2020．「小学校における防災教育展開例の内容と特徴——都道府県教育委員会作成の防災教育冊子の分析を通して」．『防災教育学研究』1(1)，119-128．

・小林裕子・永田智子．2018．「親子で学ぶ『災害時の食』をテーマとした体験授業の実践と評価」．『兵庫教育大学学校教育学研究』31，117-123．

・榊原保志・大日方優輝・山浦攻・藤岡達也．2020．「地震を取り扱った授業における防災プログラムの開発とその評価——長野市の中学生を対象として」．『地学教育』72(3)，69-82．

・笹田茂樹・諏訪清二．2017．「『生活圏における防災』について考察する教材の開発研究——社会科・地歴科教育法での授業実践から」．『富山大学人間発達科学研究実践総合センター紀要』12，139-147．

・柴田真裕・田中綾子・舩木伸江・前林清和．2020．「わが国の学校における防災教育の現状と課題——全国規模アンケート調査の結果をもとに」．『防災教育学研究』1(1)，19-30．

・清水秀夫・木村清和・阿部博・末武義崇．2018．「小学校における体験型防災教育の実践と評価——土木工学との関連を図った授業の実践を通して」．『共立女子大学家政学部紀要』64，165-174．

・髙岡明美・佐藤昇．2021．「中学校での地域情報を取り入れた防災学習と保護者との情報共有」．『自然災害科学』40(1)，39-49．

・田村美由紀．2019．「保育現場に求められる河川教育と防災教育の検討」．『淑徳大学短期大学部研究紀要』60，33-46．

・長一真．2018．「中学校技術・家庭科（家庭分野）住生活領域における防災教育の必要性——他教科との連携を図って」．『文教大学教育学部紀要』52，195-202．

・林田由那・小田隆史・佐藤美知子・信太昭伸．2020．「学校における防災教育に係る既存の動画教材の課題に関する一考察」．『宮城教育大学教職大学院紀要』2，73-78．

・前田緑・伊藤智・舩木伸江．2021．「ローリングストック手法と災害時の栄養問題を解決する知識を学ぶカード型アクティブラーニング教材『家庭の食料備蓄について学ぼう！』

の開発」.『防災教育学研究』1(2)，63-70.

・松岡靖. 2021.「災害社会学の成果に基づく社会科『災害単元』の開発研究」.『京都女子大学研究紀要』34，85-100.

・松田智子・山田均. 2016.「生活科から小学校社会科への連続性の一考察——防災教育と減災教育に視点をあてて」.『奈良学園大学紀要』5，141-150.

・松本剛・上原明子. 2021.「中学3年生による避難所運営疑似体験と体験後の防災意識」.『琉球大学高度教職実践専攻（教職大学院）紀要』5，141-153.

・文部科学省. 2017.『小学校学習指導要領（平成29年告示）解説 総合的な学習の時間編』（平成29年7月版）.

・文部科学省. 2018.『特別支援学校学習指導要領解説 各教科等編』（平成30年3月版）.

第Ⅱ部 特別支援学校における防災対策と防災教育の内容・方法

資料8-3 動画教材「教えて！地震博士!!」の内容と展開

役	台詞	場面
先生	地層が大好きな震度う先生です！	2人登場
なんでくん	僕はなんでくん。なんでも疑問に思っちゃうんだ～。	
先生	今日は地震のなんでを考えていくよ。みんなもなんでくんと一緒に地震について学ぼう。	教室
なんでくん	昨日も地震があって，棚がぐらぐら揺れて，とっても怖かった。地震ってなんで起こるんだろう？	「なんで」の文字を画面に映す
先生	地震に詳しい博士を紹介するから詳しく聞いてみよう！ おーい，地震博士～！	
博士	わしが地震博士じゃ。地震についてならば何でも知っておるぞ！ まずは，地震の起こる仕組みについて学んでいこう！	博士がリモート登場
	「地震が起こる仕組み」	タイトル画面
博士	日本は，パズルのように4枚の岩の板，つまりプレートが押し合っているんじゃったな。いつもそのプレートは少しずつ動いているんじゃ。 もぐっているプレートが引きずられて，はね返って元の位置に戻ろうとするんじゃ。このときに地震が起こるんじゃ。これが地震が起こる仕組みなんじゃ。	説明画面
なんでくん	そうだ！ プレートの影響で地震が起きるんだったね！	
	「震度と震源地」	タイトル画面
先生	ところで，なんでくんは昨日のニュースは見たかな？	教室
なんでくん	見てないです！	
	ニュースの画面	
先生	これは昨日の地震情報だよ。	教室
なんでくん	なんで，地震なのに，数字や×が書いてあるの？	「なんで」の文字を画面に映す
博士	ふぉっふぉっふぉっ，この数字は震度を表していて，×は震源地を表しているんじゃ。 震度というのは，どのくらい強く揺れたかを表す数字なんじゃ。数字が大きくなるほど，揺れが大きいということじゃ。震源地というのは，地震が起きた場所を表しているんじゃ。震源地が近いほど，震度が大きくなるんじゃ。震度は0から7まであるんじゃよ。	
先生	なんでくん！ 震度5と震度7ではどれくらい違うかわかるかな？	震度の階級画面表示
なんでくん	えっ……。	
先生	じゃあ，それぞれの震度を体験してみよう。	
博士	ふぉっふぉっふぉっ，わしも一緒に体験しようかの！ ちょっと待っとれ！	

216

第8章　知的障害児に対する「防災教育」の教材開発

役	台詞	場面
	「震度を体験してみよう」	タイトル画面
		教室
	震度1〜7までの体験映像を震度1から順番に示す。	震度の階級画面表示
なんでくん	はぁ〜，怖かった！ 震度5より強くなると，すぐに身を守らなければ危ないことがわかったよ！	教室
先生	「なんで」が一つ解決してよかったね！ 納得！納得！ そして，これを見ているみんなも，地震のテスト，自信もって受けられるね！	
博士	ふぉっふぉっふぉっ，これもすべてわしのおかげじゃな！	
先生	これからもみんなで一緒に学んでいこうね！ それじゃあ今日はこのへんで！	
3人	ばいば〜い。	

217

第9章

知的障害児に対する防災教育の授業づくり

1. 知的障害特別支援学校における防災教育の課題

　東日本大震災以降，地域の防災設備の体制だけでなく，学校の防災教育についても注目され，見直されるようになった。たとえば，「東日本大震災を受けた防災教育・防災管理等に関する有識者会議（最終報告）」（東日本大震災を受けた防災教育・防災管理等に関する有識者会議, 2012）では，防災を含めた安全教育の時間を関連する教科等で確保することや，指導時間を充実させるため，国が防災教育の系統的・体系的な指導内容を整理し，学校現場にわかりやすく示すことなどが述べられた。

　さらに，「学校防災のための参考資料 『生きる力』を育む防災教育の展開」（文部科学省, 2013）では，「発達の段階ごとに，必要な知識を身につけ，主体的に行動する態度や支援者としての視点を育成する」ことが求められ，幼稚園や小学校など，段階ごとの具体的な指導内容や方向性が示された。そして，こうした検討を経て，2017（平成29）年・2018（平成30）年公示の小学校・中学校・高等学校学習指導要領では，「防災を含む安全に関する教育」の内容がこれまでよりも多く記述された。特別支援学校や小・中学校の理科，社会または高等学校の各校種において，さまざまな教科のなかで防災や自然災害に関する内容が盛り込まれ，学校における防災教育の充実，推進が求められた。

　これらを受け，東日本大震災以降，特別支援学校でも防災教育のあり方や備蓄品の管理，防災マニュアル，防災マップ等の作成などが進められてきた。たとえば，村田（2018）は，防災教育マニュアルについて分析したところ，ほぼ

すべての県でマニュアルを作成しており，2011年の東日本大震災以降，発行されるマニュアルが大幅に増え，自然災害が防災教育を含めた学校安全の見直しのきっかけになったと指摘している。この点については，特別支援学校でも同様であり，東日本大震災以降，防災教育に力を入れる学校は増えてきており，地域との連携を模索する学校も多くなっている。一方で，知的障害特別支援学校に在籍する児童生徒は，理解したり物事をイメージしたりすることが難しいという特性から，防災について知識をもとに思考することが難しい子どもも多いのが現実である。そのため，理解を深める学習よりも，防災行動を学ぶことに主眼が置かれている可能性もある。こうした理由から，防災教育の重要性は指摘されているものの，知的障害児にさまざまな知識を総合した「防災力」をどのように身につけさせていくのかという点については，これまで十分に検討されてこなかった。

　もちろん，知的障害特別支援学校でも避難訓練の方法を工夫したり，年間計画を立て，防災教育を行っている学校もある（和田ほか，2016など）。また，生徒が防災の映画制作を行い，自分たちの学びや体験を発信している学校もある（北岡，2022）。しかし，藤井・松本（2014）が指摘しているように，特別支援学校および特別支援学級向けの防災教育に関しては，体系的なカリキュラムの策定，障害のレベルに応じた教材や指導案が十分に用意されていないのが現状であり，防災教育の推進よりも防災管理体制の構築に比重が置かれている傾向にある。また，岐阜県と静岡県の特別支援学校の防災に関わる教職員に防災に関する質問紙調査を行った際には，36％の学校で「児童生徒に適した教材がない」と回答しており，防災教育に関わる教材の不足と選択肢の少なさが明らかになった（その回答の80％が知的障害特別支援学校：藤井・松本，2014）。さらに，戸ヶ崎ら（2015）は，特別支援学校の教員に対して調査を行い，「障害の程度が軽度であるほど防災に関する授業を実施している学級数が多くなる」と述べているように，特別支援学校における防災教育の授業や教材の開発には偏りがあるのが現状である。

　こうしたなかで，筆者らは，知的障害のある子どもであっても，授業の方

法や教材等を工夫することで，災害に対する知識（災害のメカニズムや地域の過去の災害や特性など）を理解することができ，結果としてそれを災害時の避難行動や，危険予測へと結びつけていくことができると考えた。東日本大震災から10年以上が経過しており，大きな災害を経験していない子どもも多数存在するなかで，防災教育を充実させ，災害の知識等から避難行動を考えるといった防災教育を実践していくことはとても重要であると考える。

　そこで，知的障害特別支援学校において防災教育を実践し，その授業分析を通して，知的障害児の防災に関する認識がどのように深まっていくのかという点を明らかにしたいと考えた。特に，教科内で行う防災教育と生活単元学習で行う防災教育の関係性を検討し，知的障害児が防災教育を通してどのような汎用的能力を身につけていくことができるのかについて検討することとした。

2. 研究の方法

　上記の目的を達成するために，以下のように知的障害児に関する授業を立案し，実践することで，子どもの学びを明らかにした。

1) 知的障害児に身につけさせたい防災に関する力を明確にする。
2) 理科，社会科の教科的な学びと総合的な学びを組み合わせた知的障害児に対する防災教育の学習指導案を立案する。
3) 立案した授業を実践し，生徒が防災についてどのように認識を深めていったかという点を明らかにする。

　なお，1）2）については知的障害特別支援学校（中学部）の生徒の実態をもとに検討し，3）については防災教育の授業で得られたエピソードをもとに検討した。

第 9 章　知的障害児に対する防災教育の授業づくり

3．知的障害児に対する防災教育の授業設計

1）知的障害児に対する防災教育の授業づくりの視点

　まず，資料や先行研究をもとにして，知的障害児に身につけさせたい防災に関する力を明確にすることとした。2011年9月に出された「防災教育・防災管理等に関する有識者会議（中間まとめ）」では，今後の防災教育・防災管理等の考え方と施策の方向性の一つとして，自らの危険を予測し，回避する能力を高める防災教育の推進が重要であると指摘され，この点を「学校安全推進計画」に反映させた（東日本大震災を受けた防災教育・防災管理等に関する有識者会議, 2012, 5）。この会議の「中間とりまとめ」のなかでは，「防災教育」の今後の方向性として，「自然災害等の危険に際して自らの命を守り抜くため『主体的に行動する態度』を育成する防災教育の推進」が掲げられ，「災害発生時に，自ら危険を予測し，回避するためには，自然災害に関する知識を身に付けるとともに，習得した知識に基づいて的確に判断し，迅速な行動を取ることが必要である。その力を身に付けるには，日常生活においても状況を判断し，最善を尽くそうとする」ことが重要であると指摘されている（東日本大震災を受けた防災教育・防災管理等に関する有識者会議, 2011, 4）。

　こうした報告が出された後，此松は「自然理解」「想像力」「対応能力」を防災教育のキーワードとして挙げ，避難行動をとるための対応能力や，そのために必要な想像力の育成が重要であると指摘した（此松, 2015）。これは，自分のいる場所で災害が起こることをイメージすることに加え，災害の特性やメカニズムを知ることで自然を理解できることを含んでいて，此松はこうした総合的な力を育成することが防災教育に求められると考えた（此松, 2018）。また，木村・前林は防災を「自分事」として考え，自らの行動に結びつけていくためにボードゲームをつくり，これを教材にして実践したことを報告した（木村・前林, 2020）。さらに，新保らは，防災すごろくやVR（バーチャルリアリティ）コンテンツを搭載したアプリケーションを開発し，災害時を想定した避難行動を教室空間で行うことができるように考えた（新保ほか, 2022）。

221

第Ⅱ部　特別支援学校における防災対策と防災教育の内容・方法

　このように，防災教育では単に避難行動を学ぶだけでなく，災害のメカニズ
ムを理解し，どのように避難すべきであるのかを考える力を育てることが求め
られている。これは，特別支援教育においても同様であるが，知的障害児に対
しては災害のメカニズムを理解することや，適切な避難行動を考えることが苦
手である子どもも多く，これまでこうした視点から防災教育があまり展開され
てこなかった。

　そこで，筆者らは，知的障害児が災害のイメージをもつことができるような
教材を作成し，「自分の家が○○になったらどうする？」など，災害を自分事
としてとらえることができる授業を展開しようと考えた。具体的には，地震の
メカニズムを再現した模型を作成し，視覚的な支援を行うことで地面の下など
を想像し，イメージをもつことができるようにした（本章末の資料9-1に教材の
写真を掲載した）。

　そのうえで，身近に聞いたことのある緊急地震速報を取り上げ，その音が流
れているときにどのようなことが生じているのかを考え，話し合う授業を実施
しようと考えた。さらに，防災グッズについて知ることで，災害時にも安心し
て生活が続けられることを理解できるような授業を展開しようと考えた。この
学習では，実際に防災グッズを自分たちで使ってみるなど，体験的に学びなが
ら，災害時の自分たちの生活をよりイメージできるように授業を展開しようと
考えた。そして，最後に，以上のような防災教育を展開するなかで，知的障害
児が防災に関する知識や技能あるいは思考力や判断力をどのように身につけて
いくのかという点を分析し，知的障害児に対する防災教育の授業づくりのあり
方について考察した。

2）知的障害児の防災に関する理解の実態と特徴

　知的障害児に対する防災に関する授業を立案するにあたり，筆者らは茨城大
学教育学部附属特別支援学校の中学部生徒の防災に関する理解の実態を調査し
た。その結果，次ページのような実態であった（Table 9-1）。

　この実態調査の結果と日常的な行動観察から，今回の授業に参加する中学部

第9章　知的障害児に対する防災教育の授業づくり

Table 9-1　防災教育に関するアンケートＡの結果（単位：人）

	質問内容	理解している	理解しつつある	理解していない
質問1	「地震」という言葉を知っている。	14	0	1
質問2	「地震」が何か理解している。	14	0	1
質問3	「地震」が起きる原因（メカニズム）を理解している。	0	1	14
質問4	「震度」や「震源地」を理解している。	0	0	15
質問5	「地震」の恵みや恩恵を理解している。（温泉，ジオパーク，特有の地形等）	0	0	15
質問6	「緊急地震速報」という言葉を知っている。	6	4	5
質問7	「緊急地震速報」が何か理解している。	3	6	6
質問8	教師や身近な人と一緒に避難行動ができる。（建物の外に出る，机に隠れる，窓を開ける等）	15	0	0
質問9	友達など周囲の様子を見て避難行動ができる。（建物の外に出る，机に隠れる，窓を開ける等）	11	0	4
質問10	自ら判断して一人でも避難行動ができる。（建物の外に出る，机に隠れる，窓を開ける等）	7	2	6
質問11	「避難所」という言葉を知っている。	5	7	3
質問12	「避難所」が何か理解している。	1	7	7
質問13	地域の「避難所」「避難場所」を知っている。	0	0	15
質問14	「防災グッズ（非常食，簡易トイレ，寝具など）」という言葉を知っている。	9	2	4
質問15	「防災グッズ」の意味を理解している。	2	6	7
質問16	「防災グッズ」の使い方を知っている（1～3種類）。	0	5	10
質問17	「防災グッズ」の使い方を知っている（3種類以上）。	0	0	15
質問18	「防災教育」に興味関心がある。	1	5	9

＊中学部教員に生徒一人ひとりの実態をチェックしてもらい，チェックの入った数を表にして示した。

生徒の実態を以下の3つのグループに分類した。

(1) 防災に関する言葉とその意味を理解しており，緊急時の避難行動も身についていたが，教科で学ぶべき知識は身についていないグループ

(2) 防災に関する言葉とその意味を理解していたが，緊急時の避難行動を身につけるまでは至っておらず，教科で学ぶべき知識も身についていないグループ

(3) 防災に関する言葉とその意味を理解することが難しく，緊急時の避難行動も身につけるまでは至っていないグループ

第Ⅱ部　特別支援学校における防災対策と防災教育の内容・方法

　ただし，このグループ分けをするなかで，防災に関する言葉とその意味を理解していたにもかかわらず，緊急時の避難行動に結びついている生徒と結びついていない生徒がいることがわかった。そこで，この違いの原因を検討するために，アンケート項目のなかの「自ら判断して一人でも避難行動ができる」に〇がついている数名の生徒に災害時の避難行動についての聞き取りを行った。

　その結果，この生徒たちは，地震に関する質問に対して，「揺れたら机に隠れて，窓を開けたほうがよい」「家がすごく揺れて物が落ちてきそうだったからヘルメットをかぶらなくてはならない」「机に隠れても揺れが大きいときは外に逃げなくてはならない」など，避難訓練で学習したことと自身の経験を結びつけて回答できていた。しかし，津波や大雨・洪水など，学校において避難訓練をあまり実施していない内容に関する質問では，「すぐに家のなかに隠れる」「窓やカーテンを閉める」など，災害の状況がイメージできていなかった。

　そこで，この授業に参加する生徒が地震以外の災害についてどの程度理解をしているのか把握するため，中学部教員を対象に生徒の理解度を調査したところ Table 9-2 のようになった。

　以上の結果をまとめると，「教師や身近な人と一緒に避難行動ができる」「友達など周囲の様子を見て避難行動ができる」という点については「理解している（〇印）」生徒がいて，「教師や身近な人と一緒に避難行動ができる」という項目に関しては，地震に限らず他の災害であっても全員に〇印がついていた。これらは，幼少期から避難訓練などを通して繰り返し行うことで身についた力であると考える。

　一方で，「自ら判断して一人でも避難行動ができる」という項目に関しては，地震，その他災害ともに〇印がついている生徒は非常に少ない結果になった（地震：約47％，その他の災害：0％）。これは，災害を想定して，避難訓練などを実施し，さまざまな避難のパターンを身につけるだけでは不十分であり，適切かつ安全な避難行動について「自ら考え，判断する」力を身につけることが知的障害児に求められていることを意味しているといえる。ただし，これは避難訓練のような適切な行動を繰り返していても難しく，災害の特性や基本的な仕

224

第9章 知的障害児に対する防災教育の授業づくり

Table9-2 防災教育に関するアンケートBの結果 (単位：人)

	質問内容	理解している	理解しつつある	理解していない
質問1	「津波」という言葉を知っている。	10	2	3
質問2	「津波」が何か理解している。	3	5	7
質問3	「津波」が起きる原因（メカニズム）を理解している。	0	1	14
質問4	教師や身近な人と一緒に避難行動ができる。	15	0	0
質問5	友達など周囲の様子を見て避難行動ができる。	4	2	9
質問6	自ら判断して一人でも避難行動ができる。	0	0	15
質問7	「台風」という言葉を知っている。	14	0	1
質問8	「台風」が何か理解している。	3	6	6
質問9	「台風」が起きる原因（メカニズム）を理解している。	0	0	15
質問10	教師や身近な人と一緒に避難行動ができる。	15	0	0
質問11	友達など周囲の様子を見て避難行動ができる。	4	2	9
質問12	自ら判断して一人でも避難行動ができる。	0	0	15
質問13	「大雨・洪水」という言葉を知っている。	11	0	4
質問14	「大雨・洪水」が何か理解している。	2	6	7
質問15	「大雨・洪水」が起きる原因（メカニズム）を理解している。	0	0	15
質問16	教師や身近な人と一緒に避難行動ができる。	15	0	0
質問17	友達など周囲の様子を見て避難行動ができる。	4	2	9
質問18	自ら判断して一人でも避難行動ができる。	0	0	15
質問19	「竜巻」という言葉を知っている。	10	0	5
質問20	「竜巻」が何か理解している。	2	3	10
質問21	「竜巻」が起きる原因（メカニズム）を理解している。	0	0	15
質問22	教師や身近な人と一緒に避難行動ができる。	15	0	0
質問23	友達など周囲の様子を見て避難行動ができる。	1	0	14
質問24	自ら判断して一人でも避難行動ができる。	0	0	15

組み（メカニズム）を深く理解する授業を実施することが必要であると考える。

　以上のような検討をふまえて，今回，以下の2点を含んだ防災教育に関する単元学習を計画した。

　①災害の状況やメカニズムをイメージできる「教科的な内容」を含めること
　②地震を中心としつつも，災害全般に目を向け，考える機会を設定すること

第Ⅱ部　特別支援学校における防災対策と防災教育の内容・方法

4．知的障害特別支援学校における防災教育の実際

　以上の点をふまえて，筆者らは，知的障害児に対する防災教育の学習指導案を立案した。具体的には，授業①「地震はどうして起きるの？」，授業②「緊急地震速報ってなに？」，授業③「こんなときどうする？──災害時の行動・防災グッズについて」の全3回の授業を3日間連続して実施した（授業の詳細に関しては本章の末尾に学習指導案を掲載した：資料9-1参照）。授業の記録に関しては，2か所から録画記録をし（定点1か所と移動記録），子どもの学びの過程をエピソード記述を用いて明らかにした。

授業①「地震はどうして起きるの？」

（2022年9月5日11時30分〜12時20分）

　授業①では，理科的な観点から地震のメカニズムを知ることで地震がなぜ起きるのか理解することを目的とした。授業冒頭で「地震が起きる理由」を質問した際には，そもそも「なぜ」という部分を考えたことがない生徒が多く，「地面が揺れる」「ガタガタする」など地震の様子に考えが向いたり，「机の下に隠れる」「外に逃げる」などの避難行動を考えて発言したりする生徒が多かった（エピソード9-1）。

エピソード9-1　「地震は怖い……」（生徒K）

　生徒Kは，自分で考えて意見を伝えることは難しいが，自分の体験したことや周囲から見聞きしたことを簡単な言葉で伝えることができる生徒であった。授業者（T1）の問いかけを受け，隣に座った教師が「どうして地震は起きるんだろうね？」と問いかけるも黙ってしまった生徒K。教師が地震の状況などを話していくと，生徒Kから「地震は怖い」との言葉が聞かれた。どうして怖いか尋ねると，「こたつの下にもぐる」「写真，教科書，ノート，いろんなもの落とした」と地震のときの様子を思い出したようであった。生徒Kが一通り話し終えたところで，教師が再度「地震でグ

ラグラしているのはどうしてかな？」と言い回しを変えて質問した。すると生徒Kは少し考えた後に「お母さん，お父さん，おじいちゃん，おばあちゃんたちと避難する」と答えた。「どうして」の問いにどのように答えればよいのか，また質問内容について考えを出すことが難しい様子がみられた。生徒Kにとって，「地震は危険」「避難する」というイメージが強いようであった。

　また，地震の様子を話したり避難行動をどうするかということだけではなく，地球や身の回りの自然と結びつけて「海の波によって揺れる」「プレート」と答えを出す生徒もいた（エピソード9-2・9-3）。しかし，生活内で見聞きしてプレートという言葉を知っていただけであり，それがどのような状況で何を指すのかまでは理解が難しく，地震のメカニズムを理解するまでには至っていなかった。

エピソード9-2　「そうか，海が原因か」（生徒L）

　生徒Lは，自分の経験をもとに物事を考えたり，意見を言葉で伝えたりすることができる生徒であった。授業者（T1）の「どうして地震が起きるのか？」という問いに最初は地震の様子を答えていた生徒L。しかし隣に座った教師が「どうして」の部分を何度か質問していくうちに地震の様子を答えるのではないことに気づき，原因について考え始めた。その後，思いついたかのようにホワイトボードに「太平洋が動くから。海が潮で流れるから。急に波が速くなる」と記入した。地震が起きるのは，海の動きが関係しているというイメージをもっている様子であった。生徒Lは海の近くに住んでおり，生徒Lにとって，海は最も身近な自然であった。その身近な自然と結びつけて海が関係していると考えたのではないか。授業者（T1）が「Lさん（の家）は海に近いものね」と言葉をかけると生徒Lは「いつも動いているから」とうれしそうに答えていた。

第Ⅱ部　特別支援学校における防災対策と防災教育の内容・方法

エピソード9-3　「それは自然のきまり」（生徒G）

　生徒Gは言葉でコミュニケーションをとったり，簡単な言葉で自分の気持ちを表現できる生徒であった。「どうして地震が起きるのか」という問いに対してホワイトボードに「自然のきまり」と記入した。生徒Gは自然や動物に日頃から興味をもっており，災害などは純粋に自然のきまりであると思っていたようで，原因や理由などは今まで考えていなかったように見受けられた。

　翌日の授業の最初に前日の振り返りとして，「どうして地震が起きるのか？」を再度質問した。他の生徒数名から「プレート」という言葉が出たが，プレートがどのように関係して地震が起こるのかまでは説明することが難しい様子だった。周囲の教師が「プレート」と発言した生徒に対して，「なるほどね」「プレートが原因なんだね」などと言ったのを生徒Gは静かに聞いて考えていた。その後，近くの教師が「プレートがどうなったら揺れるんだろうね」「昨日やった模型でも確かにプレートの部分が揺れていたよね」と発言を促すように質問すると，生徒Gからは「プレートが我慢できなくなったから」と答えた。

　今回の防災教育の授業では，「教えて！地震博士!!（地震が起こる仕組み）」という動画を視聴し，地面の下にプレートが存在することやプレートによって地震が起きることを学習した（第8章で紹介した動画教材を授業で活用して授業を行った）。その後，模型で実際にプレートを動かし，見てわかる教材を使ってさらに理解を深めるように授業を進めた。何人かの生徒は，普段，あまり考えたことのない地面の下の動きに興味をもっている様子であったが，模型の動きと地震が起こる理由を結びつけて理解することまでは至らず，動く模型に興味をもつだけになってしまう生徒も多かった（エピソード9-4）。

228

第9章　知的障害児に対する防災教育の授業づくり

エピソード9-4　「ごろんってなっちゃった」（生徒D）

　生徒Dは，恥ずかしさなどもあり自分の考えをもつことや経験をもとに話すことはあまりないが，友達の話を聞いたり共感したりすることはできる生徒であった。プレートの模型にとても興味をもっており「海がザバーンってなるのかな」と思って楽しみにしている様子であった。教師が「そうかもしれないね。見てみようか」と模型を見ることができるよう言葉をかけた。友達や教師が模型を動かしている様子をじっと見て，家や建物が倒れると「建物が転がっちゃった」「家が海にごろんってなっちゃった」と可笑しそうな表情で話していた。

　教師は，地震によっての揺れであることや，その大きさで家が倒れることを意識してほしいと考え，「地震が大きいと家や建物がごろんって倒れちゃうかもしれないね」と伝えたが，家が倒れることだけに興味をもっている様子だった。本時のまとめの場面で，授業者（T1）が「地震がどうして起きるのか，わかったかな？」という問いを投げかけた際には，「地面のプレートと海の下のプレートが重なって，びよーんってなっちゃうんだよね」と手を使ってプレートの動きを伝えた。すると，生徒Dも同じように手を動かして，海のプレートが地面のプレートの下に入り込む表現をした。反動が起こるところまでは表現していなかったが，2つのプレートの動きが映像として頭に残っているようであった。

　さらに，第1回の授業後半では，同じ地震でも震度によって揺れの大きさが変わること学んだ。ここでも，地震について学べるように作成した動画教材を視聴し，その後，揺れの大きさに応じて波形が変わる震度計アプリを用い，水槽に入った水を地震に見立てて揺らす実験を行った。波形が大きいと揺れも大きいことや，それに比例して水槽の水がこぼれると被害が大きいことなどは理解できていた生徒もいたが，地震のメカニズムの学習と同様に，実際の地震と結びつけて考えるまでは至らなかった。

第Ⅱ部　特別支援学校における防災対策と防災教育の内容・方法

授業②「緊急地震速報ってなに？」

（2022年9月6日11時30分〜12時20分）

　授業②では，理科，社会科的な観点から自然の二面性を知ることと，緊急地震速報時の行動や地震速報の見方について学習した。自然の二面性については，海や山など身近な自然をもとに恩恵と災害を考える機会を設けた。教師の支援を受けながら恩恵と災害についてそれぞれ考えることはできていた生徒もいたが（エピソード9-5），自然の恩恵について考えることは難しく，生徒からあまり意見が挙がらなかった。そこで，例として教師が「湧き水」「温泉」などを示したが，地震に対しては災害のイメージが強く，恩恵と災害の両面をとらえることは難しい様子であった（エピソード9-6）。

エピソード9-5　「山登りをしたよ」（生徒B）

　生徒Bは，自分の意見や経験を言葉で伝えることができるが，友達の話を聞いて参考にしたり自分の意見を考え直したりすることは難しい生徒であった。授業者（T1）の「山の恩恵，つまり良いところは何ですか？」という問いに対して生徒Bは電子黒板を見て考えている様子だった。他の生徒から山に関する恩恵的な答えが出たときに，授業者（T1）が登山の写真を画面に映し出した。それを見て，自分が言いたかったことと経験したことが結びついたようで，「御岩山の頂上に登れる。山登り」と答えることができた。自分が家族と登山したことを思い出したようだった。教師が「頂上に登ったらどうだった？」と聞くと，「景色がとっても綺麗だった」とうれしそうな表情で答えることができた。

エピソード9-6　「動物の住む場所が増える」（生徒G）

　生徒Gは言葉でコミュニケーションをとったり，簡単な言葉で自分の気持ちを表現できる生徒であった。「地震には良いところはない」と考えていた生徒Gと生徒Iにとって，授業者（T1）からの「地震の恩恵，つまり

良いところってなんでしょうか？」という問いかけに，二人とも驚いてしまい，すぐには思いつかないようだった。近くの指導者があらためて質問してみても生徒Gは「ないよ」と答え，生徒Iも「うん，そうだね」と答えていた。続けて教師が「地震は怖いとか嫌だってイメージなんだよね。でも，良いところがあるんだって。想像してみよう」というように，良いところがあるという前提で考えるよう促した。

　さらに教師が「たとえば大きな地震が起きると家が崩れるよね。その後に良いことあるのかな」と尋ねられたときは，少し考えて「家が崩れて動物の住む場所が増える」と書き込んだ。別の教師に「では，そこに人間は住めないの？　Gさんはどこに住むことになるの？」と追加質問をされると，考え込んでいたが，やりとりを重ねて少し経ってから「森……」と答えた。このように，はじめは地震の恩恵はないと考えていたが，二面性があるということに気づき始めたようであった。ただし，現実的な自然の二面性については考えることが難しい様子であった。

　以上のように，授業全体を通して，自然の恩恵と災害のそれぞれについては考えることはできたが，「自然に二面性がある」という理解にまでは至らなかった。すなわち，生徒たちは「温泉」の良さを想像することはできたが，それを「自然の恩恵と災害」という抽象的な理解に結びつけることは難しい状況であった。

　また，緊急地震速報の理解やそのときの行動について学習した。緊急地震速報が流れたときに生徒は，「地震のときの音」「怖い音」などといった「何らかの危険」が身近にあることについては理解していたが，それ以上の理解にはなっていないのが実態であった（エピソード9-7）。加えて，緊急地震速報が流れたときにテレビをつけて，自分の住んでいる場所と震源地がどこであるかを理解する学習を行った。しかし，今回参加した生徒のなかには，地図そのものの理解が難しい生徒もおり，震源地などを理解することは難しい生徒もいた（エピソード9-8）。

第Ⅱ部　特別支援学校における防災対策と防災教育の内容・方法

エピソード9-7　「その場に座った」（生徒D）

　　生徒Dは，恥ずかしさなどもあり自分の考えをもつことや経験をもと
に話すことは難しいが，友達の話を聞いたり共感したりすることはできる
生徒であった。「緊急地震速報って知ってる？」という授業者（T1）から
の問いかけに対し，地震をはじめ災害全般に対しての理解度が高い2名の
生徒が「危険性を知らせるもの」「地震が近づいていることを知らせるも
の」と答えた。発言を聞いていた生徒Dにも同じように尋ねると「わから
ない」と答えたが，電子黒板から流れる緊急地震速報音をじっと聞いてい
た。その後，隣に座る生徒Bが「テレビで聞いたことある！」と発言した
のを聞いて，生徒Dは「テレビで聞いたことある」「パパのスマホで聞い
たことある」と教師に伝えた。そして緊急地震速報が流れたときの状況を
一生懸命伝えている様子がみられた。内容は不鮮明であったが，話そうと
しているおおよその内容を教師が見取り，「地面が揺れなかった？」と聞
くと「わからない」と答えた。さらに「音が流れたときは，家のなかだっ
た？　外だった？」と聞くと，「家のなか」とのことだった。話を聞いて
いくと，緊急地震速報が流れた後，「机の下に隠れることはしなかったが，
その場に座った」とのことであった。この発言から，地震とのつながりを
どの程度理解しているかはわからなかったが，生徒Dの行動からは，何の
ための音なのかは理解していなくても，それまで学んできたことや「音が
鳴ったときに机に隠れた」など避難行動をとったという経験から「危険な
状況のときに鳴るもの」という認識はもっているようであった。

エピソード9-8　「あれ……どっち？」（生徒I）

　　生徒Iは，自分で考えをまとめて伝えることは難しいが，教師とやりと
りすることで自分の考えをまとめたり友達の意見を聞いて同調できる生
徒であった。授業者（T1）から「皆さんの住んでいるところはどこです

か？」という質問に対して，生徒Iは電子黒板の日本地図を見ていた。「水
戸市」「ひたちなか市」など周囲の生徒から声も上がったが指名されたあ
る生徒が前に出てきて地図上の茨城県を指差したとき，生徒Iも軽くうな
ずき，自分の住む茨城県の位置を理解している様子であった。その後，授
業者（T1）は，震源（赤い×印）と震度（場所ごとに震度を示す数字が書かれ
ている）の記載された日本地図を提示した。近くの教師が再度「Iさんの
住んでいるところにはなんて数字が書いてある？」と質問すると急にわか
らなくなってしまったようで「どっち……？」と発言し黙り込んでしまっ
た。地図上で茨城県が南北に2分割されて「3」と「4」で表示されていた
ことや，×の印が急に書かれていたことに混乱し，地図上の自分の住んで
いる場所から何を見ればよいのか，多数記載された数字や印が何を示すの
かを理解することが難しかった様子であった。

　このように，災害のメカニズムや原因について理解できる生徒とそうでない
生徒がいた。これは，生徒の知的能力に大きく左右されるものであるというこ
とは当然のことであるが，知的能力が高い生徒であっても，日常的に災害時に
ニュースを見ているかどうかという点や，理科や社会科の学習のなかで日本地
図などに触れる機会があったのかどうかなども関係していると考えた。

授業③「こんなときどうする？──災害時の行動・防災グッズについて」
（2022年9月7日10時30分〜12時20分）

　授業③では，前半は「自宅が倒壊した場合」「地域が被害に遭い，生活する
ことが困難な場合」などさまざまな災害時の状況を提示し，どのような行動を
とればよいのかについて考える学習を行った。この授業では，緊急時は避難
所を利用することや，他者との過ごし方や防災グッズについて学んだ。たとえ
ば，この授業では，授業のなかで「災害が起きたらどうしますか？」と発問し
たが，生徒からは「避難所に行く」「学校に逃げる」などさまざまな意見が出
された。さらに，避難する場所などについても，おおむね理解している生徒が

第Ⅱ部　特別支援学校における防災対策と防災教育の内容・方法

多かった。しかし，避難所の様子や避難した後の生活については，今まで体験したことがないため，想像することが難しい生徒が多かった（エピソード9-9）。

　授業の後半は，防災グッズの体験を行った。そこでは，「非常食づくり」「簡易トイレづくり」「簡易寝袋」のブースを用意し，学年ごとにそれぞれ体験する時間を設けた。防災グッズについて，その使い方まで理解している生徒は少なかったが，見聞きしたことのある生徒はいた。また，これまで行われてきた避難訓練等を頼りにして，知っている知識を動員して教師の質問に答える姿もみられ，防災グッズを積極的に使ってみようとする姿がみられた（エピソード9-10）。

エピソード9-9　「僕は，〇〇君の隣に住むよ」（生徒F）

　生徒Fは，自分の考えを簡単な言葉で伝えることができる生徒であった。そして，友達の意見をもとに自分の意見を見直したり，さまざまな意見を比較しながら考えたりできる生徒であった。授業者（T1）から「自分の家が壊れてしまったときどうする？」と問いかけられたときには，生徒Fは，最初は防災リュックに「家にあるご飯とかを入れて山に逃げる」と話していた。その後，周囲の友達の声を聞くように促した後に再度「どこに逃げるの？」と問い返してみると，「学校とかなら大丈夫かな」と答えた。「学校はたくさんあるけど，どこに行くの？」とさらに詳しく聞くと，「自分の通っている学校に走って逃げる」と答えたので，「でも，家から走ってくるには遠いかもね」と応答した。その後，少し時間が経って，3年生の生徒Lから「自宅から近い地域のコミュニティセンターに避難する」という意見が出た。その意見を聞いて自分の住んでいる家から通っている学校は遠いことに気づいたようで，「やっぱりお兄ちゃん，お姉ちゃんが行っている学校に避難する」という考えに変わった。

　避難所という言葉はもともと知っていた生徒Fであったが，避難所の様子の動画を見た後に，「避難所には何をしに行くの？」と質問すると，「泊まりに行く」と答えた。さらに「避難所は家族以外のいろんな人たちと同

234

じ場所で生活するんだって。どう？」と写真を見せながら聞くと，「僕は，
〇〇君の隣に住むよ」と答えた。このように，生徒Fは，避難所という言
葉を知っていても，避難所で生活することや避難所の様子については明確
にイメージすることが難しい様子であった。

エピソード9-10 「みんないっぱいいるから」（生徒N）

　生徒Nは，自分の意見や質問に対する答えを言葉で伝えることは苦手で
あるが，教師とやりとりしたりホワイトボードで気持ちを整理したりする
ことで自分の考えを伝えることができる生徒であった。簡易寝袋の体験で
は，生徒Nが率先して用意を始めた。「使ったことはあるの？」と尋ねる
と，使った経験はないようであったが，授業者（T1）が体験前に写真で提
示した内容をもとに「寝るとき。たぶんあったかい」と答えた。このよう
に，使ったことはなくても，使い方を予想しながら取り組んでいる様子で
あった。

　授業後に，「今日体験した防災グッズはどんなときに使うんだろうね？」
と問いかけると，生徒Nからは「地震とかで大変なとき。寝袋は夜，寝
るときあったかくて，非常食はお腹すいたときみんなで食べる。簡易トイ
レは，おしっこがしたくなったとき，自分でつくると漏らさない。みんな
いっぱいいるから」という言葉が聞かれた。生徒Nは今まで避難所という
言葉は知っていてもそれが何であるかは理解が難しい生徒であった。しか
し今回，避難所について「みんないっぱいいるから」という言葉を使って
表現した。このように，避難所の様子を動画で見たり友達の意見を聞いた
りするなかで，たくさんの人が一緒に生活をすることをあいまいではある
が意識できるようになった。

第Ⅱ部　特別支援学校における防災対策と防災教育の内容・方法

5．まとめと考察

1）防災教育の授業を通して身につく力

　ここまで示した3回の授業を通して，「こんなときはどうする？」という発問を生徒に投げかけ，災害時の対応や避難行動について考える場面を多くつくった。この授業に参加した生徒は，災害の状況や原因等については詳細に理解できていなかったが，今回の防災教育では，理科や社会科に関する理解を深めながら防災教育を行ったため，災害をより深くイメージできるようになり，防災に関する思考力や判断力の育成に一定の効果があったと考える。

　たとえば，生徒Lは，授業①「地震はどうして起きるの？」で大陸プレートと海洋プレートを表した模型を使って地震のメカニズムについての学習を行った後，認識が変化した。具体的には，生徒Lは，授業で地震のメカニズムを知り，それに伴い津波が起きるという新しい知識を得たことで，生徒Lは新たに疑問をもったようで，「地震が起きて机の下に隠れていたとして，その間に津波も来たらどうすればよいのですか？」と質問していた。そして，こうした疑問を解消するなかで，地震が起きる原因について「太平洋が動くから」と考えられるようになった。

　また，生徒Gは，授業①のなかで「どうして地震が起きるのか？」という発問に対して，ホワイトボードに「自然のきまり」と記入したことをエピソード9-3で紹介した。この生徒は自然や動物に日頃から興味をもっており，断片的ではあるが，地球の自然に関する知識や災害の名称や本や図鑑で得られる簡単な内容は理解していた。しかし，授業①を通して「地面の下の様子」や「プレートが存在すること」などを学習していく過程で，「地震には理由がある」という理解に至り，今までの認識が変化した。このように，生徒自身が「知りたい」と思ったことを考える授業を通して防災の理解が深まったと考える（主体的な学び）。

　ただし，自然に関する理解を深めるのは容易なことではなかった。たとえば，第1回の授業の復習を兼ねて，第2回の授業のはじめに「どうして地震が

起きるのか？」という問いに対して，「プレート」と答える生徒はいたが，「プレートがどのように関係するか」ということや，それが「地震とどのように関係するか」という点は十分に理解できない生徒が多かった。このとき，教師がいろいろな生徒に「プレートがどうなったら揺れるんだろうね」とか，「昨日やった模型でも確かにプレートが揺れていたよね」と話すと，授業①で学んだ「地面の下」のことや「地震には理由がある」ということを思い出し，地震のメカニズムを話せるようになる生徒が出てきた（<u>対話的な学び</u>）。

　こうした対話的な学びを通して，生徒は最終的に「プレートが我慢できなくなったから（地震が起きた）」という考えをもつことができた。もちろん，こうした自分なりの見解を言葉で説明することは簡単ではないが，「プレート」などの用語を知っただけでなく，「それが○○になるから」という理由を述べられたことは，学びを深めたと考えられる（<u>深い学び</u>）。

2）知的障害児に対する防災教育の留意点

　それでは，以上のような深い学びにつながる防災教育を展開するには，どのような点に留意するべきであろうか。今回の実践では，生活単元学習のなかに理科の視点を組み込んで実践を行った。近年，知的障害児教育では，生活単元学習に代えて，理科や社会科を取り入れている学校もあるが，理科や社会科がない特別支援学校では，学校生活において理科や社会科などの専門的な知識を学ぶ機会が少なく，自然や身の回りの社会についての基本的な知識が乏しいのが現状である。

　今回，授業を行った特別支援学校に関しても，防災教育の授業を実施した時点では時間割のなかに理科や社会科を組み入れていなかった。そのため本来，理科や社会科で学ぶべき知識である「地球（地面の下の構造）」のことや，「地図の見方」などについて十分に理解できていないなかで防災教育が行われた。これが理由で，教師からの問いに対して，知識をもとに考えたり予測を立てたりすることが難しかった可能性もある。

　たとえば，授業②の「緊急地震速報ってなに？」では，日本地図をもとに震

源地や円心状に広がる震度についての学習を行った。このとき，授業に参加した生徒は，自分の住んでいる県についてはその形や日本地図のおおよその位置を理解していたが，他県との関連や，日本全体としてみたときに自分の住んでいる県を見つけることが難しかった。一方で，社会科のなかで「地図の見方」を学習していれば，「震源地」と自分の居住地との距離などについてもより理解を深めることができた可能性もある。

　今回の授業実践を通して，生徒の学びを振り返ると，「防災教育」全体を大きくとらえれば，教科的な学びだけでなく，体験を通した学びも必要であり，特に，知的障害児に対しては，各教科等で学んだ知識を実体験と結びつけることが有効であったと考える。これまで，知的障害児教育では，こうした実践を生活単元学習のなかで行ってきたが，今後も必要に応じて体験的な学習を取り入れ，教科横断的に学ぶことは必要であると考える。

3）汎用的能力を育てる防災教育の展開

　これまで多くの学校で行われてきた防災教育は，「訓練した避難行動を実際の災害時に生かす」とか，「地震を想定した避難訓練で身につけたことを別の災害でも行動できるようにする」ということが目指されていた。これは，学習したことが「般化」することを目標にしていたと考えられる。

　しかし，今回，実践した授業では必ずしも「般化」を目指して展開したわけではなかった。たとえば，非常食を食べる学習体験では，実際の避難所で非常食を食べられるようになることを主たる目的にしたのではなく，地震のメカニズムを考えて，避難生活の必要性を理解するなかで「非常食が必要である」という理解ができるようになることを目標としていた。また，エピソード9-2で紹介した生徒Lは，災害のメカニズムを学び，知識が広がったことで，災害状況をイメージし，自らの置かれている生活状況を想像して考えることができた。

　このように，身につけた知識を生かしてさまざまな状況に対応しようとすることは，単なる「般化」ではなく，「汎用性」といえるのではないか[1]。すな

わち，理科や社会科など教科的な学習を含めて，さまざまな「見方・考え方」を働かせて防災教育を学ぶことで，適切な避難行動をとることだけでなく，他の生活場面にも広がることが今回の授業実践を通して明らかになった。こうした「汎用性」を子どもが身につけられるように，今後，特別支援学校で防災教育を実践していくことが求められると考える。

　ただし，本章は中学部生徒に対する一つの授業から検討したものであり，さらに実践を積み重ねていく必要がある。特に，防災教育のなかに理科や社会科などの教科の内容と，体験的な学びをどのように融合させるかなど，知的障害児が災害に関するイメージをどのように深め，汎用的に活用していくことができるようになるのかという点をさらに詳細に分析していくことが今後の課題であると考える。

［注］

1）本章では「般化」と「汎用性」について，以下のように区別して使用した（『広辞苑』〈第6版，岩波書店〉および『心理学辞典』〈初版，有斐閣〉の定義をもとに筆者らが般化と汎用性について区別した）。

　《般化》
　・知り得た知識や身につけた内容が同じような場面で発揮されるような行動的なつながりが生じる。（例：訓練して身につけた避難行動が，緊急時に同じようにできる）
　・関連のある一方向につながっていくこと。（例：支援する側が意図的に般化できるような状況をつくり出し，ある程度予測した通りに行動できること）

　《汎用性》
　・知り得た知識や身につけた内容をまったく別の場面で幅広く適用したり一般的に活用したりすること。
　・支援する側が意図的に状況設定して行動を引き出すのではなく，別の状況でも力を発揮すること。
　・学んだことをもとに予期しないことを自ら予想し，知識を関連させてさまざまな方向に広がっていくこと。

第Ⅱ部　特別支援学校における防災対策と防災教育の内容・方法

［文献］

・北岡大輔．2022．「知的障害のある生徒が発信する防災教育——映画『防災戦隊マモルンジャー』の制作を通して」．『障害者問題研究』50(3)，204-206.

・木村佐枝子・前林清和．2020．「SDGsを活用した防災教育教材の研究と開発——A中学校防災講座を事例として」．『防災教育学研究』1(1)，107-118.

・此松昌彦．2015．「これからの防災教育に果たす大学の役割」．『地質技術』5，85-88.

・此松昌彦．2018．「理科新学習指導要領からの防災教育」．『和歌山大学災害科学教育研究センター研究報告』2，29-34.

・新保泰輝・寺山一輝・越野亮・沖野浩太朗・荒木光一・吉田龍史．2022．「VRコンテンツを用いた防災教育アプリケーション『防災すごろく』の開発とその教育効果」．『土木学会論文集H（教育）』78(1)，1-9.

・戸ヶ崎泰子・中井靖・木村素子．2015．「知的障害と肢体不自由の重複障害児に対する防災教育」．『宮崎大学教育文化学部紀要』創立130周年記念特別号．187-198.

・東日本大震災を受けた防災教育・防災管理等に関する有識者会議．2011．「東日本大震災を受けた防災教育・防災管理等に関する有識者会議　中間とりまとめ」.

・東日本大震災を受けた防災教育・防災管理等に関する有識者会議．2012．「東日本大震災を受けた防災教育・防災管理等に関する有識者会議　最終報告」.

・藤井基貴・松本光央．2014．「知的障害がある児童生徒に対する防災教育の取り組み——岐阜県立可茂特別支援学校の事例研究」．『静岡大学教育学部附属教育実践総合センター紀要』22，73-81.

・村田翔．2018．「学校における防災教育マニュアルに関する分析」．『広島大学大学院教育学研究科紀要．第二部，文化教育開発関連領域』67，67-74.

・文部科学省．2013．「学校防災のための参考資料　『生きる力』を育む防災教育の展開」（MEXT1-1301）（平成25年3月改訂版）.

・和田充紀・池田弘紀・池﨑理恵子・栗林睦美．2016．「知的障害特別支援学校における防災教育のあり方に関する一考察——現状の聞き取り結果と，教育課程に位置付けた実践の検討を通して」．『富山大学人間発達科学部紀要』10(2)，143-153.

第9章　知的障害児に対する防災教育の授業づくり

資料9-1　中学部　第1・2・3学年　防災教育　学習指導案（略案）

目標
○防災に関する基本的な知識を身につけることができる。（知識および技能）
○防災に関して学んだことを自分の経験や体験と結びつけて考えることができる。
　（思考力・判断力・表現力等）
○防災について学んだことを日常生活や社会生活で生かそうとする。
　（学びに向かう力・人間性等）

授業①　「地震はどうして起きるの？」

時間（分）	学習内容・活動	支援上の留意点
5	1. 本時の学習内容・活動を知る。 (1)始めの挨拶をする。 (2)本時の目標を確認する。 (3)学習内容を確認する。	・姿勢を正すように言葉かけをすることで，活動の始まりを意識できるようにする。 ・本時の目標と学習内容を教師と一緒に確認することで，本時の学習に見通しをもつことができるようにする。 ・実物や写真を使って説明し，本時の活動を理解できるようにする。
5	2. どうして地震が起きるのか予想してみる。 (1)地震が起きる理由を考える。 (2)友達や教師と相談する。	・個人にホワイトボードを用意することで，自分の考えや予想を自由に書くことができるようにする。 ・教師が共感したり助言したりすることで，予想したり考えを広げたりできるようにする。 ・生徒には，絵カードや写真カードなどを用意することで，自分の考えを表現できるようにする。
10	3. 動画を見る。 「教えて！地震博士!!」（前半）	・内容が難しい部分や言葉の意味については必要に応じて教師が説明することで，動画の内容を理解できるようにする。
10	4. 教材で地震のメカニズムを体験する。 	・模型や地震の仕組みを表した教材を使用し，触ったり動かしたりすることで，プレートの動きや，地震の起こる仕組みをイメージできるようにする。 ・生徒には，揺れや模型が倒れる様子に合わせて「地震」であることを伝えるようにすることで，言葉の意味や状況を理解できるようにする。
15	5. 揺れには大きさの違いがあることを知る。 (1)動画を見る。 「教えて！地震博士!!」（後半） (2)震度計（アプリ）を使い，揺れの大きさの違いを体験する。	・震度によって揺れが違う地震映像を提示することで，地震には大小の違いがあることに気がつくことができるようにする。 ・水を入れた水槽（適切な容器）を震度に合わせて揺らし水槽の変化の違いをみることで，地震の大きさによって被害が変わることを理解できるようにする。
5	6. 本時のまとめをする。 (1)本時の学習内容を振り返る。 (2)次時の活動を伝える。 (3)終わりの挨拶をする。	・次時の活動を具体的に伝えることで，見通しや期待をもつことができるようにする。 ・姿勢を正すよう言葉かけをしてから挨拶をすることで，活動の終わりを意識できるようにする。

241

第Ⅱ部　特別支援学校における防災対策と防災教育の内容・方法

資料9-1　（続き）

授業②　「緊急地震速報ってなに？」

時間 （分）	学習内容・活動	支援上の留意点
5	1. 本時の学習内容・活動を知る。 (1)始めの挨拶をする。 (2)本時の目標を確認する。 (3)学習内容を確認する。	・姿勢を正すように言葉かけをすることで，活動の始まりを意識できるようにする。 ・本時の目標と学習内容を教師と一緒に確認することで，本時の学習に見通しをもつことができるようにする。 ・実物や写真を使って説明し，本時の活動を理解できるようにする。
5	2. 地震のイメージについて考える。	・「怖い」など悪いイメージが予想されるので，教師がさまざまな考えるヒントを出すことで，幅広く目を向けられるようにする。 ・生徒には，タブレット端末等で地震の様子などを提示することで，地震がどのようなものなのか理解できるようにする。
5	3. 地震の恵みや恩恵について知る。 ・温泉 ・地震によってできた美しい地形やジオパーク等	・「海」や「山」の話なども例に出しながら説明することで，自然には人間にとって恵みをもたらす面と災害的な面の二面性があることに気がつくことができるようにする。 ・生徒には，自然の二面性を表すさまざまな写真を提示し，知っていることを選択する機会を設けることで，自然の変化（同じ山なのに山登りができるときと噴火するときがあるなど）に気づくことができるようにする。
15	4. 地震の対策について考える。 (1)緊急地震速報の音を聞く。 (2)緊急地震速報の表示のされ方を見る。震度に関する動画を視聴する。 (3)自分の経験や体験について発表する。	・鳴らすことを予告してから小さい音で鳴らし，生徒の心的な負担にならないようにする。 ・動画やテレビの画像を活用し，どこを（自分の住む県）どのように（震度，震源地）見ればよいのかを説明することで，緊急地震速報の見方について理解できるようにする。 ・教師がヒントを出したり助言したりすることで，音に驚いた経験や避難した体験などを発表し，音の目的や意味について気づくことができるようにする。 ・生徒には，音に合わせて地震の映像を提示したり揺れをジェスチャーで伝えたりすることで，地震を知らせる（関係のある）音であることに気がつくことができるようにする。
5	5. 速報後に何ができるかを考える。 (1)グループでの話し合い活動。 (2)発表し，意見を共有する。	・意見を出すことが難しい場合は，「○○の時間」「○○の活動をしているとき」など場面や時間を限定することで，速報後の行動について考えることができるようにする。 ・各班の発表に沿って電子黒板に写真を提示したり教師が補足したりすることで意見を共有できるようにする。 ・生徒には，話し合いの内容に応じて「逃げる」「隠れる」「お母さんの近くに行く」など簡単な選択肢を提示し，自分の考えを発表できるようにする。

第9章　知的障害児に対する防災教育の授業づくり

時間 (分)	学習内容・活動	支援上の留意点
10	6. マグニチュードと震度の関係を体験する。 (1)マグニチュードについて知る。 (2)太鼓を使った「揺れ」を可視化する体験。	・「太鼓の音」「聞こえ方」，または距離によって聞こえ方が変わることが何を表すのかをスライドをもとに教師が繰り返し伝え，生徒に説明することで，生徒がマグニチュードと震度の関係を理解することができるようにする。
5	7. 本時のまとめをする。 (1)本時の学習内容を振り返る。 (2)本単元の学習を振り返る。 (3)終わりの挨拶をする。	・学習の様子等を写真で提示しながら今まで学んだ内容を確認することで，本単元で学んだことを振り返ることができるようにする。 ・姿勢を正すよう言葉かけをしてから挨拶をすることで，活動の終わりを意識できるようにする。

授業③「こんなときどうする？──災害時の行動・防災グッズについて」

時間 (分)	学習内容・活動	支援上の留意点
5	1. 本時の学習内容・活動を知る。 (1)始めの挨拶をする。 (2)本時の目標を確認する。 (3)学習内容を確認する。	・姿勢を正すように言葉かけをすることで，活動の始まりを意識できるようにする。 ・本時の目標と学習内容を教師と一緒に確認することで，本時の学習に見通しをもつことができるようにする。 ・実物や写真を使って説明し，本時の活動を理解できるようにする。
10	2. 大災害（地震）が起きた場合どうするかを考える。 (例1)自宅が倒壊した場合。 (例2)地域（自宅周辺）が被害に遭い，生活することが困難な場合。	・写真等を使い，場面を具体的に設定することで状況を考えながら自分なりの対応をイメージできるようにする。 ・教師が共感したり助言したりすることで，予想したり考えを広げたりできるようにする。
10	3. 避難所について知る。	・内容が難しい部分や言葉の意味については必要に応じて教師が説明することで，動画の内容を理解できるようにする。 ・生徒には，授業者（T2）以下が個別に支援し，動画内容に沿って簡単な言葉で目的や利用する場面を伝えることで，避難所について知ることができるようにする。
10	4.「こんなときどうする？」 避難所での生活と便利なグッズについて知る。 ・避難所での食事 ・就寝時の防寒グッズ ・トイレの仕方	・使用方法を動画や写真で提示したりすることで使う場面や使用方法をイメージできるようにする。 ・災害時の状況を具体的に設定し，どのような場面で使用するかなど生徒に質問しながら進めることで，状況や場面を考えながら取り組むことができるようにする。

243

第Ⅱ部　特別支援学校における防災対策と防災教育の内容・方法

資料9-1　（続き）

時間 (分)	学習内容・活動	支援上の留意点
25	5. 防災グッズを体験する。 ①避難所での食事（非常食） ②就寝時の防寒グッズ（寝袋） ③トイレの仕方（簡易トイレ） 　　　※下の写真を参照	・グッズごとのブースを設置し，3グループ（学年）に分かれて，順番に体験できるようにする。 【体験内容】 （非常食）お湯を入れてみる。 （寝袋）実際に入ってみる。 （簡易トイレ）座ってみる。 ・非常食の準備やお湯を入れる活動等，精度を要する内容は知的能力が比較的高い生徒が行い，寝袋，トイレなど体験的な内容は比較的重度の生徒が行うことで，安全に全員の生徒が取り組むことができるようにする。
25	6. 防災グッズを作成・体験する。 【簡易クッションづくり】 (1)新聞紙，ちらし等を適度な大きさに破る。 (2)まるめる。 (3)袋に入れる。 (4)袋の空気を抜いて縛る。 (5)体験する（座る，寝る等）。	・さまざまな大きさの袋を用意し，袋の素材等を工夫することで，実態に合わせて選択して取り組むことができるようにする。 ・生徒には，教師が丸めやすい大きさに新聞紙等を切って渡したり，生徒に応じて袋の大きさを調整したりすることで，時間内に作成できるようにする。 ・「どのような場面で活用できるか」等，教師が質問して考える機会を与えることで，災害時を想定した使い方や活用法について考えたり気づいたりすることができるようにする。
5	7. 本時のまとめをする。 (1)本時の学習内容を振り返る。 (2)終わりの挨拶をする。	・姿勢を正すよう言葉かけをしてから挨拶をすることで，活動の終わりを意識できるようにする。

授業で使用した防災グッズ

　　　簡易寝袋　　　　　　　　　　　　簡易トイレ

$\boxed{\text{終 章}}$

災害時に障害児が安心して生活できる
防災機能と防災教育のあり方

第1節　本書のまとめ

　本書では，第Ⅰ部において，障害児の保護者に対するアンケート調査を通して「災害時における障害児の困難と支援ニーズ」について明らかにした。そのうえで，第Ⅱ部では，特別支援学校に対する調査および実践研究を通して「特別支援学校における防災対策と防災教育の内容・方法」について検討した。終章では，第Ⅰ部と第Ⅱ部で明らかにした点をふまえて，災害時に障害児とその家族が安心して生活できる特別支援学校の防災機能と防災教育についてまとめたうえで，インクルーシブ社会における防災対策のあり方について総合的に考察する。

1．災害時における障害児の困難と必要な支援

　第Ⅰ部では，障害児の保護者に対する調査を通して，災害時に障害児とその家族がどのような困難に直面し，どのような支援を必要としているのかという点を明らかにした。まず，第1章では，これまでの行政施策を概観し，災害時に障害児が直面した困難とその対応についてレビューした。そのうえで，第2章では，肢体不自由児，知的障害児，発達障害を有する心臓病児，視覚障害児，聴覚障害児の保護者に対してアンケート調査を実施し，災害時に生じる障害児とその家族の困難と必要な支援を明らかにした。その結果，感覚障害児の保護者が避難情報等を得るためのタブレットが必要であると回答した一方で，

知的障害児や発達障害児の保護者は他の人に迷惑がかからないように，避難所に個室や家族だけのスペースがほしいと回答した。

　このように，感覚障害児には「情報保障」が必要である一方で，知的障害児や発達障害児には，認知面で配慮することだけでなく，「不安」への対応が必要であるということが明らかになり，障害種別により災害時の支援ニーズが異なっていた。ただし，調査結果を大括りにしてとらえると，障害児の保護者は共通して，避難所で障害に応じた施設・設備が必要であると考えていただけでなく，避難所を運営するスタッフや周囲の一般避難者に「配慮」[1]をお願いしたいと考えていた。

　他方で，障害児の保護者は学校で幅広く防災教育を実施してほしいと望んでいたことも明らかになった。具体的には，感覚障害児や発達障害児の保護者は，避難訓練を繰り返すだけでなく，災害が発生する原因を教科学習のなかで理解できるようにしてほしいと考えていた。また，知的障害児の保護者は，災害用トイレや非常食の体験など，災害時の状況をイメージしたり，避難時の生活を全般的に理解できる防災教育の実施を期待していた。このように，障害の種類や程度によって保護者が期待する防災教育の内容は異なっていたが，災害に対する理解を深める学習を求めていたという点で共通していた。

　本書では，保護者調査の結果をさらに分析して，重複した障害のある子どもは災害時に困難が大きくなり，支援ニーズが高まるのかどうかという点についても検討した。その結果，肢体不自由と知的障害が重複している子どもは，災害時に生じる困難が深刻化する可能性があることが示された（第3章・第4章）。この結果をふまえると，災害時に困難が大きくなる障害特性やその組み合わせなどを考慮したうえで，避難所に必要な施設・設備や物資を用意することが重要であると考えた。

2．特別支援学校の防災対策と防災教育の内容・方法

　第Ⅱ部では特別支援学校が大規模災害に備えて，どのような防災対策を考え

終　章　災害時に障害児が安心して生活できる防災機能と防災教育のあり方

ていて，どのような防災教育を実施してきたのかを明らかにした。まず，第5章では，特別支援学校における防災のための備蓄品と防災教育の実態を調査した。その結果，多くの特別支援学校で，在籍児および教職員が数日間，学校で避難できるように食料や水を備蓄していたことが明らかになった。また，特別支援学校のなかには，地域の障害者が避難できる福祉避難所となっているところもあり，こうした特別支援学校は福祉避難所を運営することを想定して防災用品を確保していた。

　ただし，今回，調査した時点では，それぞれの特別支援学校に通っている子どもの主たる障害に対応する物資を備蓄している学校が多く，すべての障害に対応できる状態ではなかった。これは，学校に在籍している子どもが災害時に安心して避難できるようにするために備蓄しているものであると考えればごく自然なことであるが，地域の障害者の防災拠点として特別支援学校を機能させていくのだとしたら，さまざまな障害種に対応できる物資を備蓄することが課題であると考える。

　一方で，今回の調査により，特別支援学校では，さまざまな内容の防災教育が実施されていることが明らかになった。具体的には，多くの特別支援学校で，定期的な避難訓練を実施しているだけでなく，災害に関する理解を深める授業を行っていたり，避難所生活の体験（非常食の試食やポータブルトイレの使用など）を行っていた。

　また，本書では，防災教育の先進校として，高知県立中村特別支援学校の取り組みを紹介した（第6章）。高知県立中村特別支援学校では，高い確率で発生するといわれている南海トラフ地震を想定して，登下校時を含めた災害時の避難計画を策定していた。加えて，学校にある防災設備や備蓄品を使って，年間を通して知的障害児に計画的に防災教育を行っていた。

　しかし，高知県立中村特別支援学校のように，学校が避難所として機能するように，必要な物資を備蓄するといった防災対策と，障害児が避難生活のなかで必要な力を発揮できるように防災教育を展開することを一体的に進めている学校は，全国的にみると少数である。今回調査に協力してくださった他の特別

支援学校も，災害時の避難計画と防災教育が連動している学校はあまりなかった。加えて，これまで実施してきた防災教育が教科学習とどのように接続しているかという点や，教科等を横断する総合的な学びのなかに防災教育がどのように位置づくのかという点についても検討している学校は少なかった。これらの点は，今後の研究課題であると考える。

さらに，本書では，知的障害児の防災教育の内容と方法を検討するために，特別支援学校学習指導要領を分析した（第7章）。また，知的障害児が災害について深く理解することができる教材を開発し，防災教育を通して身につく資質・能力について検討した（第8章）。これらの分析・検討を通して，教科学習のなかに災害について多角的に理解する内容が含まれていることが明らかになり，障害児の防災教育についても，教科等を横断して学びを深めていくことが重要であると考えた。

そして，以上のような障害児に対する防災教育の内容と方法の検討をふまえて，茨城大学教育学部附属特別支援学校をフィールドにして，知的障害児が災害を理解し，避難生活をイメージできるようになることを目的とした授業を実践した（第9章）。その結果，知的障害のある子どもでも，教材を工夫することで「地震のメカニズム」を（知的障害児なりに）理解できるようになることが示唆された。また，こうした実践研究を通して，単に防災用具の使用方法を学んだり，非常食を試食したりする学習を行うだけでなく，そうした体験的な学びと教科で学んだ災害の理解を組み合わせ，防災に関する理解を深めていくことが可能な生徒がいた。このように，知的障害児教育においても，災害について「考える力」を育成する防災教育を展開できることが示唆された。

第2節　総合考察と今後の課題

最後に，第Ⅰ部および第Ⅱ部で明らかにした内容をふまえて，「特別支援学校の防災機能と防災教育のあり方」について総合的に考察したい。

終　章　災害時に障害児が安心して生活できる防災機能と防災教育のあり方

1. 特別支援学校の防災力を高める「公助」「共助」「自助」の一体性

　本書では，ここまで，災害時に障害児とその家族が安心して生活できるようにするためには，避難所として機能する特別支援学校の防災機能と障害児に対する防災教育を一体的に発展させていくことが必要であるという視点で論じてきた。ここでは，これらの結果を「公助」「共助」「自助」と関連させて検討し，本書から得られる知見を総括したいと考える。

　本書のなかで，多くの特別支援学校が大規模災害に備えて数日間，過ごすことができるように物資を備蓄していたことを明らかにした。こうした備蓄の充実は「公助」にあたる社会基盤の整備である。しかし，障害児の保護者は災害時に十分な設備や物資があれば安心して避難生活が送れると考えていたわけではなく，避難所における周囲の人々の配慮（「共助」）が必要であると考えていた。また，災害時において備蓄している食料を食べられるようになるなど，「自助」にあたる防災教育を求める保護者も多くいた。

　加えて，防災教育では単に災害時を想定した体験学習にとどまるものではなく，災害そのものを理解する学習を進める必要があるということも本書のなかで明らかになった。この点を障害児の「防災力」という視点から考察すると，地震が起こるメカニズムを知ることは，単に知識が増えるということだけでなく，それを知ることによって子ども自身の不安感を軽減させることにもつながり，結果として安心・安全を高めることに貢献すると考える。

　もちろん，災害のことを知るだけでは，災害時の不安を完全に解消することはできない。そのため，「非常食を食べてみよう」といった「自助」につながる学習だけでなく，「避難所にいる人と一緒に過ごす」ことや，「避難所にいる人に助けてもらう力を身につける」など，「共助」に関する学習も必要であることが本書のなかで明らかになった。当然のことながら，こうした自助や共助を支える基盤として，公助の役割を果たす公的な避難所に十分な施設・設備または物資が備わっていることが前提である。こうした点からも，「公助」「共助」「自助」は，相互に有機的に結びついているものであるといえるだろう。

249

この点に関して，高知県立中村特別支援学校では，南海トラフ地震に備えて，地域住民の避難と在籍児童生徒の避難を同時に実現できるように防災計画がつくられていた。また，学校周辺の地域が液状化する可能性を想定し，地域から支援物資が届くまで数日かかることを前提にして，必要な物資を学校が備蓄するとともに，在籍している子どもが数日間，校内で避難生活を送ることができるように防災教育を行っていた。このように，高知県立中村特別支援学校の防災対策は，「公助」「共助」「自助」を総合的に組み合わせたものとなっていて，注目に値するものであった。

　これらの結果からいえることは，災害が発生したときに，障害児とその家族の避難生活に必要な設備や物資が備わっていることと，周囲の人の支援を受けながら，防災教育で学んだ知識や思考力等を発揮することが，彼らの安全と安心を最大化させるということである。そして，以上に示した「公助」「共助」「自助」の三側面は，別々に発展させるのではなく，総合的・一体的に提供することが災害時の安全と安心につながるということが本書の結果から考察できる。

　ただし，本書では，「公助」「共助」「自助」の関連性については，その実相を十分に明らかにすることができていないことも多く，この点については今後の課題である。

2．災害時の安全と安心を最大化するインクルーシブな防災社会をつくる

　本書を通して，災害時に障害児とその家族が安心して生活できる避難所のあり方について検討してきたが，本書の内容は単に障害児とその家族のためだけでなく，すべての人の役に立つものであると考える。それは，特別支援学校の防災機能が向上することは，最終的には地域の高齢者等の安全な避難に貢献でき，社会全体の防災力の向上に寄与するからである。

　特に，本書では，単に特別支援学校にどのような設備を置き，どのような物資を備蓄するかといった「公助」を充実させるだけでなく，地域住民とともに

終　章　災害時に障害児が安心して生活できる防災機能と防災教育のあり方

防災力を高める実践的取り組みを進めていくことが重要であるということを強調してきた。これは，地域住民とともに「共助」の風土を形成することができれば，避難所で物資が不足したときにも誰かを排除することなく，支え合うことが可能になるということでもある。そして，こうした心理的な余裕がある場において，障害児は「自助」の力を最大限，発揮できるようになり，災害時の安全と安心が高まるのだと考える。

　また，本書では，障害児とその家族が災害時に必要と考える設備や物資を詳細に示してきたが，こうした結果は今後，障害児とその家族が利用する避難所を設置する際にとても貴重な資料となるだろう。しかし，本書で明らかにしたことの意義は，避難所に必要な設備や物資を整理して示したことだけではなく，地域の防災計画のなかに障害児の家族（当事者）の支援ニーズを反映していくことが不可欠であるという点を実証した点にあると考える。

　また，感染症のためにステイホームを余儀なくされた場合には，「公助」としての避難所が設置されるわけではないので，障害児のいる家族にとっては自宅で「自助」を強いられる実態があることも本書を通して明らかになった。具体的には，感染症のまん延等でステイホームとなった期間中は，自由に通院や買い物ができず，薬や食料といった生活に必要不可欠なものが入手困難になることに対して，社会はどのように支えていくことができるのかという課題があることも浮き彫りになった。

　このように，災害時に障害児とその家族が安心して生活するためには，障害児とその家族を「避難所に適応させる」のではなく，当事者が感じている支援ニーズを受け止めて，避難所が変化し続けることが求められている。また，災害時の支援は避難所に集約させればよいのではなく，障害児とその家族の声を拾い上げ，制度（公助）と地域の助け合い（共助）のなかで，障害者家族の「自助」を軽減させていくことが重要であることが本書を通じて明らかになった。こうした障害児とその家族を含めた防災・減災のあり方を示すことができた点に本書の意義があると考える。

　これは，変化可能性のある社会を創り出していくことが，障害児とその家族

251

の命と生活を守る防災社会であるということを意味している。このとき,「公助」「共助」「自助」のいずれが優位であるのかを考えるのではなく,問題が生じたコミュニティのなかで「どうするか」を考え,3つの側面を総合的に組み合わせて対応していくことができる社会を形成していくことが重要であるということが本書を通じてみえてきた社会のあり方である。言い換えると,こうした社会を形成していくことによって,多様で複雑な支援ニーズを有するすべての障害児とその家族の命と生活を守ることができるのだと考える。

　以上のように,災害時において,「公助」である避難所などに多様な障害者のニーズに応える仕組みをつくりながら,「共助」としてともに避難している地域住民からの理解や支援が得られ,障害児本人が防災教育のなかで学んだ知識や思考力等を「自助」として発揮できるようにすることが理想的な社会のあり方ではないだろうか。そして,こうした「公助」「共助」「自助」が有機的に結びつき,すべての人の安全と安心を最大化させることができる社会こそがインクルーシブな防災社会であると考える。

［注］

1) ただし,ここでいう「配慮」とは,「合理的配慮（reasonable accommodation）」に代表される「accommodate」（順応する／適応させる）という意味ではなく,避難所で,その場にいる人たちが,その状況のなかで「調整しながらできること（arrangement）」を考えていくことが重要であるという意味である。

Abstract

A Study on the Role of Special Schools for children with Disability in Disaster Preparedness and the Relevant Educational Practice in These Schools

In the aftermath of the 2011 Great East Japan Earthquake, numerous families with children with disabilities were unable to access emergency shelters. Consequently, the necessity of establishing shelters for people with special-needs in Japan was recognised. However, the current state of affairs is that shelters for people with special-needs are not fully operational during actual disasters. This study aims to elucidate the challenges and support needs of children with disabilities during disasters and to examine the disaster preparedness measures and the educational practices for disaster preparedness in special schools for children with disability.

Part I: Challenges and Support Needs of Children with Disabilities During Disasters

Part I of this paper presents the findings of a survey conducted with guardians/ parents of children with disabilities. It highlights the difficulties experienced by these children and their family members during disasters, as well as the specific support they needed. Chapter I begins by outlining the administrative measures that have been implemented to date. Then, it reviews the difficulties experienced by children with disabilities during disasters and the measures taken to address them. Subsequently, Chapter 2 presents the findings of a survey conducted with guardians/parents of children with physical disabilities, intellectual disabilities, developmental disabilities with heart disease, visual impairments, and hearing impairments. It highlights the difficulties experienced by these children and their family members during disasters, as well as the specific support they needed. The findings of the survey revealed that while the guardians/parents of children with sensory impairments indicated a need for tablets to ensure access to information, the guardians/parents of children with intellectual and developmental disabilities expressed a desire for private rooms in emergency shelters to prevent causing inconvenience to others.

Thus, the survey findings indicated that support needs during disasters varied depending on the type of disability. However, a common theme among the guardians/parents of children with disabilities was the need for disability-specific facilities and equipment at emergency shelters. Moreover, the parents also hoped that the staff managing the emergency shelters and other evacuees would be considerate toward their children's needs.

Additionally, the survey revealed that guardians/parents of children with disabilities desire a comprehensive education on disaster preparedness in schools. Specifically, guardians/parents of children with sensory or developmental disabilities expressed the need for their children to participate in repeated evacuation drills and learn about disaster causes through academic curricula to facilitate understanding. Furthermore, guardians/parents of children with intellectual disabilities expressed an expectation for disaster preparedness education that gives their children some idea about emergencies that can transpire in the event of a disaster and understand how to live in an emergency shelter through experiences such as familiarisation with the use of emergency sanitation equipment and sampling emergency rations. While the specific content for disaster preparedness education varied depending on the type and severity of disabilities, the guardians/parents shared a common desire for learning that would deepen the children's understanding of disasters.

This paper further analyses the findings of the survey of parents and investigates whether children with multiple disabilities experience greater difficulties and have more support needs during disasters. According to the findings, children with both physical and intellectual disabilities may face more severe challenges during disasters

(Chapters 3 and 4). This highlights the importance of preparing necessary facilities, equipment, and supplies for emergency shelters, as well as the need to consider the characteristics of disabilities and their combinations, which may exacerbate difficulties during disasters.

Part II: The Educational Initiatives and Strategies for Disaster Preparedness in Special Schools for Children with Disability

Part II elucidates the role of special schools for children with disability in disaster preparedness and the educational practices implemented by these schools in anticipation of large-scale disasters. Specifically, Chapter 5 discusses the current state of disaster preparedness measures and education in these institutions. According to the findings, a significant number of special schools for children with disability had provisions for food and water supplies to sustain students and staff for several days in the event of an evacuation to the school premises. Furthermore, several special schools served as designated emergency shelters for individuals with disabilities and had procured emergency supplies in anticipation of serving as special-needs shelters in case of a disaster. However, it must be noted that the emergency provisions at these schools were primarily tailored to accommodate the predominant disabilities of their enrolled students and may not have been equipped to cater to all types of disabilities.

The survey findings indicated that special schools for children with disability have implemented a diverse range of practices for disaster preparedness education. Specifically, a significant number of these institutions not only conduct periodic evacuation drills but also offer classes aimed at enhancing students' understanding of disasters, as well as experiential learning, such as sampling emergency rations and familiarising themselves with the use of emergency sanitation equipment.

This paper gives an example of the disaster preparedness measures and educational practice implemented at Nakamura Special School for children with intellectual disability in Kochi Prefecture, recognised as a leading institution in continued disaster preparedness efforts (Chapter 6). The school has meticulously devised an evacuation plan, inclusive of arrival and departure times, in anticipation of the high likelihood of the Nankai Trough earthquake. Furthermore, the school has systematically provided disaster preparedness education to children with intellectual disabilities throughout the year, utilising its stockpile of emergency supplies.

Furthermore, this paper analyses the National Curriculum guidelines (the Code of Practice) in Japan for special schools for children with disability and examines the curriculum for disaster preparedness education for children with intellectual disabilities (Chapter 7). Moreover, video materials for disaster preparedness education were produced, and how they are utilised was explored (Chapter 8). Subsequently, a class aimed at enabling children with intellectual disabilities to comprehend disasters and envision life in an emergency shelter was conducted at the special schools for children with intellectual disability affiliated with the Faculty of Education at Ibaraki University (Chapter 9). The results suggest that, through the use of carefully designed teaching materials, children with intellectual disabilities could grasp the mechanisms underlying earthquakes. Furthermore, some students demonstrated a deeper understanding of disaster preparedness by integrating experiential learning with knowledge acquired through their school subjects. Thus, this paper demonstrates the feasibility of developing disaster preparedness education for children with intellectual disabilities that cultivates the 'ability to think' about disasters.

Discussion

The present paper reveals that numerous special schools for children with disability have stockpiled supplies to sustain themselves for several days in anticipation of a large-scale disaster. It also elucidates the content and methods of disaster preparedness education that special schools for children with disability are expected to implement. The authors of this paper contend that the preparation of emergency supplies for disaster preparedness and the practice of broadening students' knowledge about

Abstract

disasters are interrelated, rather than distinct from one another.

In instances where a community welcomes children with disabilities and their family members into an emergency shelter with a strong emphasis on mutual support, these children can exhibit their Activities of Daily Living (ADL) in emergency shelters more readily. Naturally, the creation of such a positive feedback loop is contingent upon the presence of adequate facilities, equipment, and resources in emergency shelters fulfilling the role of public assistance. Thus, the concepts of 'public shelter and institution', 'mutual support in the shelter', and 'children's ADL in emergency shelters' are interrelated, and through their holistic development, the safety and well-being of children with disabilities and their family members can be maximised during disasters.

Acknowledgements

We would like to thank Editage (www.editage.com) for English language editing.

索　引

［ア行］

アルミシート　74, 152, 153, 162

伊勢湾台風　32

医療的ケア　46, 47, 51, 54, 59, 60, 64, 83, 84, 122, 144, 158

インクルージョン／インクルーシブ　16-18, 27, 245, 250, 252

大雨　14, 152, 192, 194-197, 224, 225

［カ行］

学習指導要領　3, 63, 182-189, 191-193, 195-197, 200, 203-205, 208, 210-213, 218, 248

火山　32, 151, 191, 195, 197, 202, 203

火事　150, 151, 160, 189, 194, 196, 208, 209

家庭科　151, 152, 194-197, 201-203, 205, 207-209

カリキュラム／カリキュラム・マネジメント　63, 77, 183, 185, 196, 201, 204, 211, 213, 219

簡易トイレ　145, 149, 152, 162, 165, 183, 223, 234, 235, 244

簡易ベッド　50, 145

感覚障害　46, 48, 52, 59, 60, 128, 129, 144, 158, 245, 246

感染症　25, 26, 44, 55, 71, 72, 87, 101, 107, 251

吸引器　37, 46, 50-52, 54, 59, 84, 91

教材開発　25, 200, 204

共助　19-22, 24, 26, 27, 249-252

共同体／コミュニティ　20-23, 28, 69, 201, 202, 252

緊急地震速報　60, 97, 152, 162, 176-178, 184, 195, 222, 223, 226, 230-232, 237, 242

クールダウン　50, 84

車いす　15, 35, 50-52, 54, 57, 118, 144, 157, 180

原子力災害　3, 44, 55, 71, 87, 101, 107, 150, 151, 161

公助　19, 21, 22, 24, 26, 27, 249-252

洪水　14, 15, 32, 150, 151, 180, 224, 225

豪雪　32, 151

合理的配慮　26, 110

個別避難計画　15, 59

［サ行］

災害時要援護者　14-16, 21, 24, 25, 33, 35, 38, 39, 156

災害対策基本法　15, 27, 32, 39

サステイナビリティ　23

視覚障害　25, 26, 36, 38, 42, 43, 49, 65, 66, 82, 95-100, 102, 103, 109-111, 113-115, 122-125, 128, 141, 147, 157, 183, 245

自助　19-22, 24, 26, 27, 47, 249-252

シティズンシップ教育　202

自閉症　35, 36, 39, 43, 65, 77, 81

社会科　89, 151-154, 185, 189-192, 194, 196, 197, 201, 202, 209, 213, 220, 230, 233, 236-239

消防署　149, 150, 153, 154, 160, 190, 191

自立活動　110, 151, 153

人工肛門　76

人工呼吸器　37, 45-47, 50, 52, 61, 78, 84, 93, 111

心臓病／心疾患　42, 43, 49, 66, 80-84, 91, 92, 98, 103, 114, 122, 125, 128, 134, 135, 157, 245

震度　152, 162, 164, 174, 180, 205, 206, 216, 217, 223, 229, 233, 238, 241-243

ステイホーム　25, 26, 44, 55, 56, 71-73, 87, 88, 101, 107, 115, 117, 123, 124, 130, 251

生活科　63, 151, 152, 184, 185, 187-190, 192-194, 196, 197, 201

生活単元学習　77, 151, 153, 161, 180, 184, 210, 211, 220, 237, 238

総合的な学習の時間　17, 151, 161, 185, 187, 197, 198, 203, 210, 211, 213

［タ行］

竜巻　151, 152, 160, 195, 196, 225

段ボールベッド　152, 162, 176

中越沖地震　32

聴覚障害　25, 26, 37, 38, 42, 43, 49, 65, 66, 82, 95-98, 102-110, 113-117, 119-125, 127, 128, 141, 157, 245

重複障害　42, 46, 59, 115, 126-132, 134, 135, 153

津波　19, 32, 96, 110, 152, 164, 165, 170, 177, 178, 180, 191, 195, 224, 225, 236

「津波てんでんこ」　19, 20, 28

電源　34, 45, 50, 51, 58, 61, 76, 78, 84, 91, 93, 109, 111, 118

テント　67, 90-92, 144, 145, 149, 157, 166

当事者　5, 13, 21-24, 39, 96, 251

道徳　151, 187, 202

特別活動　151, 161, 185, 198, 201, 211

土砂崩れ／土砂災害　14, 32, 147, 152, 163, 170, 177, 179, 188, 189, 195, 196

［ナ行］

内部障害　42, 43, 48, 49, 65, 66, 80-82, 91, 92, 98, 99, 102, 103, 113, 114, 116, 117, 119-125, 128, 135, 157

雪崩　152

南海トラフ地震　163, 164, 168, 174, 179-181, 247, 250

ネブライザー　46, 50, 76

能登半島地震　32

［ハ行］

ハザードマップ　162, 190, 201, 202

発達障害　25, 36, 38, 43, 48, 49, 65, 66, 69, 77, 82, 92, 98-103, 114, 118, 122, 128, 130, 133-135, 245, 246

パーテーション　35, 50, 67, 144, 145, 157

バリアフリー　14, 35, 51, 52, 54, 118

パルスオキシメーター　50, 58, 144, 158

阪神・淡路大震災　32, 80

汎用的能力　211, 212, 220, 238

東日本大震災　3, 4, 13, 14, 19, 23, 26, 33-37, 47, 56, 63, 81, 155, 182, 200, 204, 218-221

非常食　57, 60, 125, 143, 150, 152-154, 162, 183, 190, 196, 209, 223, 234, 235, 238, 244, 246-249

避難訓練　3, 47, 57, 60, 63, 74, 77, 89, 90, 92, 101, 106, 108, 110, 124-126, 150, 153, 183, 188, 190, 194, 204, 208, 219, 224, 234, 238, 246, 247

病弱／病弱特別支援学校　25, 26, 141, 157

風水害　3, 25, 26, 89, 95, 160, 179, 191

福祉国家／福祉社会　3, 28

福祉避難所　15, 26, 32-35, 37, 39, 60, 64, 77, 126, 145, 146, 154, 155, 158, 247

防災力　22, 25, 182, 202, 211, 219, 249-251

保健体育科　151, 194-197, 204

ポータブルトイレ　50, 148, 159, 166, 247

補聴器　35, 104, 105, 107, 124, 144, 158

［マ行］

マグニチュード　32, 152, 179, 243

間仕切り　67, 144, 145, 153, 157

［ヤ行］

洋式トイレ　35, 67, 68, 83, 84, 144, 157

［ラ行］

理科　89, 151-155, 162, 185, 189, 192-194, 196, 197, 201-206, 208, 213, 218, 220, 226, 230,

233, 236, 237, 239

［英語表記］

SDGs／ESD　17, 27

22q11.2欠失症候群　42, 80, 81, 83-85, 87-92, 114-125, 135

［執筆者］

新井英靖　茨城大学教育学部教授

田原　敬　茨城大学教育学部准教授

石田　修　茨城大学教育学部講師

小野貴史　茨城大学教育学部附属特別支援学校教諭

＊所属・肩書は原稿執筆当時のもの

［初出一覧］

序　章　　　新井英靖（書き下ろし）

第Ⅰ部

第1章　　　新井英靖（書き下ろし）

第2章　A　石田　修（書き下ろし）
　　　　B　新井英靖（書き下ろし）
　　　　C　新井英靖（書き下ろし）
　　　　D　田原　敬（書き下ろし）
　　　　上記以外は新井英靖（書き下ろし）

第3章　　　新井英靖・田原　敬・石田　修（書き下ろし）

第4章　　　新井英靖・田原　敬・石田　修（書き下ろし）

第Ⅱ部

第5章　　　新井英靖・田原　敬・石田　修（書き下ろし）

第6章　　　新井英靖（書き下ろし）

第7章　　　新井英靖・田原　敬・石田　修・小野貴史
　　　　　　「特別支援教育における『防災教育』の内容と方法に関する検討」.『茨城大学教育学部紀要（教育科学）』72号，155-167. 2023年.

第8章　　　新井英靖（書き下ろし）

第9章　　　小野貴史・新井英靖
　　　　　　「知的障害児の防災教育に関する実践的研究──防災に関する知識の実態と授業づくりを中心に」.『茨城大学教育学部紀要（教育科学）』73号，571-590. 2024年.

終　章　　　新井英靖（書き下ろし）

●付記

本書は，科学研究費補助金を受けて行われた研究（基盤研究C　研究代表者・新井英靖，課題番号22K02780）の成果報告の一部である。また，本書は2024年度科学研究費補助金（研究成果公開促進費【学術図書】　課題番号24HP5137）を受けて刊行されたものである。

インクルーシブ社会における
特別支援学校の防災機能と防災教育カリキュラム
──災害時の支援ニーズに関する実証的研究

2024年12月20日　初版第1刷発行

著　者	新　井　英　靖
	田　原　　　敬
	石　田　　　修
	小　野　貴　史
発行者	宮　下　基　幸
発行所	福村出版株式会社

〒104-0045　東京都中央区築地 4-12-2
電　話　03（6278）8508
FAX　03（6278）8323
https://www.fukumura.co.jp

| 印　刷 | 株式会社文化カラー印刷 |
| 製　本 | 本間製本株式会社 |

© Hideyasu Arai, Kei Tabaru, Osamu Ishida, Takafumi Ono 2024
Printed in Japan　ISBN978-4-571-12148-7 C3037
落丁・乱丁本はお取り替えいたします
定価はカバーに表示してあります

福村出版◆好評図書

新井英靖 編著

特別支援教育のアクティブ・ラーニングと
カリキュラム開発に関する実践研究

◎5,400円　　　ISBN978-4-571-12145-6　C3037

ドゥルーズ，ベルクソン，吉本均らの哲学・教授学から従来の特別支援教育を超える授業づくりの原理を導き出す。

吉田茂孝 著

インクルーシブ教育時代の
授業における集団の指導
●授業づくり，学級づくり，学校づくりの視点

◎5,000円　　　ISBN978-4-571-12146-3　C3037

ドイツの事例を参照しつつ，特別なニーズのある子どもが集団のなかで学ぶ力を形成するための指導法を検討。

湯浅恭正・新井英靖 編著

インクルーシブ授業の
国際比較研究

◎6,800円　　　ISBN978-4-571-12132-6　C3037

日・英・独における比較研究を通して，21世紀に期待されるインクルーシブ授業（教育）のあり方を展望。

障害児の教授学研究会 編集／新井英靖・小川英彦・
櫻井貴大・高橋浩平・廣瀬信雄・湯浅恭正・吉田茂孝 編著

エピソードから読み解く特別支援教育の実践
●子ども理解と授業づくりのエッセンス

◎2,300円　　　ISBN978-4-571-12130-2　C3037

現役教師が体験をもとに書き下ろした21のエピソードと研究者の解説を通して学ぶ「授業づくり」の実践ガイド。

茨城大学教育学部・茨城大学教育学部附属幼稚園 編

楽しく遊んで，子どもを伸ばす
●子育て・保育の悩みに教育研究者が答えるQ&A

◎1,500円　　　ISBN978-4-571-11039-9　C0037

数多ある子育て情報に翻弄される保護者の悩みに，教育学の専門家24人がその解決方法をわかりやすく回答。

橋本創一 編

知的障害・発達障害児における
実行機能に関する脳科学的研究
●プランニング・注意の抑制機能・シフティング・ワーキングメモリ・展望記憶

◎7,000円　　　ISBN978-4-571-12141-8　C3037

支援ニーズ把握のためのアセスメントとして実行機能に焦点を当て，様々な実験を通じて多面的な検討を試みる。

北川聡子・古家好恵・小野善郎 編著

「共に生きる」
未来をひらく発達支援
●むぎのこ式子ども・家庭支援40年の実践

◎1,800円　　　家庭支援40年の実践　ISBN978-4-571-42083-2　C3036

障害のある子どもたちの自己実現を可能にする，ウェルビーイングが保障される多様性尊重の社会を考える。

◎価格は本体価格です。